Die Einbildungskraft von Marx

マルクスの構想力

【疎外論の射程】

岩佐 茂
Iwasa Shigeru
【編著】

社会評論社

マルクスの構想力——疎外論の射程＊目次

序　章　マルクスの構想力――岩佐　茂
マルクスの現代的意義　11
マルクスの思想の核心としての疎外論　12
資本主義批判と新たな理念の構築　13
マルクスの射程　15

I　疎外論のマルクス

第1章　疎外論の基本的な枠組み――岩佐　茂
はじめに　18
1　疎外論の歴史と疎外概念の解釈　19
2　疎外論と物象化論　25
3　疎外論と人間本質論　31
おわりに　37

第2章　疎外された労働と疎外された交通――韓　立新
はじめに　42
1　『パリ手稿』の文献学研究の成果と意義　43
2　『ミル評註』の評価問題　50

3 「物象化論」と「市民社会論」との対立 62

第3章 《物》の原理としての功利性への批判——小屋敷琢己
『経済学・哲学手稿』の照準——

はじめに 68
1 第三手稿における経済学批判と哲学批判 69
2 《物》と《事象そのもの》——ヘーゲルからフォイエルバッハへ—— 77
3 マルクスによる功利性原理批判と《事象そのもの》 83
おわりに——感性と連帯—— 88

第4章 疎外論とイデオロギー——明石英人
『ドイツ・イデオロギー』のヘゲモニー論的読解から——

はじめに 96
1 分業と思想の自立化 97
2 社会的諸関係の自立化と「物象化」 101
3 シュティルナーの疎外論と「エゴイズム」 106
4 知識人と大衆のヘゲモニー的関係 111
おわりに 116

第5章　『経済学批判要綱』における疎外と物象化——佐々木隆治

はじめに　122
1　マルクスの「哲学」批判と疎外論　123
2　『要綱』における疎外と外化　126
3　『要綱』の疎外論　134
4　物象化による素材的世界の編成　137
5　物象化論と再生産および労働価値説　141

第6章　発生と形式——大河内泰樹

——物象化の系譜学としての「価値形態論」

はじめに　151
1　久留間・宇野論争から廣松物象化論へ　153
2　「価値形態論」の位置づけ　155
3　形式と実体　価値論への視点　160
4　廣松物象化論と価値形態論　163
5　貨幣の系譜学　166
6　第四形態と貨幣形態　171

Ⅱ　21世紀へのマルクスの射程

第1章　グローバル化と不均等発展――マルクスの「生産」概念の継承として――大屋定晴
はじめに　180
1　不均等発展の理論化に向けて――歴史の弁証法的諸契機　184
2　マルクスにおける「生産」の契機の意義と多義性　190
3　資本主義的生産への認識論的限定から、再び広義の「不均等発展」へ　194
おわりに――社会認識と変革実践、そしてグローバルな変革主体の形成・陶冶へ　198

第2章　新古典派およびケインズ経済学における労働者像――宮田和保
はじめに　203
1　近代経済学の「選択」理論　204
2　財の供給曲線および労働の需給曲線の導出　207
3　新古典派の労働者観　210
4　二つの途の選択――ケインズへの道か、マルクスへの道か　219

第3章　倫理と市場――社会的交通の疎外の諸相――　三崎和志
はじめに　228
1　社会的交通の疎外　230
2　代理出産　239
3　アメリカにおける生命保険の普及　243
小　括　246
第4章　マルクス宗教論の射程――「ユダヤ人問題によせて」を中心に――　船津　真
はじめに　249
1　宗教批判とマルクスの宗教論　250
2　バウアーとマルクス――宗教からの解放をめぐって　254
3　「人間」の二元論　257
4　近代化の中のユダヤ教　262
おわりに　269
第5章　マルクスからの希望をつなぐ――エーリッヒ・フロムの〈在る〉ことへのまなざし――　米田祐介

はじめに　272
1　個人的性格と社会的性格　276
2　〈偶像〉と持つ様態　280
3　〈神〉と在る様態　286
むすびにかえて　292

コラム

ヘーゲルとマルクス——『法哲学』へのマルクスの関心——　40
フォイエルバッハとマルクス　66
ハイネとマルクス——文学から哲学へ——　94
プルードンとマルクス　120
エンゲルスとマルクス　149

あとがき　295
参考文献　巻末
編者・執筆者紹介　316

序章　マルクスの構想力

岩佐　茂

マルクスの現代的意義　マルクスが読み直されている。なぜ、今、マルクスなのか。この問いに応えることが、本書のテーマにほかならない。

マルクスが批判したのは一九世紀の資本主義である。そのときに比べて、経済も社会も、科学・技術による恩恵もリスクも、人間の生活スタイルも大きくさま変わりしている。資本主義もケインズによって修正され、「福祉国家」に変貌したかのように思われてきた。しかし、新自由主義のイデオロギーと政策が闊歩するなかで、今日の資本主義が、マルクスが批判した資本主義とその本性において何ら変わっていないことが明るみに出された。違いは、利潤を最大化することに血眼になっている「資本の本性」「資本の力」（「資本の論理」と呼ぶことにする）が、グローバル化した単一の世界市場を席捲していることである。しかし、マルクスは、すでに「世界市場」を論じていた。

今日の資本主義は「カジノ資本主義」「マネー資本主義」と揶揄されるほどに金融資本の投機化が進んでいる。それでも、マルクスが論じた資本主義論の射程内にある。「（資本主義の）時代がのりこえられていない以上、マルクスの思想はのりこえ不可能である」というサルトルの言葉は的を射ているのである。

マルクスの思想の核心としての疎外論

わたくしは、マルクスの思想の核心は疎外論にあると思っている。その疎外論は、マルクスの成熟した思想に対立させせられた若きマルクスの「疎外論」ではない。

いわゆる若きマルクスの「疎外論」に最初に注目したのは、西欧マルクス主義である。西欧マルクス主義は、若きマルクスの思想のうちにこそヒューマニズがあるとみなし、若きマルクスの思想を成熟したマルクスの思想に対立させた。あるいは、哲学者マルクスを経済学者マルクスに対立させた。その理由は、人間の本質を論じることをしなかったロシア・マルクス主義にたいして、『経済学・哲学手稿』（以下、『経哲手稿』と略）の「疎外」概念が疎外されざるヒューマニスティックな「人間本質」を論じたものとみなすからである。こういった「疎外論」理解はかなり克服されてきているが、完全になくなったわけではない。未だ巷を闊歩している。

マルクスにおいて、疎外論と人間本質論とは表裏の関係にあり、分かちがたく結びついているのは事実である。疎外論が問題にしていることは、人間の本質が何かということである。西欧マルクス主義が陥った陥穽は、人間の本質を問うたことではなく、疎外されざる不変で普遍な人間本質を前提にして、疎外論を論じたところにある。このような立場を本質主義的な疎外理解と呼んでおくことにする。

人間の本質（Wesen）は抽象的にではなく、具体的に人間のあり方（Wesen）として問われる必要がある。マルクスは、人間のあり方、それゆえ人間の本質を、自らの身体的・精神的諸力を発揮する活動においてとらえた。人間の活動は、『経哲手稿』でも、『ドイツ・イデオロギー』でも、『資本論』でも、「人間の生活」もしくは「人間の生活活動」としてとらえられている。人間の生活は、もともと衣食住の充足など、自然との物質代謝（物質循環）をおこなう生命活動の人間的形態にほかならない。人間も生物種の一種であるからである。マルクスは、この根源的な事実から出発する。

他の動物との違いは、人間の生活が、衣食住の対象を労働によって生産し、それを消費する社会的・共同的な活動としておこなわれていることである。人間と自然との物質代謝（物質循環）は共同的におこなわれ、生産や消費は社会的に相互に依存している。生産や消費の活動をとおして、人間は、相互にコミュニケートしながら自らの人間的諸力を発展させ、自然をつくり変えて文化を発展させ、社会的な諸関係を発展させてきた。人間が、自己が何であるかを確証するのは、自らの生活のなかで、生活活動をとおしてである。だが、疎外された生活においては、人間は自己を確証することができない。なぜなら、疎外は、人間の生活活動とその所産が人間にとってよそよそしくなり、人間に対立し、人間を支配する事態をさしているからである。

資本主義批判と新たな理念の構築

マルクスは、資本主義社会においては、人間の生活が疎外され、人間的諸力や文化、社会的な諸関係が疎外された形態で展開されざるをえないことを論じた。彼が問題にしたのは、近代の資本主義がつくり出している疎外された現実であった。マルクスの疎外論の眼目は資本主義批判にある。このことは、若いときより体系期にいたるまで一貫している。資本主義批判としてのマルクスの疎外論を議論するさいには、次の二点が重要になる。

第一点は、疎外をうみ出す資本主義の現実にたいする変革的態度である。マルクスは、疎外を克服するために、疎外された資本主義の現実を批判するとともに、その対極に、疎外されざる理念を提起した。マルクスにおいては、疎外批判とその克服の論理は、疎外の対極に理念を定立することと表裏一体の関係にある。この理念は現実を批判する価値基準となるものであるが、それは、たんなる主観的なユートピア、超歴史的な不変のイデアあるいは将来社会においてのみ実現される理想として、アプリオリに前提されているものではなく、疎外をひき起こす現実そのもののうちから人間活動によって産出されてきた肯定的契機を対自化し、理念化したものにほかならない。理念は、疎外された現実のうちに萌芽的にある肯定的契機を再構成したものなのである。

第二点は、「疎外された労働」「疎外された交通」の議論の水準である。前者は、『経哲手稿』で、後者は『ミル評註』で論じられた（両者を合わせて『パリ手稿』といわれる）。両概念は、資本主義的現実がひき起こす疎外現象の根底にある疎外であり、若きマルクスにおける資本主義の経済分析の最初の成果として獲得されたものである。マルクスによる資本主義分析はその後も経済学的にさらに深められ、『資本論』で、資本主義の経済構造の体系的把握がなされることになる。この思想形成の過程で、疎外された労働や疎外された交通の視点は廃棄されるのではなく、マルクスの思想形成過程で一貫して維持されており、資本主義の経済的分析のなかに生かされている。

マルクスの射程　マルクスは、『資本論』で、資本主義の経済構造を解明し、利潤を最大化することに血眼になる「資本の論理」をあばきだした。そこでマルクスが明らかにしたことは、資本主義はけっして永遠のものではなく、商品生産が支配的におこなわれている特殊な、疎外された経済システムにすぎないということであった。資本主義は、歴史的に生成されてきた産物であり、歴史的にはのり超えられていく一つの特殊な社会形態にほかならない。それゆえ、マルクスにとって、資本主義の経済的構造の解明は、その没落の必然性を明らかにすることでもあった。

資本主義はどのようにのり超えられるべきなのであろうか。「資本主義の限界」がささやかれ、ポスト資本主義が問われ始めている今日、資本主義にかわる将来社会像を理論的にも実践的にも展望することが大きな課題となってきている。マルクスは、将来社会像についてあちこちで言及しているが、その具体的内容については、それほど多くのことを語ってはいるわけではない。資本主義にかわる将来社会像を構想するためには、将来社会にかんするマルクスの言説を再構成することももちろん必要であるが、疎外された資本主義的現実を徹底的に批判しながら、その否定的形態において展開されてきた人間活動とその所産の肯定的契機を取り出して、それを、資本主義的現実をのり超える理念として、理論的・実践的に構想していくことが必要であるだろう。これこそがマルクスがなそうとしたことであり、現代においてマルクスを生かす道であると思われる。

第1章　疎外論の基本的な枠組み

岩佐　茂

はじめに

人間は一人では生きられない。社会的動物だからである。それにもかかわらず、今日の社会では、人間相互のつながりがかぎりなく希薄になってきている。社会が自分にとってよそよそしくなり、社会から孤立したような疎外感・孤立感を感じる人が多い。存在感が乏しくなり、存在していることの意味や証が喪失している。ひきこもりや社会的なうつ症状、自殺者の増大等々の社会的病理現象、あるいは派遣切りに象徴されるように、人間が物として扱われる事態、これらの事態はいずれも疎外である。

疎外を論じたのはマルクスであった。もちろん、ヘーゲルやフォイエルバッハも疎外（外化）を論じているし、今日、フロムやシーマンら、他の社会科学者らによってもさまざまなかたちで疎外は論じられている。その意味では、かならずしもマルクスの専売特許ではないのかもしれない。

それにもかかわらず、マルクスの疎外論が注目されるのは、それなりの理由がある。それは、疎外をたんに個人の意識態度としてではなく、客観的事態として資本主義的現実と切り結んで論じたからである。もう少し具体的に言えば、マルクスの疎外論の特徴は、第一に、たんに社会においてさまざまな疎外現象があることを指摘し、告発したことにあるのではなく、さまざまな社会的な疎外現象が、「経済的疎外」(W, Erg.1, 537, 一三二) によってひき起こされることを析出し、後者から前者を説明したことにある。第二に、疎外現象を批判することによって、疎外をひき起こす資本主義的現実にかわる新たな理念を提起したことである。

マルクスの疎外論を論じる場合、この二つのことは欠かせない。この視点から、マルクスの疎外論にかんするこれまでの議論を整理して、マルクスの疎外論の基本的な視点と意義を論じることにする。

1　疎外論の歴史と疎外概念の解釈

(1) 疎外論の歴史的素描

疎外を論じたマルクスの『経哲手稿』と『ミル評註』が掲載された『マルクス・エンゲルス全集』(メガ版) 第三巻が公刊された一九三二年に、早くもマルクーゼの研究が発表された (マルクーゼ一九三二)。日本でも、三年後に、梯明秀が『資本論』の価値増殖過程を『経哲手稿』の疎外論と結びつけて論じていた (梯一九三五)。先駆的な労作である。

だが、マルクスの疎外論にかんする研究が本格化するのは、戦後のことである。一九五〇年代には、ルカーチ（一九五四）、ルフェーブル（一九四七）らの西欧マルクス主義が、初期マルクスを過小評価したロシア・マルクス主義との対抗のなかで、『経哲手稿』の疎外論に注目した。日本でも、一九五〇年代から一九六〇年代はじめにかけて、黒田寛一（一〇五一）、梅本克己（一九六二）らの主体的唯物論者が、それぞれの立場から『経哲手稿』の疎外論に注目した。『経哲手稿』を中心としたルカーチやルフェーブルらによる西欧マルクス主義者の初期マルクス研究やレーヴィット（一九三二）、マルクーゼの研究が翻訳されたのもこの時期である。[1] 西欧マルクス主義者や主体的唯物論者においては、もっぱら『経哲手稿』の「疎外された労働」が主題にされ、『ミル評註』の「社会的交通の疎外された形態」（W, Erg.1, 451, 九八、以下「疎外された交通」と呼ぶことにする）は取り上げられることはなかった。

一九六〇年代後半から一九七〇年代半ばにかけて、マルクスの疎外論にかんする研究は、「疎外（Entfremdung）」「外化（Entäußerung）」「対象化（Vergegenständlichung）」「非対象化（Entgegenständlichung）」などの概念をどのように了解するかということや、『経哲手稿』や『ミル評註』『ドイツ・イデオロギー』『経済学批判要綱』（以下、『要綱』と略）などのマルクスの手稿にかんする文献学的な研究の成果を踏まえて、大きく進展し、精緻化されることになる。この時期は、日本でマルクス学（Marxologie）研究がもっとも活性化した時期である。[2]

(2) 本質主義的な疎外理解

最初期の疎外論を特徴づけているのは、本質主義的な疎外理解である。本質主義的な疎外理解とは、疎外されざる普遍的な人間本質を前提にして、疎外を論じる立場を言う。西欧マルクス主義では、人間本質を否定ないし無視していたロシア・マルクス主義に対して、ヒューマニズムの視点から、人間本質が疎外論とかかわらせて論じられた。日本でも、疎外された階級社会にたいして、原始共同体の無階級社会を疎外されざる社会とみなす議論がおこなわれた。いずれも、疎外の事態にたいして、疎外されざる理念として普遍的な本質が疎外の対極に立てられることになる。普遍的な人間本質は、歴史をも超越した、変わらざるものとして受けとめられた。

このような本質主義的な疎外理解にたいして、正統マルクス主義の立場から、疎外された労働の一定の意義を認めながらも、マルクスの疎外概念は唯物史観確立以前の、あるいはマルクスの思想が確立される以前のものにすぎないといった批判がなされた（オイゼルマン一九六二、森一九七〇）。この批判はイデオロギー的批判の色彩が強かったが、疎外の概念の理解そのものは、本質主義的な疎外理解のレベルを超え出るものではなかった。

正統マルクス主義とは異なった角度から、本質主義的疎外論を批判したのは廣松渉である（廣松一九六九）。廣松の立脚点は物象化論であるが、かれの疎外論の理解そのものも、本質主義的な疎外理解のレベルを超え出るものではない。廣松は、『経哲手稿』の疎外論が主体‐客体という二項対立的な近代思想の枠内にとどまっているのにたいして、『ドイツ・イデオロギー』以降のマルクスは、疎外論を放棄して物象化論の立場に立っているとみなした。廣松によれば、人と人との関係が物と物との関係として現われるマルクスの物象化論は、関係の第一次性を重視する現代思想の地平に立脚していることになる。

(3) 規範主義的な疎外理解

本質主義的な疎外理解を批判して、疎外されざる理念の規範性を重視する規範主義的な疎外理解が提起された。この視点を強く主張したのがマルコヴィチ(一九六八)であり、彼の見解を積極的に継承した岩淵慶一(一九七四)である。かれらは、疎外概念は「記述的概念」ではなく、「規範的概念」であると主張した。岩淵は、人間本質を原始共同体に求める本質主義的な疎外理解を「原点回帰主義」(西田一九七九)と批判し、疎外の本質主義的な理解に基づいて疎外論超克説を主張していた廣松の物象化論を批判した。

規範は価値概念である。疎外の規範性を重視するのは、疎外概念のもつ価値的性格を重視することを意味しよう(城塚一九七〇、橋本一九九八)。現実をそのまま肯定するのではなく、疎外された現実を価値的に容認できないものとして批判することは、何らかの価値を理念として立てて、それを基準にしておこなわれる。規範主義的な疎外理解は、疎外概念が価値的であることを主張するものである。だが、記述的概念か、規範的概念かというように、二者択一的に対立させるのはカント的であろう。

疎外された否定的現実を止揚していくためには、疎外された現実を徹底的に批判するなかで、その否定的現実のうちに即自的に含まれている肯定的契機を積極的に対自化して、あるべき理念として定立し、それによって、疎外された現実を批判し、止揚していく必要がある。このような理念は、カント的というよりも、理念が現実そのもののうちに内在しているとみなすヘーゲル的なものといわなければならない。

(4) 資本主義批判としての疎外論

マルクスは、「ユダヤ人問題によせて」や「ヘーゲル法哲学批判序説」においてすでに人間の「自己疎外」を論じていたが、疎外論を本格的に論じたのは、経済学研究の最初の成果としての『パリ手稿』においてである。『パリ手稿』は、資本主義を批判する目的をもって、国民経済学を批判的に検討したものである。マルクスは、その成果として、『経哲手稿』の「第一手稿」では資本主義のもとでの労働が疎外された労働であること、『ミル評註』では資本主義的市場における商品交換としての交通が疎外された交通であることを析出した。さらに、「第三手稿」では、疎外された労働、疎外された交通といった「経済的疎外」からひき起こされる「あらゆる疎外」「疎外された人間生活」(W, Erg.1, 537f, 一三二、「第二次的疎外」と呼ぶことにする) が論及されている。

マルクスの疎外論は、近代の資本主義的現実のなかで歪められている人間のあり方(本質)を価値的に容認できないものとして批判する視点に立脚しており、かれの思想の核心をなすものである。

この疎外論的視点は、その後の経済学研究のなかで破棄されるのではなく、保持され、貫徹される。それは、二つの方向で深められている。

第一に、疎外の概念そのものが、疎外と関連する諸カテゴリーのなかで掘り下げられている。疎外された労働、疎外された交通は、近代資本主義における労働や交通の否定的形態として析出されたものであるが、「第三手稿」における「人間の自己疎外である私的所有の積極的止揚としての共産主義」(W, Erg.1, 536, 一三〇)、「あらゆる疎外の積極的止揚」(W, Erg.1, 537, 一三二)という把握には、疎外の否定的形態のうちに含まれている肯定的契機を理念として積極的に取り出そうとする視点がある。マルクスは、「第三手稿」のなかでヘーゲルの『精神現象学』にコメントして、「人間の自己産出を一つの過程としてとらえ」る「否定性の弁証法」を弁証法の核心とみなして[3]、ヘーゲルの現象学の「偉大なもの」とみなした(W, Erg.1, 574, 一九九)。ヘーゲルへのコメントも含め、「第三手稿」では、疎外・外化が「第一手稿」のように否定的形態においてとらえられているだけではなく、そのうちに含まれている肯定的契機が積極的にとらえられている。[4] だが、まだ疎外と外化の概念の区別立てはなされていない。それがなされるのは、『経済学批判要綱』においてである。[5]

第二に、『パリ手稿』における疎外された労働、疎外された交通の概念は、その後の経済学研究のなかで破棄されたわけではなく、保持され、具体化されている。疎外された労働は、『剰余価値学説史』における「賃労働は疎外された労働である」(W26III, 255, 三四〇)「疎外された形態における」「生産」(W26III, 309, 四一一、「疎外された生産」と呼ぶことにする)といった表現のうちに継承されている。この疎外された生産の視点は、『資本論』では、資本による労働の包摂や労働過程と価値増殖過程との統一としての生産過程（価値増殖過程は労働過程の疎外態）という把握のうちに貫かれている。また、疎外された交通は物象化論として具体化されるが、両者は統一的に把握されていくことになる。

2　疎外論と物象化論

(1)　疎外された労働と疎外された交通

マルクスが疎外を問題にするときは、それを人間の活動と結びつけて論じた。疎外は、人間の活動によってひき起こされるものだからである。マルクスの疎外論が自己疎外論といわれるのも、このためである。

マルクスは、『パリ手稿』で、人間の活動を「人間たちの生活活動」(6)（W, Erg.1, 516, 九四）としてとらえ、その経済的あり方として労働と社会的交通を析出した。（生産的）労働は、人間が自然に目的意識的に働きかけて生産物を産出する活動であり、（物質的）交通は、生産物を社会的に交換する活動である。哲学的カテゴリーを用いて言えば、労働は主体（人間）が自らの人間的諸力を客体のうちに対象化し、客体をつくり変える活動であり、交通は、主体が他の主体と客体（生産物）を交換し、コミュニケートする活動にほかならない。労働においては、労働主体は自らの人間的諸力（「類的諸力」）を労働力として表出し、自己を確証する。交通では、主体は、他者とコミュニケートし、他者のために生産することの人間的喜びを味わうことによって自己を確証する。

しかし、疎外された生産や交通においては、このような自己確証や人間的喜びはありえない。疎外とは、人間の活動とその所産が人間にとって「自立的な力」「疎遠な力」としてよそよそしくなり、人間に対立し、人間を支配する事態をさしているからである。疎外の形態においては、人間は、自らの身体的・精神的諸力を歪められたかたちで表出するだけであり、自己を確証することはできず（渡辺一九八九）、自らの活動に人間的喜びを見出すこともできないのである。

マルクスが疎外された労働として析出したのは、人間的な活動である労働とその所産が、労働する主体にとって疎遠になり、主体に対立し、主体を支配する事態である。疎外の形態においては、労働する主体は人間的諸力を表出しながらも、自己を確証することができない。それにたいして、疎外された交通は、資本主義的市場における商品交換のもとで、生産物を交換する主体相互の関係が疎外され、人格相互の関係が商品と貨幣という物象相互の関係として転倒して現われ、互いに他者を物象を獲得するために手段化し、物象によって支配されざるをえない事態を指している。これは、後に物象化論として析出されることになる。したがって、『パリ手稿』では、物象化の事態は疎外された交通として、疎外の一形態として把握されている。

だが、『パリ手稿』の疎外論が日の目をみない段階で、ルカーチは、『歴史と階級意識』（一九二三年）のなかで、『資本論』における「商品の物神性とその秘密」の章に依拠してマルクスの物化

(Verdinglichung)を疎外論として展開した。カール・レヴィットも、『パリ手稿』が公刊された年に出版した『ウェーバーとマルクス』で、商品の物化現象を自己疎外論として論述した。二人とも、『パリ手稿』のマルクスを知らないで、物化論を手掛かりに、マルクスの疎外論を展開しようとしたのである。かれらの場合、疎外と物化との区別立てがなされていないのはやむをえないことであり、マルクス疎外論の先駆的な研究としての価値を貶めるものではない。

(2)疎外論研究のいっそうの深まり

その後、疎外と物象化との問題に切り込んだのは、廣松渉である。かれは、疎外と物象化とを明確に区別立てし、物象化論は唯物史観とも結びついたマルクスの基本的な視座として評価する一方、疎外論はまだ主体-客体関係という二項対立的な近代思想の枠内にとどまっている若きマルクスの思想として切り捨てた(廣松一九六九)。疎外論と物象化論の関係を先鋭に問うたことは、その後のマルクス研究に大きな刺激を与えることになった。

だが、廣松の疎外論理解は本質主義的な疎外理解に立脚し、物象化の理解はルカーチの物化論を前提にしていた。その点で、かれの議論は、それ以前の疎外論や物象化論の解釈の水準にとどまっており、そのことが廣松の物象化論に、看過できない問題点を抱え込むことになった。(7)

廣松の物象化論と『ドイツ・イデオロギー』の文献学的研究は、さまざまな論議をひき起こし、疎外論的視点からの廣松批判もなされた。『ドイツ・イデオロギー』がエンゲルス主導で執筆されたとみなした廣松にたいして、望月清司は、『ドイツ・イデオロギー』の「持ち分問題」を提起し、『ミル評註』の「疎外された交通」の延長線上で『ドイツ・イデオロギー』のマルクスの思想を解釈した（望月一九七三）。岩淵慶一は、物象化論を疎外論の一形態であるとみなす視点から、『経哲手稿』と『ドイツ・イデオロギー』の連続的発展を主張して、廣松批判をおこない、二人のあいだで論争がおこなわれた（岩淵一九七四、廣松一九七四、岩淵一九七五）。望月も岩淵も、『パリ手稿』と『ドイツ・イデオロギー』とのあいだを、廣松のように切断するのではなく、疎外論を軸にしてマルクスの思想の連続的発展としてとらえようとした(8)。

『パリ手稿』においては、物象化は疎外の一形態としてとらえられている。この視点は、「疎外されたもの（哲学的表現をまだしばらく保持するとするならば）」（W3, 262, 二八九）と述べたために、一見疎外を否定した感のように受け取られている『ドイツ・イデオロギー』においても貫かれている。このことは、「現実的諸個人を彼らの現実的な疎外とこの疎外の経験的な諸関係において叙述するという課題」（Ibid. 同上）、あるいは「個人の人格的ふるまいは物象化され疎外されずにはおかないし、また同時に、個人から独立な、交通によってつくりだされた力として、個人なしにも存立し、社会的諸関係にも転化する」（W3, 227, 二四八）という言説によっても確認することができる。

疎外論がマルクスにおいて清算されていないことは、『要綱』を見ればより明らかである。『要綱』では、疎外や外化が論じられ、『ミル評註』の「疎外された交通」が貨幣を媒介にした物象的関係としてより明確化されているからである。「交換価値においては、諸人格の社会的な関係は諸物象の社会的な関係行為に転化し、人格的能力は物象的能力に転化している」（MEGA², 90, 一三七）。

さらに、『資本論』では、「物象の人格化と人格の物象化」（W23a, 366, 四九六）という物象化論が論じられている。商品、貨幣、資本といった物象が「商品物神」「貨幣物神」「資本物神」として主体化・人格化して、人格が物象に隷属する転倒した関係として現われる過程が物象化にほかならない。マルクスは、交換過程における物象化された事態を商品の物神性として析出しただけではなく、物象化が「資本物神」による人格化、「生産諸関係の物象化」として、生産過程をも機制していることを析出した(9)。

(4) 疎外と物象化

疎外と物象化との関係は、どのようにとらえられるべきなのであろうか。疎外された人間的活動によってひき起こされる疎外を広義の疎外として、疎外の一形態としての物象化＝疎外された交通を狭義の疎外として区別することもできるが、両者の関係をもう少し突っ込んで考察してみたい。

「第一手稿」の疎外された労働のところで、マルクスは、「私的所有が疎外された労働の根拠、原因として現われるとしても、むしろ外化された労働の一帰結にほかならない」（W, Erg.1, 521, 一〇二）と述べたが、このことから、しばしば、マルクスが資本主義社会の経済分析が不十分であったために、私的所有と疎外された労働の関係把握で循環論に陥っているという指摘がなされる場合がある。はたしてそうであろうか。

マルクスは私的所有と疎外された労働の関係を「原因」「結果」のカテゴリーで説明しているためにそのような誤解が生まれるものと思われるが、両者の関係をマルクスに即して「運動」の過程として考察した場合、私的所有は、疎外された労働の前提であるとともに、その所産ということになる。所産が前提となってまた疎外された労働がおこなわれる。ここには、条件としての前提↓活動↓所産＝前提↓活動…の弁証法がある。これは、ヘーゲルが『小論理学』の「現実性」のところで展開した、活動を軸にした「事柄そのもの（Sache selbst）」の弁証法にほかならない。

疎外と物象化の関係を把握する場合も、この視点を踏まえる必要があるであろう。疎外は主体の活動によってひき起こされ、物象化は主体が取り結ぶ転倒した関係である。関係は活動の前提であり、その所産である。疎外された活動は、疎外された活動の所産も産出するが、その所産が前提となって、疎外された活動がひき起こされる。物象化の事態は、疎外された活動の前提・条件であるとともに、その所産でもある。物象化された関係は、その関係を取り結ぶ主体の不断の疎外された活動によって維持される。資本主義的経済システムは、生産や交換における物象化によって機制され、制度化されており、そのもとでおこなわれる人間的諸活動は疎外されることになる。

物象化された関係のもとでおこなわれる疎外された人間的活動は、活動そのものと活動の所産の両面において疎外をひき起こすことになる。活動の所産には活動の生産物と活動の関係が含まれるが、疎外された生産物は疎外された関係（物象化された関係）のうちに組み込まれ、それが前提・条件となって、疎外された活動がひき起こされるのである。

それゆえ、疎外と物象化との関係は、あれかこれかではなく、活動のダイナミズムのもとに、一体的にとらえられる必要がある。マルクスは、『資本論』でも「資本の力、生産的諸条件が現実の生産者にたいして独立化され資本家において人格化されたものは増大する……資本は、疎外され独立化された社会的な力であり、この力が物象として、またこのような物象による資本家の力として、社会に対立する」（W25a, 274, 三三二）と述べて、物象化を疎外とを結びつけて論じている。

3　疎外論と人間本質論

（1）マルクスの人間本質の問い方

疎外論も、さらには物象化論も、人間本質論と表裏の関係にある。疎外が問題にされるときには、疎外されざる人間の本質は何かということが問われているからである。マルクスは、人間の疎外を問題にするとき、人間の本質をつねに見つめていた。マルクスが、疎外された労働において、労働者からの労働生産物の疎外（活動の所産の疎外）という疎外の第一規定と労働者からの労働の疎外（活動そのものの疎外）という疎外の第二規定から、人間からの類（人間の本質）の疎外という疎外の第三規定を導き出した（細谷一九七九）のもこのためである。

人間本質論は、人間とは何かということに応えるものである。『パリ手稿』では、人間の「類的存在」は、他の動物との比較において、人間が目的意識的に生産活動をおこなう存在であることを意味していた。また疎外された交通を論じたときには、人間本質は「共同的存在」であることが主張された。

さらに、マルクスは、『パリ手稿』から『ドイツ・イデオロギー』執筆の途上でメモされた「フォイエルバッハ・テーゼ」の第六で、「人間の本質は諸個人に内在する抽象物ではおよそない。その現実性においては社会的諸関係の総体である」（W3, 534, 五九三）と主張した。このテーゼを、ロシア・マルクス主義は、人間本質論そのものの否定として受けとめた。人間の普遍的本質を認めることは、人間の階級的特性を否定することになると考えたからである。だが、マルクスは、『パリ手稿』で提起した人間本質論を否定したのではない。問題は、その問われ方にある。

マルクスの人間本質論の特徴は、第一に、人間本質を人間的活動の視点からとらえていることである。マルクスは、『パリ手稿』で、人間的活動を生活活動（動物の生命活動の人間的形態）として、目的意識的な活動であると同時に対象とかかわる対象的活動において把握した。その基本的形態が労働であり、交通にほかならない。だが、資本主義のもとでは、生活活動が疎外された労働、疎外された交通として疎外されざるをえないことになるというのが、マルクスの見方であった。

第二に、マルクスの人間本質論の特徴は、人間本質を身体的・精神的諸力としての「類的諸力」「人間的諸力」においてとらえていることである。人間の生活活動は、人間がもっている身体的・精神的諸力を発揮して営まれるのである。マルクスは、人間本質をスタティックにではなく、潜勢力としての人間的諸力を発揮する活動的存在としてダイナミックにとらえたのである。人間は、生活活動のなかで自らの身体的・精神的諸力を発揮し表出し、活動をとおして、活動の所産のなかで自己が何であるかを確証する。それが、資本主義のもとでは疎外されてしまい、自己確証することができないことになる。

第三に、マルクスの人間本質論の特徴は、人間の本質を「諸個人に内在する抽象物」ではなく、人間的諸力が発揮され表出されるあり方（Wesen）としてとらえていることである。人間の身体的・精神的諸力が具体的に発揮されるのは、社会的な場、社会的な諸連関のなかにおいてである。マルクスがフォイエルバッハ第六テーゼで人間本質が「社会的諸関係の総和である」と語ったとき、「その現実性においては」と限定をつけたのも、人間本質を、社会的な諸連関のなかで発揮され表出される人間的諸力のあり方においてとらえていたからである。

(2) 人間本質論と唯物史観

マルクスは、人間のあり方（本質）を人間の生活に求めた。「人間の生活」のカテゴリーは、『パリ手稿』においても『ドイツ・イデオロギー』においてもキーワードになっている。人間の生活は、一定の社会的諸条件のもとで人間的諸力を発揮しつつ生命を維持する生活活動としてとらえられている。それは、生産を媒介にした衣食住の充足を共同でおこなうことによって営まれる。

それゆえ、人間本質は、人間‐自然と人間‐人間関係という相互に媒介された二重の関係のなかで問われなければならない。「人間の生活」は、相互に媒介されるこの二重の関係のなかで営まれるからである。『パリ手稿』では、資本主義社会におけるこの二重の関係が疎外された労働と疎外された交通として析出されたし、『ドイツ・イデオロギー』では、「歴史的につくりだされた自然にたいする関係と諸個人相互の関係」(Jb. 234, 七九)のなかで営まれる人間の物質的生活が唯物史観の基底に据えられている。同時に、『パリ手稿』では、国民経済学との批判的対決のなかで、人間の生活が疎外された形態で考察されるのにたいして、『ドイツ・イデオロギー』では、ドイツのイデオローグ(ヘーゲル左派)との批判的対決のなかで、唯物史観の基底をなしている人間の物質的生活のあり方がそれとして考察される。

『ドイツ・イデオロギー』で唯物史観が定礎されるが、そこでも、人間本質論が論じられている。マルクスにおいては、人間本質を問うことと、人間の社会を問うこととは不可分であった。この点を明確にして、マルクスにおける人間本質論と唯物史観の不可分性・一体性を主張したのは、畑孝一である(畑一九七二)。畑の主張は、疎外論を展開した『パリ手稿』のうちに、近代市民社会批判としての「マルクスの思想の出発点」をみることによって、『パリ手稿』のうちに人間本質論だけではなく唯物史観の「出発点」を探ろうとするものであった。

人間本質論と唯物史観とを一体的に把握する必要があるのは、人間本質論が人間のあり方を問うものであり、唯物史観が人間の社会とその歴史の唯物論的把握である以上、唯物史観の根底には人間本質論があり、人間本質論は唯物史観によってより全面的に展開されうることになるからである。人間本質論にたいする深い洞察なしに唯物史観を論じることは、唯物史観そのものをきわめて貧弱なものにしてしまうことになるであろう。もちろん、人間本質論と唯物史観との議論の位相の違いを踏まえる必要があり、それゆえ、唯物史観を人間本質論に還元したり、人間本質論と唯物史観を混同したりすることは適切ではないことはいうまでもない。

（3）疎外に含まれる肯定的契機の理念化

マルクスは、疎外を論じるときには、疎外された形態のうちに含まれている肯定的契機をつねに見つめていた。そのため、マルクスの疎外論研究においては、疎外の「ポジ」「ネガ」ということがしばしば指摘されてきた。しかし、「ポジ」「ネガ」が疎外の肯定的側面と否定的側面を選り分けるものであってはならない。マルクスの疎外論は、疎外された否定的現実のうちに可能態として即自的に含まれている肯定的諸契機を対自化し、理念化することによって、定立された理念から疎外された現実を批判し、それを実践的に変革しようとするものだからである。

このような疎外の視点は、「第三手稿」の「人間の自己疎外である私的所有の積極的止揚としての共産主義」という言説のうちに表明されている。共産主義が私的所有の全面否定でなく、私的所有のうちに含まれている肯定的契機の「積極的止揚」としてとらえられているからである。あるいは、それは『要綱』においてもみることができる。近代資本主義社会が「物象的依存性のうえにきずかれた人格的独立性」にもとづく「社会形態」であり、将来社会は、「諸個人の普遍的な発展」による「自由な個性」が開花しうる社会形態として描かれ、前者が後者の「諸条件をつくり出す」

ということが主張されている（MEGA², 90f, 一三八）が、この言説も将来の社会形態の可能性を現存する社会形態のうちに探ろうとするものにほかならない。

それでは、疎外された否定的現実のうちに潜在的に含まれている肯定的契機の対自化・理念化はどのようにおこなわれるのであろうか。それは、一方では、疎外された現実を価値的に容認できないものとして批判しつつ、他方では、その否定的形態のなかにある諸契機の連関を解体して、諸契機の新たな連関を再構成することによっておこなわれる。そのかぎりで、それは、資本主義のもとで形成されてきた近代的な知や価値の組み替え作業に通底するであろう。

疎外された現実のうちに含まれる肯定的契機を対自化し理念化することは、理論的・実践的に疎外を止揚し克服するための第一歩にほかならない。マルクスにとって、疎外の止揚・克服こそが問題なのであった。疎外された現実の批判とそれを止揚し克服しようとする変革的態度とは表裏一体をなしている。その環をなしているのが肯定的契機の対自化・理念化であり、疎外された現実の対極に立てられる疎外されざる理念は、この肯定的契機を理念化したものにほかならない。

マルクスが、疎外された労働において「生産物からの疎外」（「自然の疎外」とも言われている）「活動そのものの疎外」「類的存在からの疎外」を析出したときに、その対極に見つめていたのは目的意識的な自由な人間的活動、人間と自然との有機的連関であり、疎外された交通においてその対極に見ていたのは、人間相互の交通を媒介にした共同性であった。疎外された労働や疎外された交通が「経済的疎外」である以上、そのうちにある肯定的契機を取り出すことは、将来社会の理念に直接つながるであろう。『要綱』における、「諸個人の普遍的な発展」による「自由な個性」が開花しうる将来社会像や、『資本論』第三巻の最終章における、人間的諸力の発展そのものを自己目的としておこなわれる「自由な国」の将来社会像は、疎外された労働や疎外された交通の「積極的止揚」の延長線上にある。

同時に、マルクスがこの「経済的疎外」をベースにして生活のさまざまな面で生じる第二次的疎外に注目したことも留意されるべきであろう。疎外された現実を批判するなかで、その対極に構築される将来社会像は、「経済的疎外」から派生する第二次的疎外をも止揚・克服しうるものでなければならないからである。理論的には、第二次的疎外と「経済的疎外」との紐帯を明らかにして、疎外された資本主義的現実にかわる将来社会像を具体的に構想すること、実践的には、生活のあらゆる面で生じている第二次的疎外を「経済的疎外」と結びつけて克服する営為のなかで、資本主義のシステムそのものの変革とともに、将来社会像を先取りするような生活のあり方を追求していく必要がある。このような理論的・実践的営みを通じて、そのなかで、将来社会像もより具体的に構築されうることになるであろう。

おわりに

疎外された現実を止揚し、克服することは、たんに理論的営みであるのではない。それは、日々の生活活動の営みをとおして、そのなかで「生活の論理」にもとづいておこなわれる。「生活の論理」とは、人間の物質的生活を基礎にしながら、「よく生きる」ことを求めて営まれる価値的態度のことである。それは、現実の疎外された生活のうちにある肯定的契機を対自化し、現実化しようとする論理にほかならない。

疎外された生活は、「資本の論理」によってひき起こされる。その意味では、「資本の論理」は「生活の論理」の疎外態ということができよう。『ドイツ・イデオロギー』では、「生活の論理」にもとづく人間の生活がそれとして考察されているが、『パリ手稿』では、「資本の論理」によってひき起こされた疎外された生活が考察の対象となっている。

現実の資本主義社会では、「生活の論理」と「資本の論理」とは、ブルジョアジーと労働者階級の階級対立のなかで対立・せめぎ合いの関係にある。同時に、「資本の論理」が疎外された「生活の論理」であるとすれば、疎外された生活活動の主体のうちに「生活の論理」と「資本の論理」との対立・葛藤があることになる。生活主体は、自らの活動をとおして、「生活の論理」を踏みにじる「資本の論理」と対決するとともに、その活動のなかで、自らのうちに潜む「資本の論理」の価値観を「生活の論理」にもとづいて止揚・克服することが求められているのである。

[注]

（1）一九六〇年代前半には、藤野渉、清水正徳、城塚登、杉原四郎らも、マルクスの疎外論に注目している。

（2）この時期に、文献学研究やテキスト読解の成果を踏まえて、マルクスの疎外論にたいする精緻な研究をおこなった研究者としては、内田弘、大井正、竹内良知、中川弘、畑孝一、花崎皐平、藤野渉、細見英、細谷昂、望月清司、森田桐郎、山中隆次らをあげることができる。

（3）ディーツ版では、Dialektik der Negativität（否定性の弁証法）となっているが、新メガ版では、Dialektik, der Negativität（弁証法、すなわち否定性の弁証法）となっており（MEGA², 292）、否定性が弁証法の核心であることがより明確になっている。

（4）藤野渉は、疎外を「人類の発展の必然的形式」とみなしたA・クレラ（一九五七）の見解に依拠しながら、マルクスのヘーゲルへのコメントの検討を通して、疎外の否定的側面だけではなく、その「肯定的・積極的側面」を指摘したが、藤野においては、対象化が不可避的に疎外をひき起こすものとみなされている（藤野一九六一）。

（5）詳細は、第4章の佐々木隆治論文を参照されたい。

（6）『経・哲手稿』における「人間たち」の概念は、『ドイツ・イデオロギー』の清書稿では、「現実的諸個人」の概念としてカテゴリー化されている。

（7）廣松の議論の批判的検討は、第二章の韓立新論文を参照されたい。なお、宮田和保の廣松批判も参照されたい（宮田二〇〇〇）。

（8）一九六〇年代前半の時点で、杉原四郎（一九六四）がマルクスの思想形成において疎外論的視点が貫かれていることを指摘している。

（9）平子友長は、疎外が物象化を「前提」にして生じていることを主張している（平子一九八四）。

ヘーゲルとマルクス

――『法哲学』へのマルクスの関心――

一八四三年の春、プロイセンの政治的弾圧の嵐が吹き荒れる中、マルクスは『ライン新聞』から身を引きクロイツナハへと向かった。パリへと赴くまで滞在したこの地でマルクスは、『ライン新聞』時代の政治闘争によって培われた経験を理論化するため、マキャヴェリ、ホッブズ、ルソー、モンテスキューなどの名だたる法思想家と並んで、なかでもヘーゲルの『法哲学要綱』（一八二一年、以下『法哲学』）の批判的読解に精力を注いだ。草稿『ヘーゲル国法論批判』の執筆に取り組んだのである（一八四三年春～夏）。

マルクスがこの草稿で対象とした主要課題の一つは、私的自由を原理とする「市民社会」と普遍的自由の実現態である「国家」との関係をめぐる問題である。ヘーゲルは、「市民社会」が必然的に貧困の問題や共同体の崩壊現象を引き起こすことを深く洞察していた。しかし他方で、ヘーゲルにおいてはこうした矛盾の克服は、「市民社会」の「国家」への止揚によって政治的に実現される。なぜなら「国家」は「市民社会」を制限する外的必然性でありながら、同時に内的な目的でもあるからだ。そこから両者の関係は、人倫的「理念」の自己関係として構成され、ゆえに両者の対立は予め「和解」として措定されてしまう。そこにマルクスの批判の主眼点があった。当初はヘーゲルの君主制論に民主制論を対置し政治的解放を志向していたマルクスであったが、『法哲学』との批判的対決を経て、パリ時代の『独仏年誌』に発表した「ヘーゲル法哲学批判序説」、「ユダヤ人問題によせて」（一八四四年）に至り、「市民社会」における政治的解放がもはやなしえず、「市民社会」そのものの廃棄を通じた人間的解放へと向かわねばならないことを認識するのである。

このようにマルクスの『法哲学』との対決は、彼が「革命的民主主義者」から「共産主義者」へと成長を遂げる過渡期において、極めて重要な契機をなしている。しかしこうした思想形成史上の重要性は語られるものの、『資本論』に代表される後期思想の中では、すでに乗り越えられたものとしてとらえられるため、『法哲学』が取り上げられることはほとんどない。後期マルクスに関しては、もっぱら『資本論』と『論理学』との対応関係を軸にヘーゲルとの関係が論じられてきたのである。

こうした従来の見解に対して、A・アルント（Andreas Arndt）は、マルクスは『法哲学』を完全に克服したのではなく、むしろ『法哲学』が提起した問題との批判的対決が、後年のマルクスの理論的企ての全体に貫かれていることを主張している（拙訳「ヘーゲルとマルクス」、『現代の理論』二〇〇九年秋号）。アルントによれば、マルクスの理論的企てとは、ラッサール宛の手紙（一八五八年二月二二日付）において示されたプラン、すなわち「1. 資本について、2. 土地所有について、3. 賃労働について、4. 国家について、5. 国際貿易、6. 世界市場」の6篇において構想されたものである。

『資本論』をその一部となすこのプランの全体は、「客観的精神」としての『法哲学』に示される人倫論を批判的に読み替え、資本主義的生産様式を基礎に展開された近代社会と近代国家の包括的な理論へと変換したものに他ならないというのである。こうした議論の妥当性はここでは置くとしても、ヘーゲル‐マルクス関係に一石を投じるものとして興味深い示唆を与えているといえるのではないだろうか。

また、マルクスと『法哲学』の関係を論じる際、『法哲学』の研究状況も考慮する必要があるだろう。マルクスが用いた旧全集版（E・ガンス編、一八三三年刊）は、20世紀に入ってからその編集問題をめぐってさまざまな疑義が提出されてきた。そもそも『法哲学』は、ヘーゲルが講義テキストとして要点を簡潔にまとめた「要綱」であり、ヘーゲルはこのテキストを手引きとしながら、実際の講義の中で自らの思想を縦横無尽に語ったといわれる。であれば、ヘーゲルの思想の実相をとらえるには、「要綱」にとどまらず聴講生が残した「講義筆記録」を参照する必要がある。旧全集版にも筆記録（ホトー、グリースハイム）が収録されてはいるものの、「補遺」という形で部分的に付されているだけであり、しかも編者の恣意が多分に介在している以上、それが正確なヘーゲル像を示すものとは必ずしもいえない。現在では、ヘーゲルがハイデルベルク時代からベルリン時代にかけて行った7学期にわたる法哲学講義の筆記録のそれぞれがアクセス可能となっている。このような文献学的な成果を踏まえることで、マルクスとヘーゲル『法哲学』の関係には、新たな論点が浮かび上がってくると思われる。

（色摩泰匡）

第2章　疎外された労働と疎外された交通

韓　立新

はじめに

戦後、『経哲手稿』の研究は、疎外論への評価を軸に、おもに哲学の領域で展開されてきた。また、この研究は、西欧マルクス主義とロシアマルクス主義とでは、疎外論あるいは『経哲手稿』の思想をめぐって、「マルクスの思想発展の頂点」と「マルクスの未熟な思想」というまったく正反対の評価が現れ、このことによってマルクスの思想史研究の分野におけるあの有名な問題、つまり「マルクスはいつマルクスになったか」、内田義彦の言い方を借りて言えば、いわば「カール・マルクス問題」が浮上してきた。

これが、一九三二年に『経哲手稿』が全文発表された後の、世界や日本で議論された『経哲手稿』研究の基本的な枠組みとなった。しかし、この枠組みは、一九六〇年代に入ってから、『パリ手稿』の文献学研究の進展とマルクス経済学者の参入によって、大きく変化した。

1　『パリ手稿』の文献学研究の成果と意義

『パリ手稿』とは、一八四四年にパリ滞在中のマルクスが書いた『経哲手稿』と『ミル評註』を含む『経済学ノート』という二つの手稿の総称である。いわゆる一九六〇年代における『パリ手稿』の文献学研究は、おもにこの二つの手稿の執筆順序やその思想的関係にかんする研究であった。

周知の通り、『経哲手稿』と『経済学ノート』Ⅰ―Ⅴは、一八四四年春から同年の夏までマルクスによってほぼ同時に書かれたものである。両者は、一九三二年に出版された『マルクス・エンゲルス全集』（メガ版、MEGA[1]）の中で、一つの巻、すなわち第Ⅰ部門第三巻として同時に公表されたが、一九七五年から出版されている新メガ版（MEGA[2]）では、別々に二つの巻に収録されることになった。『経哲手稿』は、一九八二年に第Ⅰ部門第二巻に収録され、『経済学ノート』は、一九八一年に第Ⅳ部門第二巻に編入された。『経哲手稿』と『経済学ノート』Ⅰ―Ⅴの構成については、表で表示すれば、下記の通りである。

問題となるのは、『経済学ノート』、とくにその、抜粋のみならずマルクス本人の思想展開も含む『ミル評註』と『経哲手稿』との執筆関係である。この問題について、一九六〇年代以前は、『ミル評註』などの『経済学ノート』が『経哲手稿』の前に執筆されたという「『ミル評註』先行説」が通説であった。それは、『経哲手稿』の編者であるアドラツキーによって最初に提起された見解であり、この見解のもとで、『経済学ノート』は、実質上『経哲手稿』を執筆するための準備作業にすぎないと見なされてしまった。その後、経済学者であるローゼンベルクが、『初期マルクス経済学説の形成（一九五七年）』の中で、まずセー、スミス、リカード、ミルという順で、言い換えれば、まず『経済学ノート』I―V、その次『経哲手稿』の順で『パリ手稿』の解読を試みた。旧ソ連のもう一人の代表的な哲学者オイゼルマンも、『マルクス主義哲学の形成』（一九六二年）のなかで、この解読順序にしたがって、この見解をマルクスの思想史研究に応用した。後に出版されたロシア語版とディーツ版の『マルクス・エンゲルス著作集』補巻第一分冊では、『ミル評註』が『経哲手稿』の前に配列され、この配列によって「『ミル評註』の先行説」が確立され、世界中に流布した。例えば、中国においては、それは今日でも通説になっている。マルクス研究の代表的な哲学者である張一兵『マルクスへの回帰』に見られるように、中国の初期マルクスの研究に図り知らない影響を及ぼしている。

ところが、「『ミル評註』の先行説」は、やがて批判される

図１　『パリ手稿』の両部分の比較表	
『経済学ノート』 （MEGA[1] I-3のノート番号）	『経済学・哲学手稿』（執筆順）
ノートI　セー、スカルベク ノートII　スミス ノートIII　ルヴァスール、スミス ノートIV　クセノフォン、リカード、ミル ノートV　マカロック、エンゲルス、トラシ、ミル	第一手稿　労賃、資本利潤、地代；〔疎外された労働と私有財産〕 第二手稿　〔私的所有の関係〕 第三手稿　XXXVIへの補充、XXXIXへの補充 〔ヘーゲル弁証法ならびに哲学一般への批判〕 〔分業〕、序文、〔貨幣〕

ことになる。これに疑問をいち早く示したのは、日本のマルクス経済学者たちであった。彼らは、『経済学ノート』の研究を重視して、一九六二年にすでにMEGA^{1}I—三の『経済学ノート』を翻訳・出版し、後に言及する「ラーピン論文」が公表される前から、『経哲手稿』と『ミル評註』とのどちらが先に執筆されたかという問題を突っ込んで検討していた。

　彼らがこの問題に取り込んだのは、「第一手稿」の「疎外された労働」断片と『ミル評註』との視角の相違という問題があったからである。一般に、「疎外された労働」断片では、資本と賃労働の関係が主導的な地位にあり、資本主義的生産関係がその核心となり、階級対立の論理が容易に導かれると見なされているが、これに対して、『ミル評註』では、貨幣、交通（交換）、社会の分業などが核心的な範疇となり、商品交換と貨幣関係が中心に取り扱われるとされている。疎外と私的所有の概念は、この二つの断片のいずれにも登場したが、しかしその内容は明らかに異なっている。つまり、「疎外された労働」断片の私的所有は、「資本家的な私的所有」を意味するのに対して、『ミル評註』における私的所有は、おもに「市民の私的所有」をさしている。「疎外された労働」断片は、資本主義的直接生産過程の角度から「疎外された労働」を問題にしているのに対して、『ミル評註』は、市民社会における商品交換過程の角度から「疎外された交通」を問題にしている。ほぼ同時に書かれた二つの断片は、方法視角においても、また理論展開のレベルにおいても、明確な相違を有している。この相違をいかに評価するのかが、まさに当時の日本マルクス経済学者達の主要な関心事であった。

細見英、平井俊彦、宮崎喜代は、「階級的搾取＝資本関係」論理が「商品交換関係」論理に比べてより高い次元にあるという判断を前提として、『ミル評註』は、「商品交換関係」論理に相当し、「第一手稿」の「疎外された労働」断片は「階級的搾取＝資本関係」論理に相当するがゆえに、「第一手稿」の理論水準が『ミル評註』より高いという結論を打ち出した。これに対して、大島清、中川弘は、当時のマルクスにとって、「商品交換関係」論理が「階級的搾取＝資本関係」論理の構築より難しくて、「商品交換関係」論理の登場がむしろマルクスの理論の成熟さを物語りうるという理由で、実質上、「商品交換関係」論理がむしろ「階級的搾取＝資本関係」論理の理論的次元より高いと主張した。つまり、細見英が、『パリ手稿』の執筆順序を、『ミル評註』→「第一手稿」→「第二、第三手稿」と見たのに対して、中川弘は、「第一手稿」→『ミル評註』→「第二、第三手稿」と推測していた（中川一九六八）。このようにして、一九六〇年代の日本では、「『ミル評註』の先行説」と「『経哲手稿』の先行説」とが対立することになった（細見一九七〇）。

『ドイツ哲学雑誌』（一九六九年二月号）に、旧ソ連のN・I・ラーピン論文「マルクス『経哲手稿』における所得の三源泉の対比的分析」が掲載された。この論文の中で、ラーピンは、『経哲手稿』の中に『経済学ノート』の内容がはじめて登場する時間的順序など文献学的事実に基づいて、『パリ手稿』の執筆順序を以下のように推測し、当時のマルクスの経済学思想を二つの段階に区分した。すなわち、「一八四三年末から一八四四年八月までのマルクスの経済学研究の、二つの主要段階を結論づけることは容易である。第一段階――経済学の著作との最初の出会いから、第一手稿

<table>
<tr><th colspan="2">図2　ラーピンによる『パリ手稿』の執筆順序と二階段</th></tr>
<tr><td rowspan="4">第一段階</td><td>1. 初めてエンゲルスやプルートンらの経済学上の諸労作に接触</td></tr>
<tr><td>2. ノートI、II、IIIの執筆（セー、スカルベク、スミス抜粋）</td></tr>
<tr><td>3.『第一手稿』の前半：労賃、資本利潤、地代</td></tr>
<tr><td>4.『第一手稿』の後半：〔疎外された労働と私有財産〕</td></tr>
<tr><td rowspan="3">第二段階</td><td>1. ノートIV、Vの執筆（リカード、ミル、マカロック、エンゲルス抜粋）</td></tr>
<tr><td>2.『第二手稿』</td></tr>
<tr><td>3.『第三手稿』
序文</td></tr>
</table>

を書きあげるまで。第二段階―リカード、ミルらの著作の抜粋（第四、第五抜粋ノート）から、第三手稿の仕上げまで」（ラーピン一九六九、一〇三～四）ということであり、さらに第二段階の経済学の水準は、第一段階より高いとみなした。ラーピンの結論を表で表示すれば、上記の通りである。

　この論文は、すぐに日本人の学者の注意を惹いた。細見英は、一九七〇年にこの論文を日本に紹介し、翌年その論文の翻訳を『思想』に公表した。この日本語訳の発表は、日本の『パリ手稿』研究にとって画期的な意義をもつ出来事となった。前述したように、ラーピン論文に先立って、日本では、『経哲手稿』と『ミル評註』のどちらが先に執筆されたかをめぐって論争が続けられていたが、この論文の公表は、ある意味でこの論争に終止符を打ったのである。なぜなら、ラーピン論文の最も重要な結論は、『ミル評註』の執筆が「疎外された労働」断片より遅く、その理論水準が「疎外された労働」断片より高いということに対して文献学的な根拠を提供することによって、マルクスによる『パリ手稿』の執筆が『ミル評註』を境に二段階に区分され、また第二段階の経済学の水準が第一段階より高いということを指摘したからである。つまり、ラーピン論文の公表によって、日本のマルクス経済学者たちの問題関心や推測が確証され、彼らの戸惑いは合理的な形で解かれ、論争に決着がついた。細見は、ラーピン論文の「訳者前書き」で次のように述べた。「ラーピンの考証は簡潔ながらも手堅いものであって、……説得力はすこぶる強いものになっている。私はここに『ミル評註』と『経哲草稿』の執筆順序についてはこれまでの解釈を撤回して、ラーピン説に拠ることを表明したい」[1]（ラーピン一九六九、一〇一）。細見、そしてこの小論で問題にする廣松渉、望月清司らも含めて、日本マルクス研究者はほぼラーピン説を受け入れることになった。

その後、日本のマルクス研究者は、ラーピン論文の結論への追試や補完などの作業を始めた。山中隆次と服部文男は、真っ先にラーピンの結論を検証し補完して、それを日本の学術界に幅広く受け入れさせるのに寄与した（山中一九七一、服部一九八四）。その結果、一九七八年にI・タウベルトが、『パリ手稿』の執筆順序について、「『経哲手稿』の「第三手稿」執筆以降（一八四四年八月末以降）『ミル評註』（『経済学ノート』V―IV）を書き始めた」という仮説を立てたさいに、渋谷正は、日本ですでに厚く蓄積された研究成果に基づいて、彼女の「『経済学・哲学草稿』先行説」を批判したし（渋谷一九八四、一九九八）、また一九八三年に、J・ローヤンが、「いわゆる『一八四四年経済学・哲学手稿』問題」の中で、「『ミル評註』は『第二手稿』の一部分である」という大胆な新説を提起したが、(2) それに対するヨーロッパの学術界からの反応が微かだったのに対して、日本の学術界からは強い支持を得た。例えば、山中隆次は、自らの文献学研究をも踏まえて、「ローヤン説」、つまり『ミル評註』が直接に「第一手稿」と「第二手稿」の中間に挿入されるべきという説に基づいて『パリ手稿』を編集・翻訳した。

要するに、一九六〇年代における『パリ手稿』の文献学研究は、二つの重要な結論に達した。その一つは、いわゆる『パリ手稿』とは『経済学ノート』（とりわけ『ミル評註』）と『経哲手稿』という二つの部分からなるものであり、二つの部分が内容上不可分な関係にあるということである。もう一つは、『パリ手稿』が「第一手稿」→『ミル評註』→「第二、第三手稿」という順序で執筆された、ということである。

ところが、日本では、この結論は、単なる文献学の進展を意味するだけではなく、『パリ手稿』研究のパラダイムの転換をも意味した。なぜなら、この結論は、次の二つのことを研究者に要求するからである。すなわち、第一に、『経哲手稿』を研究するさいに、『経済学ノート』、少なくとも『ミル評註』を『経哲手稿』の体系の中に入れて、統一的に考えなければならないこと。第二に、マルクスの最初の経済学研究である『ミル評註』などの『経済学ノート』とマルクスの哲学研究である『経哲手稿』の疎外論とを結びつけて研究すること。そのことはまた、同時に「疎外された労働」と「疎外された交通」を結びつけて研究することを意味する。

森田桐郎は、かつて『パリ手稿』研究におけるパラダイム転換にとってのこの文献学的結論の意義を次のように語っていた。「したがって、『ミル評註』を無視した『経哲手稿』研究は妥当性をもちえないのであり、とくに『経哲』「第一草稿」中の『疎外された労働』のみを他からきりはなして取扱うことはマルクス疎外論の曲解、歪曲に通じるということ、これである」（森田一九七一、一九五～六）。このように、『ミル評註』の「疎外された交通」概念の重要性が注目されるなかで、日本の『パリ手稿』研究は新しい局面を迎えることになった。

2 『ミル評註』の評価問題

新しい局面で、『経哲手稿』への新しい解釈がもたらされた。その最も代表的な解釈の一つとして、望月清司の「市民社会論」が挙げられる。新しい解釈であるがゆえに、これは、不可避的に、既存の初期マルクス研究——当時、まず廣松渉の「物象化論」が挙げられるが——に衝撃を与えることになった。望月自身は、もともと経済学史の専攻であるので、彼の『マルクス歴史理論の研究』は一般に「大塚史学」への挑戦と見なされていたが、実際にかなりの紙数を費やして廣松批判をおこなっている。大塚久雄のサイドからは望月批判にまったく答えていないのに対して、廣松は、真正面から望月の批評に対して反論したために、[3]両者のあいだで『経哲手稿』の疎外論をめぐって、いわゆる「初期マルクス論争」がおこなわれ、一九七〇年代の日本マルクス主義研究に大きな影響を及ぼした。

（１）廣松の「疎外論から物象化論へ」的解釈

廣松は、哲学サイドから、一九六〇年代末に、マルクスの思想生成の時期区分にかんして、「この『初期マルクス』から『後期マルクス』への世界観的な構えの飛躍を『疎外論の論理から物象化論の論理へ』という成句で象徴的に表現することができる」（廣松一九七一b、三九九）と主張し、当時の日本マルクス主義に衝撃を与え、その研究の方向をリードした。

「疎外論の論理から物象化論の論理へ」というテーゼは、二つの要点からなる。第一に、いわゆる「疎外（Entfremdung）」は、ある主体の創造物がその主体から独立し、その主体に対立し疎遠になる状態である。それは、近代の「主体‐客体」の二分構造を受け継いでいるので、ある種の「主体‐客体の関係」構造と言っても過言ではない。これに対して、いわゆる「物象化（Versachlichung）」は、廣松自身の定義に従えば、「マルクスの謂う物象化は、人間と人間との間主体的な関係が『物の性質』であるかのように錯認されたり（例えば、貨幣のもつ購買力という『性質』）、人間と人間との間主体な社会的関係が『物と物との関係』であるかのように倒錯視される現象（例えば、商品の価値関係、例えば、商品の価値関係や、多少趣き次元を異にするが、『需要』と『供給』との関係で物価がきまるというような現象）などの謂いである」（廣松一九八三、七三）。つまり、物象化は、「主体‐客体の関係」を内包する複雑な「社会的関係」の構造にほかならない。廣松は、二つの概念をそれぞれマルクスの思想体系の中に重要な役割、すなわち「疎外論」はパリ時代における未熟なマルクスの人間主義的思想であり、「物象化論」は成熟期のマルクスの思想であり、唯物史観の基礎を成すものである、ということを主張したのである。

したがって、第二に、廣松は『ドイツ・イデオロギー』を境に、マルクスを初期と晩期に区分し、マルクスが初期には「疎外論」に立ち、成熟期には「物象化論」に転換したと主張した。彼自身の言葉を借りて言えば、「『ドイツ・イデオロギー』では、自己疎外論の論理そのものが批判（自己批判されている）されている」（廣松一九七一b、四〇四）、「いまやこの疎外論の論理にかわって、物象化論の論理が登場する」（廣松一九七一b、四〇五）。これが廣松の「物象化論」の基本的な内実である。

こういった判断は、廣松の『経哲手稿』観、すなわちそれが「自己疎外」に関する手稿であるということに由来する。「自己疎外」とは、主体の自己疎外と自己回復の運動過程であり、ヘーゲルやヘーゲル左派に共通する「主体-客体の関係」構造に基づくものである。確かに、『経哲手稿』の「疎外された労働」断片で、マルクスは、彼らの主体概念を克服することに成功したとしても、またフォイエルバッハの「人間」を特定の生産関係のもとでの「労働者」（Arbeiter）ととらえなおし、「疎外された労働」にかんするすばらしい分析を見せたにもかかわらず、依然として人間の「自己疎外」構造から脱け出るこはできなかった。これは、マルクスによる「疎外された労働」の三規定、すなわち「彼の労働生産物から、彼の生命活動から、彼の類的存在から」の疎外から見ても、またマルクスが労働活動そのものの外化、疎外を「自己疎外（Selbstentfremdung）」（MEGA² I-2, 239, 九三）と直接に定義したという事実から見ても、明らかであろう。

この意味で、「『経済学・哲学手稿』は一つの「自己疎外」に関する草稿である」という廣松の『経哲手稿』観は、その「疎外された労働」断片に限って言えば、あてはまると言ってもよい。マルクスがその断片で二人以上の対等な主体の間における「社会的関係」の物象化問題を語っていないことは、確かである。しかし、問題は、『経哲手稿』が単なる「疎外された労働」のみの手稿ではないことである。『経哲手稿』の範囲が、『第三手稿』に拡大され、とりわけ上述の『パリ手稿』の文献学的成果にしたがって『ミル評註』にまで拡大されるならば、廣松の『経哲手稿』解釈は、厳しい批判を受けざるをえなくなる。というのは、「疎外された労働」の「自己疎外」論理と異なる「疎外された交通」論理が『ミル評註』に存在しているからである。まさにこの理由で、望月清司、森田桐郎、畑孝一らは、『現代の理論』雑誌の「マルクス・コメンタール」で、廣松の『経哲手稿』解釈に異議を示し、『ミル評註』の意義を強調することになった。これが「市民社会派マルクス主義」の起点でもあった。

(2)『ミル評註』の真実

問題は、『ミル評註』の中に「疎外された労働」とは明らかに区別される疎外の論理が存在し、この疎外の論理が「自己疎外」の枠内に収まらないのかどうかということにある。答えは、「然り」である。マルクスは、「自己疎外」とは異なる「相互疎外」論を展開し、マルクス自身の言葉を借りて言えば、「自己疎外というものを自己疎外という姿で表すとともに、相互疎外という姿でも表す」（MEGA^2 IV-2, 108, 一〇八）ことになる。

『ミル評註』断片に登場する概念は、もはや「疎外された労働」ではなく、貨幣、信用、交換などである。これらの範疇は、「疎外された労働」とは違って、私有者の単独の行為ではなく、二人以上の私有者達の共同の事業であり、商品交換の中から生じた私有者の「社会的関係」を反映するものである。その結果、『ミル評註』断片で設定された場面は、もはや「疎外された労働」断片での資本主義的直接的生産過程ではなく、私有者の「社会的交通」を核心とする「商品と貨幣の世界」、あるいは市民社会である。こういった変化に相応して、『ミル評註』の視角も「疎外された労働」から「疎外された交通」へと移っている。

では、「疎外された交通」とはなにか。『ミル評註』の規定にしたがってまとめると、こうなる。交通（**Verkehr**）は本来、人間の「類的活動、そして類的享受」、「社会的活動と社会的享受」であり、言い換えれば、「真の人間の共同本質（**Gemeinwesen**）」（MEGA^2 IV-2, 452, 九七）として、人格と人格の関係を反映するものである。しかし、市民社会においては、交通は、その本性には相応しくない形、すなわち「この社会的交通〔**geselliger Verkehr**〕の疎外された形態」（MEGA^2 IV-2, 453, 九八）とならざるをえない。具体的に言えば、この「疎外された形態」は、（1）私的所有の外化は交通の疎外であること、（2）貨幣そのものは交通の疎外であること、（3）交換そのものは交通の疎外であること、という三つのアスペクトを含み（韓二〇〇七）、その核心は、人格と人格の交通が私的所有や貨幣などの媒介を通してはじめて遂行され、人格と人格の関係が物象と物象の交換として現象する、ということにある。かかる転倒された事態について、マルクスは、『ミル評註』で論じたのである。ここで一例を挙げよう。

「貨幣において、人間にたいする疎外された物象の完全な支配がついに出現するに至った。人格にたいする人格の支配としてあったものが、いまや人格にたいする物象の、生産者にたいする生産物の普遍的な支配となっている。すでに等価物、価値のなかに私的所有の外化〔譲渡〕という規定がひそんでいたのであるが、貨幣はこの外化の感性的な、いままさに対象的な定在なのである」（MEGA² IV-2, 456, 一〇五）。これは、人間と人間の交通における一種の転倒された事態、あるいは人間にとって物神支配のような悲惨な状態にほかならない。この状態は、疎外の定義にぴったりと相当するので、マルクスは、それを「疎外された交通」と呼んでいる。

要するに、「疎外された労働」と「疎外された交通」は、いずれも疎外であるが、その内容が異なる。「疎外された労働」は、労働者の自己疎外である。これに対して、「疎外された交通」は、少なくとも二人以上の私有者の間で発生した疎外である。マルクスは、国民経済学への批判、例えば「国民経済学は——現実の運動と同様に——私的所有者にたいする私的所有者の関係としての人間の人間にたいする関係から出発する」（MEGA² IV-2, 453, 九八）、「この二人の私的所有者の社会的な関連ないし社会的な関連」（MEGA² IV-2, 454, 一〇一）などを借りてこの差異を強調している。もちろん、事実として『ミル評註』は、「主体‐客体の関係」を基盤とする労働の内容に触れなかったわけではないが、しかしそれは、「二人の私的所有者の社会的な関連ないし関連」を前提とする「営利労働（Erwerbsarbert）」なのであって、その「疎外された労働」とは異なっている。

（3）望月清司の「市民社会論」的解釈

『ミル評註』における「疎外された交通」の意義を強調するのが、「市民社会派マルクス主義」である。この学派は、一九六〇年代の日本に現われた内田義彦や平田清明ら、マルクス経済学者によってつくられ、一般に二つの特徴をもつとみなされている。一つは、「市民社会（bürgerliche Gesellschaft）」と「ブルジョア社会（Bourgeoisgesellschaft）」という二つの範疇を厳密に区別して、さらに主として「市民社会」をもって近代の西欧社会の本質を把握することである。彼らの文脈によれば、「市民社会」とは、分業を前提として私的所有者から編成された「商品貨幣社会」のことであり、「ブルジョア社会」とは、剰余価値説と搾取理論を内実とする「階級社会」のことである。もう一つは、この概念区分からもわかるように、彼らが私的所有者達の商品交換関係の視角から近代社会の把握に重点を置いていることである。したがって、彼らは、往々にして、その関心を「交通」に注いだ。例えば、その代表格でもある平田は、市民社会を「交通の体系」と直接に称したことがある。まさにこの二つの特徴をもつため、「市民社会派マルクス主義」は、『パリ手稿』を解読する際に、廣松の解釈との衝突を避けることができず、廣松によって見落とされた「疎外された交通」問題に注意を払わざるをえなかった。

望月清司も、その「市民社会派マルクス主義」の代表的な人物である。旧ソ連型の研究をそのまま受け継いだマルクス主義を「教義体系」と呼ぶとすれば、彼は、廣松哲学を、その「教義体系」とは異なる理論と見、『ドイツ・イデオロギー』の「持分問題」などで自分も「廣松説に強烈な啓示を見出したひとりである」（望月一九七三、一五九）ことを認めている。しかし、『パリ手稿』という大枠において、彼は、廣松哲学のテーゼである「疎外論の論理から物象化論の論理へ」を厳しく批判した。

望月は、まず、『パリ手稿』における疎外概念は、単なる「哲学」的範疇であるだけではなく、「経済学」的範疇でもあり、マルクスの疎外論は、「哲学」的範疇と「経済学」的範疇との統一と見なされるべきだとみなした。それでは、「哲学」的範疇としての疎外とは何か、そして「経済学」的範疇としての疎外とは何か。その本質を端的に言えば、前者は、『経哲手稿』の「生産と労働」を内実とする「疎外された労働」にほかならず、後者は、「分業と交換」を経た「疎外」、つまり実際に『ミル評註』の「疎外された交通」のことにほかならない。ヘスに対するマルクスの批判的な改造を論じるさいに、望月は、マルクスの疎外論にたいして具体的な説明をおこない、そのなかで労働と交通について次のように語っている。マルクスは、「一方ではヘーゲル的『欲求の体系』像にいったん回帰してから、その疎外態を分業＝交通論として高次に純化してゆくとともに（『ミル評註』）、他方ではその等価の交通を支えている社会的生産＝労働の深奥に一直線にわけいってゆく（『経哲草稿』）、こうした複眼的接近の方法をえらびとったであろうことをわれわれに示唆する。この複眼的接近の手法においてかれに自信を与えているもの、それが疎外の理論へのかれ独自の内在にほかならない」（望月一九七三、六三）。ここで、望月が二つの等式、すなわち「分業＝交通論」と「社会的生産＝労働」の直後の括弧のなかに、それぞれ『ミル評註』と『経哲手稿』を挿入したという事実に注目したい。この事実から、「経済学」的範疇と「哲学」的範疇がそれぞれ『ミル評註』と『経哲手稿』の疎外論に対応していること、マルクスの疎外概念は、この二つの文献における疎外論、すなわち「疎外された交通」と「疎外された労働」からなる一つの全体でなければならないことがわかる。

　この疎外の把握は、また同時に、『ミル評註』と「第一手稿」とが互いに排斥する関係にあるのではなく、むしろ逆に相互に補完する関係にあるべきであることを意味する。「疎外された労働」だけで把握された疎外論は不十分であって、その「哲学」的性格は、商品と貨幣理論など「経済学」的基礎に欠けるという欠点――「教養体系」によってフォイエルバッハの人間主義の残渣と見なされたこと――を克服することはできず、また軽視されてきたマルクスの疎外論を復権させることもできない。この問題意識から、望月は、『パリ手稿』研究にさいして、新たな原則を提起した。すなわち、「『経哲草稿』における労働の疎外論および『社会』論は、どうしても『ミル評註』における『社会的交通』論によって補わなければならない。それのみをもって市民社会の総体的把握とするには『経哲草稿』は、そもそも『市民社会』の基礎理論――商品＝貨幣論――において十分な批判的認識を提示しえていない、と言わざるをえない。両労作はこの意味でまったく相互補完的関係に立っているのである」（望月一九七三、五八）。この原則によって、「疎外された交通」概念の地位は、マルクスの理論体系のなかで格段の高みにひきあげられることになった。

　以上のことは、望月の『経哲手稿』観である。この観点から出発した望月は、必然的に廣松の解釈に衝突することになった。彼によれば、廣松によるマルクスの疎外論解釈には三つの欠点がある。

　第一に、廣松は、「『疎外』の発想と概念とを哲学の衣をかぶった経済学的歴史認識とはみない」ため、彼の疎外論解釈は、資本主義的直接生産過程の角度から疎外を把握し、「労働者は働けば働くほど貧しくなる」という側面のみを一方的に強調するという、いわば「絶対的窮乏化論的疎外労働論」（望月一九七三、八二）とは異曲同工になっていることである。「かかる『経済学・哲学草稿』観は、『ミル評註』における『社会的交通』視座からの市民社会分析をも包括した、いわば疎外の経済学として両者を統一的に把握する試みをはじめから放棄したものである」（望月一九七三、七三）。つまり、廣松は、マルクスの疎外論を積極的に再構成するのを最初から放棄し、疎外論を消極的な意味でのみ見ていたことになる。

　第二に、廣松は、彼の『経哲手稿』解釈のなかで『ミル評註』の「疎外された交通」に然るべき位置を与えなかった。彼は、『青年マルクス論』の中で『ミル評註』に言及しなかったわけではないが、それについての内在的な研究を示してはいない。つまり、彼は、「第一手稿」のみを検討したあと、そこから『ミル評註』を飛び越えて、一気に『ドイツ・イデオロギー』への飛翔をとげるという方法をとったのである。これでは、「〔マルクスの〕思惟過程への内在を省略した」（望月一九

七三、九二）と言われてもしかたがない。その結果、マルクスの疎外概念は、「第一手稿」の「労働過程疎外論」としてのみ把握されてしまい、その疎外論もヘーゲル左派の「自己意識」論理の枠内に閉じ込まれた「自己疎外」論にまで貶められてしまうことになり、「自己疎外」論の一面性を修正する「社会的交通疎外論」の意義も看過されてしまった。

第三に、「疎外論の論理から物象化論の論理へ」というテーゼの核心は、唯物史観の誕生を『フォイエルバッハにかんするテーゼ』と『ドイツ・イデオロギー』のなかに見るという点にある。その結果、『ドイツ・イデオロギー』以降、マルクスがその疎外論を捨てることは、ある意味で必然的な結論として導かれる。このテーゼに対して、望月は三つの角度から批判を加えた。

（1）『ドイツ・イデオロギー』以前。マルクスが『パリ手稿』で、疎外を「疎外された労働」と「疎外された交通」の統一と見なしたがゆえに、彼の疎外論は、もはや『ドイツ・イデオロギー』のなかで「清算」される対象ではなく、逆にマルクスそのものに属する範疇となった。この理由で、望月は、「われわれがマルクス歴史理論生成のあとを、唯物史観史学において通例のように、『ドイツ・イデオロギー』から始めないで、『経済学・哲学草稿』と『経済学ノート』――ひとによっては一括して『パリ草稿』とよぶ――から、しかも『疎外』の論理への内在からはじめるのはまさにそのゆえになのである」（望月一九七三、二二五）と主張した。

（2）『ドイツ・イデオロギー』時期。望月は、廣松によって引用された「哲学者たち」と「グリュン氏」の例を論駁して、このような僅かな例でマルクスが「疎外」概念に対して興味を失ったと断じたことは「教義体系」と同じ次元に落ち込まざるをえないと主張した（望月一九七三、一九七～九）。つまり、望月によれば、『ドイツ・イデオロギー』の中で、「マルクスが批判しているのは、……全歴史をそうした抽象的な《人間なるもの》の発展と自己疎外の過程とみなす歴史像……であろう。疎外というカテゴリーそのものの批判ではないのである」（望月一九七三、二〇六）。

（3）『ドイツ・イデオロギー』以降。望月は、マルクスが『経済学批判要綱』と『資本論』のなかで疎外概念をしばしば肯定的な意味で使用したという事実に依拠して、成熟期のマルクスにおいては、「あきらかに『経哲草稿』および『ミル評註』いらいの疎外論的社会認識がよこたわっている……右の二つの初期の労作の問題意識がここ『要綱』資本章――あるいは広義『諸形態』――にまで脈々と生きつづけている」（望月一九七三、四一二）。つまり、廣松が宣言したような、「マルクスが疎外論を超克した」という事実は存在しないことになる。(4)

要するに、廣松と望月の対立は、『ミル評註』およびその核心である「疎外された交通」への評価の相違に集約されうる。廣松では、『ミル評註』は実にどうでもよいことになり、望月では、むしろ「『ミル評註』は決定的な役割を果たした」ことになる。その結果、以下に見られるように、廣松は、マルクスの成熟期の「物象化論」を基準にして「疎外論」を否定し、望月は、「市民社会論」を基準にしてマルクスの「疎外論」を肯定することになるのである。これが初期マルクスにかんする廣松と望月の最大の争点であるだろう。

3 「物象化論」と「市民社会論」との対立

廣松と望月は、一九六〇～七〇年代の日本の代表的なマルクス研究者であると見られている。両者を代表格と認めたのは、彼らがスターリン主義の影響を受けた、オーソドックスなマルクス主義に抵抗し、マルクスに対して独特な解釈を提起したからである。彼らは、ともに「主体-客体の関係」を核とする「労働=生産」論理を単純にマルクスのすべてと認めないで、逆に複数の主体間の「社会的関係」、とりわけ私的所有者のあいだの商品交換関係から「近代社会」を分析してゆくという方法を強調した。この独自性は、廣松哲学では「物象化論」として、「望月史学」では「市民社会論」としてあらわれている。

「社会関係の物象化」は、廣松の「物象化論」の主著『物象化論の構図』の第Ⅱ章第一節の題名であり、また廣松の『資本論の哲学』の課題も商品世界および「価値形態論」の物象化問題である。この事実から、その理論的な枠組みが明らかに私的所有者達の交換関係にほかならないことがわかる。望月の「市民社会論」、ひいてはその「市民社会派マルクス主義」は、貨幣・商品世界における社会関係の疎外を問題にし、その市民社会概念も「私有者の分業と交換の体系」をさすので、「市民社会論」は、「物象化論」の理論的な枠組みと類似性をもっているといえるであろう。ある意味で、彼らは、いずれもマルクスの経済学、とくに『資本論』の「商品」章を理論のモデルとしている。では、廣松の「物象化論」と望月の「市民社会論」は、なぜ『経哲手稿』の疎外論をめぐって意見がこのように分かれたのであろうか。これは、まずそれぞれの理論の組立て方法にかかわっていると思われる。

周知のように、廣松の「物象化論」の根拠は、『資本論』の「商品」章の「価値形態論」である。「疎外論の論理から物象化論の論理へ」というテーゼを論証するさい、廣松は、実際に後の「価値形態論」を直接に『ドイツ・イデオロギー』に接合させて、これによって「初期マルクス」と「晩期マルクス」を区分したのである。このやり方は、彼が『ドイツ・イデオロギー』以前の著作に「価値形態論」の要素を探し出そうという動きに対して消極的に働いた。結局、一八四四年の『経済学ノート』にたいして、たとえそれに「価値形態論」の特徴があっても、「超克」すべき「疎外論」段階に属するので、廣松によって「看過」されてしまった。とはいえ、廣松の「物象化論」の内実を「価値形態論」と見なしうるならば、『ミル評註』の「物象化論」的な性格は、間違いなく、『ドイツ・イデオロギー』のそれより遥かに鮮明なものである。あるいは逆に、『ドイツ・イデオロギー』は、この点でとても不明確なために、マルクスが「物象化論」へと転回した起点にならないとも言える。廣松がなぜ『ミル評註』という、彼の「物象化論」の構築に最適な文献を見落としてしまったのかは、私には理解できない。

廣松とは正反対に、望月は、その「市民社会論」の起点を『ミル評註』の「疎外された交通」論に置き、『ミル評註』から市民社会論を構築しようとした。彼がおこなったのは、『ミル評註』の「社会的交通」概念→『ドイツ・イデオロギー』の「分業展開史論」→「アンネンコフへの手紙」

と『哲学の貧困』の「社会的諸関連」→『経済学批判要綱』の「依存関係史論」というように、マルクスの思想形成に即して自らの「マルクス歴史理論」を解釈したことであった。また、このなかでも示されているように、『ドイツ・イデオロギー』の「分業展開史論」が『パリ手稿』の「疎外論」の発展として位置付けられており、『パリ手稿』と『ドイツ・イデオロギー』とは、望月にとって、何ら「断絶」でも「飛躍」でもなく、連続的関係にあるのである。

この方法上の差異は、物象化と疎外の関係に対する理解上の差異をもたらした。廣松は、「疎外論」と「物象化論」を接合させようとする発想に対してあくまで抵抗し続けた。それは、彼が疎外を単なる「主体-客体関係」構造と、物象化を複数の主体の「社会的関係」構造というように狭く理解して、疎外と物象化を異質な概念ときめこんだからからである。これに対して、望月は、最初から疎外を「労働過程の疎外」として狭く把握するのではなく、「社会的交通の疎外」も疎外の概念であるみなしていた。結局、望月の「疎外論」は、おのずと「市民社会論」と同じような構造をもち、「市民社会論」のなか収斂されうるであろう。まさにこのために、彼は、あの「疎外論と市民社会」(望月一九七三、三〇)の課題、すなわち、いかに「疎外論」の対象を「資本主義」から「市民社会」までに推し広げるかという課題を提起したことになる。なぜなら、一般に、疎外論は、「疎外された労働」のように、搾取や剰余価値法則の内実を曝すものとして、「資本主義社会」を対象とするものと見なされてきたからである。

疎外と物象化の関係については、望月は、その『マルクス歴史理論の研究』第五章第一節「三交換価値の物象化」のところで、わざわざ一定の枚数を割いて論じている。それによると、疎外と物象化は、あくまでも対立する概念ではない。「『疎外』の一下位概念としてわれわれは『物象化』を理解」（望月一九七三、三四四）しているので、「疎外論」は「物象化論」より高次の認識視座を占められている。かりに我々は「物象化論」を成熟期のマルクスの特有な思想と規定するとしても、その最初の形態は、廣松が主張するように『ドイツ・イデオロギー』ではなく、『ミル評註』に出現している。『要綱』と『資本論』の「物象化論」は、実に『ミル評註』の社会的交通の疎外認識の延長線にあるのである。

[注]

（1）望月は、ラーピン説への支持という態度を明確に表明しているのに対して、廣松は、明確な態度表明がないものの、『青年マルクス論』（平凡社、一九七一年一二月）のなかで、ラーピンの二階段説にしたがって論理を展開し、ラーピン論文に言及した（同「VI初期経済学」章を参照）。

（2）ローヤンは、その後執筆した論文（ローヤン、二〇〇二）において、『ミル評註』が「第三手稿」に続く「第四手稿」である可能性についても言及している。

（3）二人は、明治学院大学の「学生・経済学会」で直接対談したことがある（「『ドイツ・イデオロギー』の持分問題をめぐって」『ノイエ・ツァイト』、一九七五年三月号）。しかし、廣松本人はその批判の矛先をおもに望月の『ドイツ・イデオロギー』の「持分問題」、すなわちマルクスの「分業展開史論」とエンゲルスの「所有形態史論」の差異に向けていた（廣松一九七四、五四〇）。

（4）望月による上述の三点の批判は、多くの面で廣松の「疎外論超克説」への岩淵慶一の批判（岩淵一九七三・一九七五）と類似している。

フォイエルバッハとマルクス

ヘーゲル左派の代表者の一人であるルートヴィヒ・フォイエルバッハ（一八〇四年〜七二年）の哲学が、若きマルクスに大きな影響を与えたことはよく知られている。フォイエルバッハは『キリスト教の本質』（一八四一年）において、ヘーゲル哲学の真髄としての神学を人間学へと解消することこそが近代哲学の完成にとって必要であり、「神の本質は類的な人間の本質に他ならない」と主張し、若い知識人たちにインパクトを与えた。

『キリスト教の本質』をマルクスがいつ読んだかは正確には明らかでないが、一八四三年に出版された第2版を手にとって読んでいたことは間違いなく、その感想をルーゲ宛ての手紙の中で綴っている。マルクスは、「あまりに少なく政治を引き合いに出す点では正しくないように思われます」と断りながらも、「しかしこの本は現在の哲学が真理となりうる唯一の同盟です」とフォイエルバッハの哲学を肯定的に評価している。さらに、『独仏年報』の発行に向けルーゲと共に尽力していたマルクスはこの雑誌にフォイエルバッハを迎えようと手紙を送るのであるが、その中でもフォイエルバッハの唯物論を以下のように称賛する。「あなたの『将来の哲学』ならびに『信仰の本質』〔『哲学改革のための暫定的テーゼ』のことを指す（引用者）〕は、たとえその範囲が限られているにしても、ともかく、今日の全ドイツの著作を束にしたよりも、はるかに重要であるのです」。

しかし、このような熱烈なマルクスからの呼びかけにもかかわらず、フォイエルバッハは『独仏年報』や社会主義運動への協力を拒否し、哲学的著作の執筆活動を通じて大衆の意識を変革しようと試みたのだった。だが、過激なキリスト教批判のためにフォイエルバッハは大学において教職を得ることができず、晩年は妻の製陶工場も倒産し困窮のうちに南独レッヘンベルグという小さな村で静かに息絶えた。

非政治的なフォイエルバッハの態度や著作に対してマルクスがある種の不満を覚えていたのは上述の二つの手紙の言葉遣いからも明らかであるが、四三〜四四年頃のマルクスはそれでもフォイエルバッハの哲学を積極的に継承していく姿勢を示している。実際、「ヘーゲル法哲学批判序論」においてマルクスは「ドイツにおける宗教の批判はすでに終わっている」と書き、フォイエルバッハの宗教における自己疎外の理論を政治と社会の次元へと拡大しようと試みる。さらに『経済学・哲学手稿』では、私的所有のもとでの労働疎外の必然性を展開し、この疎外の止揚をプロレタリアートの歴史的課題と認識するに至る。

しかし、フォイエルバッハ哲学に対するマルクスの態度は四五年の「フォイエルバッハ・テーゼ」で一転する。それはマルクスが革命遂行のためにより実践的・批判的な理論的構えを取るようになったことの必然的帰結と言えよう。フォイエルバッハによれば、宗教における疎外は諸個人が人間という類的存在の普遍的本質を認識しさえすれば止揚されるのであり、そうすれば真の人間愛に基づいた人間的・共同的な営為が現実において実現される。しかし「フォイエルバッハ・テーゼ」以降のマルクスは、幻想形態に隠れた真理を暴露するだけでは現実の疎外が止揚されることはないと厳しくフォイエルバッハを批判する。真理は哲学者の啓蒙によって人々に自動的に伝播するようなものではなく、むしろ、実践を通して「世界を変革する」ことで自らの真理性を証明しなくてはならない。いまや「哲学的な意識を清算」し、変革を目指した実践的な問題設定を確立したマルクスにとっては、フォイエルバッハの啓蒙による意識の変革を求める哲学的問題構成は単なる観念論に映る。宗教という疎外された幻想形態に対して宗教の本質は「何であるか **Was**」を問い、人間の本質を対置することで満足するフォイエルバッハを退け、マルクスは「いかにして **Wie**」「なぜ **Warum**」人々が宗教を幻想にも関わらず「頭の中へ入れた」かを問うのである。換言すれば、抽象的な本質・真理の追求ではなく、実践的に真理を変革するための諸条件を提示することにマルクスの新しい唯物論の焦点があると言えよう。

フォイエルバッハを含むヘーゲル左派からの哲学的影響との決別とマルクスの実践的な唯物論の確立は、フォイエルバッハの影響をも受けている『経哲手稿』段階の疎外論と、その後の唯物論的な疎外論・物象化論の相違として確認されるべきである。60年代にはソ連共産党の「科学的な教条主義に対して『経哲手稿』に依拠したヒューマニスティックな解釈が流行した。しかし、ソ連型「社会主義」崩壊後の今日において、疎外論の意義は、そのようなイデオローギッシュな問題構成に基づくのではなく、$MEGA^2$に基づいた緻密な文献研究によって改めて検討されるべきであろう。

（齋藤幸平）

第3章

《物》の原理としての功利性への批判

――『経済学・哲学手稿』の照準――

小屋敷琢己

はじめに

近年特に激しくなった新自由主義改革による雇用状況の悪化のなかで、これに対抗する側から「私たちはモノじゃない！」といった表現を目にすることがある。あるいは、「コンクリートではなく人間へ」というスローガンも流布している。「人間らしく働きたい」「人間扱いして欲しい」という叫びは切実であるが、そこに現れている問題を哲学的に考察するとき、たんに「モノ」にたいして「人間」を対置するだけでは済まされない、根源的な問いが見えてくる。

人間は《物》なしでは生きていけないだけでなく、自己を《物》とし、ときには目的にたいする手段として働き、生きる糧を獲得しなければならない。道具を作り使うことで初めて人類が誕生したというだけでなく、人間社会では、人間関係が物象化された世界を構築しており、このシステムのなかに身をもって参入することなしに、個々人は生存することができない。それゆえ《物》とは人間にとってアイデンティティを確証する場であり、人格そのものですらあるのだ。そうである以上、《物》としての機能がいかに効率的か、どれほど有用性が高いか、いくらの効果が期待できるのかといった尺度で測られるのは当然のことだ。そもそも一体、お前は役に立つのか立たないのか。しかし、そうだとすると《物》の非情な世界に耐え抜き、物扱いされることに適応し馴化することが成熟の証しであるというべきなのか。いや、生存すら脅かされている我慢の限度を超えた状況を、なにを根拠にして批判し、どうやって乗り越えていけばいいのか。「役立たず」という烙印を甘んじて受け入れるのは、もはや限界だという怒りは、感情論だけでないとするなら、どこから出てくるのか。

このような問題群を解明するためには、おそらくかなり壮大な理論的営みが必要とされるだろう。本稿では、そのためのほんのささやかな、しかし決定的に重要な出発点を、初期マルクスの理論的格闘のなかに見出すことから始めてみたい。粗野で野蛮な資本主義がその最初の姿に戻りつつある現在、資本主義の原初で理論形成したマルクスに立ち返ることが改めて求められているのではないだろうか。

1　第三手稿における経済学批判と哲学批判

一八四四年、二六歳の若きマルクスは、後世に『経済学・哲学手稿』としてまとめられる未刊の著書を構想して、その第三手稿の最後に書き留めた「序文」で次のように記述した。

「私は『独仏年誌』のなかで法律学と国家学の批判をヘーゲル法哲学の批判という形式のもとに予告しておいた」(MEGA² I-2, 314, 一一)[1]。

つまりマルクスは当初、現実にある法と国家の政治的な批判を、ヘーゲル法哲学の哲学的な批判によって成し遂げようと企図したというのである。しかしながら、ヘーゲル哲学批判という「もっぱら思弁にたいしてのみ向けられる批判」と具体的な現実の「さまざまな素材そのものの批判」とを「混合すること Vermengung」は難しいと判断した。なぜなら取り扱う対象が多様であるため、思弁哲学批判というかたちをとることは、まるで「アフォリズム的な叙述」でしか不可能であり、そうすることでなんらかの「体系」的、つまりは思弁的な体裁をとっているかのように見えてしまうからであった。マルクスの口調からすると、一般の読者に誤解を与えたくないから、あるいは理解しづらいだろうから、あえてこの「形式」を断念したといっているようにも聞こえる。

しかし、それは逆にいうと、見せかけはそういうふうになるかもしれないから避けたのであり、いい換えるなら思弁哲学を批判する側が思弁的な装いをもつことを忌避したのであって、本来的には思弁哲学の批判を、現実の法律=政治批判と同時に遂行することを否定しているわけではない。当然のことだが、抽象的な思考を批判するためには、抽象的な概念装置と論理構成が必要となる。すなわち「哲学を実現することなしに、哲学を止揚することはできない」(「ユダヤ人問題によせて」MEGA² I-2, 176, 八二)のだ。

だが重要な点は、むしろマルクスの意図として、たんに思弁哲学を抽象的な論理次元において批判すべきであるというだけでなく、現実の具体的な法律＝政治批判のためには、抽象的な哲学の批判が伴わなければならないと考えていたところにこそある。その意味ではヘーゲル哲学は格好の材料だったにちがいない。ヘーゲル哲学ほど抽象的な論理から現実の社会現象まで包括的に網羅した体系は他に存在しなかったからである。

ではなぜ現実の批判にとって、思弁哲学の批判が必要となるのか。逆にいうと、思弁哲学の批判をすることがなぜ同時に現実の批判となるのか。なぜこの「形式」が重要だったのか。というのも、近代社会を始動する根本的原理を突き止め、徹底的に批判することなしに、この社会の困難を克服することはできないとマルクスは考えていたからである。それゆえ法律と国家の批判のためには、経済構造の批判を必要とし、さらに近代的な経済学の概念装置、イデオロギーをも批判し尽くさねばならない。そのターゲットが他ならぬヘーゲルだったのは、まさにヘーゲルがマルクスにとっては国民経済学のイデオローグだったからである。そして、マルクスの捉えた近代社会の原理とは、〈功利性〉原理に他ならないとするのが私の解釈の試みである。

「ヘーゲルは、近代の国民経済学の立場に立っている。彼は労働を人間の本質として、つまり〔労働において〕実証される人間の本質として把握する。彼は労働の肯定的な側面だけを見て、その否定的な側面を見ない。労働は、外化の内部で、すなわち外化された人間として人間が対自的になるもの ***Fürsichwerden*** である。ヘーゲルがただ知りかつ承認する労働は、抽象的で精神的な労働だけである」（「経哲手稿」MEGA² I-2, 292f, 一九九～二〇〇）。

マルクスによれば、ヘーゲルが国民経済学の立場をとっているのは、労働において人間の本質が実証され、その意味で肯定的＝積極的に人間性が労働のなかに示されると捉えるからである。このときヘーゲルは、人間性をポジティヴに把握する。すなわち、自己の外に現れた労働という《物》のなかに「対自的になるもの」が実現しているからである。では、この「対自的になるもの」とはなにか。ヘーゲル用語としての〈対自 für sich〉とは、自分の外に対立して、したがって独立して単独であること、それゆえそのようなものとして自覚すること、そして自分のためにあることという多義的な意味を含む。ここで隠された重要な意味は、「自分のためになる」という契機である。なぜならまさに労働の成果は、それを所有する者にとっては「自分のためになる」からだ。これが「ポジティヴ」の意味に他ならない。もちろん労働者からは労働や私的所有は「自立し」「対立し」てよそよそしい《物》になっている。しかし、ここに所有者にとっての利己性＝功利性を見ることは、これまでの解釈では見過ごされてきたといえないだろうか。この解釈が重要だと考えるのは、この箇所に続いて、マルクスはヘーゲル哲学の意義を「意識の対象を克服すること」(ibid., 293, 二〇〇) に見ているからである。

「対象は、ただ……〔人間の〕自己へと戻ってくるものとしてだけ現れるのではない。人間は、自己と等値＝Selbst される。しかし、自己とは、たんに抽象的に把握され抽象によって産出された人間にすぎないのだ。人間とは、利己的 selbstisch である」(ibid., 二〇一)。

ここで「利己的 selbstisch」を直訳して「自己的」としては意味がはっきりしない。外化された対象は、人間のものとなるのだから、自分に戻ってくるものを産出し、我が物として独り占めにする以上、これほどポジティヴで「利己的」なものはない。そういう存在としての人間を「自己」と把握してみせるのがヘーゲルの「対象克服の運動」なのである。そう解釈することではじめて次のように続く段落を十全に理解することができるはずだ。

「対自的に抽象化され固定された自己 das für sich abstrahirte und fixirte Selbst とは、抽象的なエゴイスト ***abstrakter Egoist*** としての人間であり、それは自己の純粋な抽象のなかで思考へと止揚されたエゴイズムであるのだ」（ibid., 293f, 同前）。

「対自」とは「自分のため」に他ならないのだから、すべてが「対自的に抽象化され固定され」るとき、つまり所有物が自分のためだけに存在していると信じ込むこと、まさしくそれはエゴイズムの極みであろう。そうしてはじめて自己は、単独で自分ひとりだけで自立しているかのような自覚（＝錯覚）を獲得する。近代的な孤独な個人の誕生である。マルクスの批判の矢は、ここを射貫いているにちがいない。

このように「対自存在」としての近代的人間の「自己」を把握するときに、より明確に次の第三手稿冒頭の箇所が理解できるようになるのではないだろうか。

「私的所有の主体的本質は、すなわち対自的に存在する能動性としての、つまり主体として、人格としての私的所有は、労働である。したがって、まず労働をみずからの原理として認識する国民経済学―アダム・スミス―は、それゆえもはや私的所有をたんなる人間の外にある一つの状態としては認めなかったということ、この国民経済学は、現実的なエネルギーと私的所有の運動の一産物として、すなわち近代的な産業の一産物として考察されるべきであるということ（国民経済学は私的所有が意識において対自的となった自立的な運動であり、自己としての近代的な産業なのである）、他方で、国民経済学は、この産業のエネルギーと発展を促進し、賛美し、意識の一つの力となしてきたということは、おのずから分かることである」（ibid., 257, 一一九）。

こうしてヘーゲル用語が組み込まれた経済学批判は、もともとの手稿の状態を見れば明らかなように、後世編纂された「私的所有と共産主義」や「欲求、生産、分業」という断片のなかに、同様に「ヘーゲル弁証法と哲学一般の批判」としてまとめられた断片が、もともとは別々に組み込まれていたのである。著作集版WERKEおよびその訳本では、「私的所有と共産主義」と「欲求、生産、分業」の間に、「ヘーゲル弁証法と哲学一般の批判」がまるまる挟まっているかのように編集注記されているが、実際には新全集版MEGAを見ると一目瞭然で、「ヘーゲル弁証法と哲学一般の批判」は、四つに分割されて（もともとつながっていたわけではないから「分割」というのもおかしな話になるが）、経済学批判の文章と交互に手稿が書かれている様子が分かる。

それゆえ『経済学・哲学手稿』を、それぞれ「経済学」と「哲学」の手稿として別個に読んでしまうと、そもそものマルクスの意図を十分に理解できないだけでなく、その経済学批判の射程がどこまで届いているか、その批判の照準がどこに据えられているのか明確に了解されてこなかったという（自戒を含めた）恐れがある。

例えば、マルクスが第三手稿のほとんど最後にさしかかったところで（もちろんもっと書くつもりだったかもしれないが）、国民経済学者たちの著作からの要約された抜粋をおこない、そこで国民経済学の原理を剔抉したとき、後に「ヘーゲル弁証法と哲学一般の批判」としてまとめられた思弁哲学批判の四つの文章は、すでに書ききった後であることを踏まえて理解されるべきであろう。すなわちそこでマルクスは、例えば、アダム・スミスの原理を次のように抜粋する。

「動物は成長するやいなや自力で生きる。人間は、絶えず他者の援助を必要とするが、それをただ他者からの親切のみを期待しても効果はないであろう。……私たちは、他の人間の場合には、彼らの人間性 **Menschheit** にではなく、むしろ彼らのエゴイズムに訴えるのだ……」（ibid., 309, 一六九）[2]。

さらにマルクスは、フレデリク・スカルベク『社会的富の理論』（一八二九年刊）からも「ある人間が他の人間に奉仕を捧げる動機は、利己心 **Eigennutz** なのである」（ibid., 311, 一七二）と抜粋する。これらの引用をした後、マルクスは、次のように総括する。

「だが、近代の国民経済学はすべて以下の点で見解を一致させている。すなわち、分業と生産の財富は、つまり分業と資本の蓄積は、相互に制約し合っている **wechselseitig bedingen**〔相互に条件《物》とし合っている〕ということ、同様に自由放任とされ ***freigelaßen***、自己自身にゆだねられた〔自分勝手な〕**sich selbst überlaßen** 私的所有だけが、最も功利的 **nützlichst** であり、かつ最も包括的な分業を産出することができるのだということである」(ibid., S.312, 一七三)。

これまでヘーゲルやマルクスの翻訳では、この〈功利性 Nützlichkeit〉という用語を、「有用性」とか「効用性」「有益性」などと訳されることが多かった。もちろん、文脈などによってそのように訳す方が分かりやすい場合もあるだろう。しかし、この用語がいわゆる〈功利主義 Utilitarian-ism〉の根本的価値を表す〈功利 Utility〉と極めて密接な連関〈私にとってはほとんど同義である〉をもった用語であることは、それほど深刻に受け止められてこなかったのではないか。「功利」という日本語が適切かどうかはさておき、「功利主義」という表現が一般に定着していることから考えると、文脈によって訳し分けられる「有用」「効用」「効率」「有益」「役に立つ」という表現のバラエティは、むしろ原理的な議論がどういう軸をめぐって辿られているのかを逆に見えなくしてしまう危険性がある。そのことを避けるためには、多少はぎこちないとしても、一貫して「功利」と訳すことで、問題の所在が浮き彫りとなってくるにちがいない。

まさにマルクスは、〈功利性〉という価値が近代社会を席巻するところに問題の本質を定めていたのではないか。このことは従来のヘーゲル解釈にも見落とされてきた連関へと注意を喚起することになるであろう。

2　《物》と《事象そのもの》――ヘーゲルからフォイエルバッハへ――

いったんマルクスから離れて、ヘーゲルの議論とフォイエルバッハの批判に遡ってみたいのは、もう一度マルクスの批判がどこを目指していたのか確定するために必要な作業であると考えるからである。だがすでに私はヘーゲルの主に『精神現象学』に即して、《物》と《事象そのもの》の連関(3)、〈功利性〉原理をめぐる論点について言及してきた(4)。詳しくは参照いただきたいが、ここでは多少の重複を厭わず、必要な範囲で簡略に問題の所在を明らかにしておきたい。

《物 Ding》から《事象そのもの Sache selbst》へという問題設定は、ヘーゲル『精神現象学』の根本テーマであるから、この問題をすべて扱うわけにはいかないが、重要な焦点となる箇所は、「精神」章の「自己疎外的精神　陶冶」の箇所から「道徳性」への展開にあるので、そこでいかにしてヘーゲルが《物》を克服し《事象そのもの》の主体化を企てたのか、そのことによって精神はいかなる変様を被ったのか、という論点に絞ってみたい。

ヘーゲルの戦略は、《物》の把握をめぐるカントとロマン派への二正面作戦にある。カントの基本的な考え方は、周知のように、人格を目的となし、物件 Sache を手段としたうえで、人間を物件＝手段としてだけ扱うのではなく、同時に人格＝目的としてもまた尊重されるべきであるという教えにある。カントのいう人格には意志の自由があり、本来人間は《物》の世界に煩わされることなく、自由に意志決定すべきであるという。もちろん意志の自由の背後には、義務と責任が伴う。

カントは、《物》の世界を支配する「功利性 Nützlichkeit」を、冷徹に見据えながらも、そこと連関しない自由の領域を人格性に認めた。すなわち、人間が物件としてなんらかの手段と化してしまう事態を冷酷に認めつつ、それとは切れた目的の王国に尊厳を見出した。しかし、ヘーゲルからするならば、《物》の世界である必然性の領域を洞察することこそが〈自由〉に他ならない。物件を離れたところに人格の自由は存在せず、むしろ人格を規定するものとして物件＝《事象》が存在する。

一方でドイツ・ロマン派は、ヘーゲルの眼からすると、《物》との無媒介な合一を夢想しているにすぎない。そのときロマン主義精神は「美しい魂」となり、自然、純真無垢な子ども、未開の民族あるいは古代人、前近代人等々というイメージと合体する。そこで想像力＝構想力は、現実世界から飛翔し、夢幻の国で遊び戯れる。

ヘーゲルからすると、カントもロマン派も、ともに《物》の世界を掴み損なっており、それはただ精神の無力を示しているにすぎない。カントは《物》の世界に「汚れ」を見出し、逆にロマン派は《物》の世界に「美」を投影している。両者は、ともに反転した精神の弱さを露呈してしまったのだ。これにたいして、ヘーゲルのいう真の精神の威力とは、「外化 Entäußerung の力であり、つまり自分を物となし **sich zum Dinge machen**、存在に堪え忍ぶ力」（Hegel 1807, 483, 下、二五三）なのである。

ヘーゲルが見定めた近代世界は、財産を伴った人格としての近代的個人によって開かれ、結局のところ財をなす《物》の豊かさによってすべてが動かされる世界となった。この原理こそは〈功利性〉に他ならない。それゆえ「あらゆるものは、即自的 *an sich* であるのと同じく対他的 *für ein Anderes* である。すなわち、あらゆるものは功利的 *nützlich* である」（ibid., 415, 下、一五三）のだ。したがって「人間にとっては、すべてのものが功利的であるように、同様にして人間もまた功利的で」（ibid., 416, 下、一五四）ある。

功利性とは、すべてのものを「対他的」つまり「他者のために」存在するように作用し、したがってすべてのものを目的にたいする手段と化す。手段としての機能を発揮することこそ、「対他的」であり、《物》となることに他ならない。こうして人間を含めたすべての物＝者どもが、他者のために役に立つか立たないかで価値づけられ、その限りで、自己の人格を承認される。こうして対他的な個人は、自己を取り戻す。〈功利〉という基準によって。つまり他者に役に立つという仕方で利益を獲得するのである。ヘーゲルはここで明らかにアダム・スミスの商業社会の原理を下敷きにしている。

しかしながら、ヘーゲルは、功利性の原理が、私的領域である市民社会に貫徹するだけでなく、公的領域すなわち国家においても、また道徳の領域にも浸透していくことに危機感をいだく。政治の世界を功利性が飲み尽くすとき、それは公的な舞台において利害の異なる代表者による権力闘争となるのは必至であり、その究極の事件がフランス革命であった。革命は必然的にテロへ至ると、ヘーゲルは見た。ではどうすればいいのか。

対他的な《物》の原理である功利性は、「対自的に」捉え返されなければならない。これがヘーゲルの答であり、そこに《事象そのもの》の主体化という企てが図られる。

「事象そのもの Sache selbst は、そこ〔理性章〕では述語であった。だが良心においてはじめて主語＝主体となり、意識の全契機を自らに即して措定したのであって、そして意識にたいして〔対自的〕この契機のすべてが、つまり実体性全般、外的な現存在と思考の本質とが、この自分自身の確信において含まれているのである。実体性全般を、事象そのものは、人倫において、外的な現存在を陶冶において、自分自身を知る思考の本質性を道徳性においてもっているのだ。そして良心において、事象そのものはこれらの契機を自己自身に即して知る主体なのだ」(ibid., 471, 下、二三五)。

この抽象的で思弁的な論理において、ヘーゲルは、功利性の克服を企図している。しかし実際には、《物》の原理である功利性は、対自的に捉え返されただけで《事象そのもの》となり、《良心》においてその対他的な分裂は修復されたかに見える。つまり簡略化していえば、他者のために手段となることが結局のところ「自分のために＝対自」となるのだから、手段と目的が良心のなかで統一されたというわけである。道徳性においては良心であるところの《事象そのもの》は、後のヘーゲル哲学の体系において現実の世界で「国家」と位置づけられるであろう。しかも主体化する国家とは、特定の国民国家に他ならない。それゆえマルクスの批判は、ヘーゲル国家論批判から始まったのであった。ともあれ、ヘーゲルのいう《良心》は、功利性を克服したと称して、実際には、その精神の根底まで功利性の刻印を帯びているというべきではないだろうか。むしろ批判の的はここに定められるべきであろう。ヘーゲル法哲学批判というのが、ヘーゲル弁証法の批判という形式をとる必要性がここで明らかとなる。

それではマルクスが「ヘーゲル哲学にたいして真剣な、批判的な態度をとり、この領域において真なる発見をした唯一の人物であって、総じて古い哲学を真に克服した人である」(MEGA² I-2, 276, 一九二)と評価するフォイエルバッハは、《物》と《事象そのもの》の連関をどう捉えたのだろうか。(5)

ヘーゲル主義者として出発したフォイエルバッハは、自らの哲学的立場を再構築するためにヘーゲル哲学との対決を迫られた。一八三九年に書かれた「ヘーゲル哲学批判のために」では、「現象学あるいは論理学は、……思想の他在〔他者存在＝物〕から始まるのではなく、思想の他在に関する思想から始まる」(Feuerbach 1839, 187, 三〇四)のであって、そこで「思想はすでにあらかじめ自分の相手〔他者存在〕にたいする勝利を確信している」のだ。しかし実際のところ「絶対者は、精神および自然である。精神と自然とは、ただ絶対者の一つの同じものの述語であり、規定であり、形式にすぎない。それでは絶対者とは一体なんであるか？　精神と自然との統一であり、〈およびなるもの以外にない〉」(ibid., 190, 三〇七)。こうしてヘーゲル哲学は転倒され、精神にたいして自然が復権される。ここでフォイエルバッハは、ヘーゲルに対抗して、「理性の同一性を認識するための我と汝との媒介 Vermittelung」(ibid., 171, 二八三)という立場を対置する。この「媒介」を

「伝達」と捉え返して次のようにいう。

「伝達 Mittheilung の衝動は原初的衝動であり真理の衝動である。私たちはただ他者を通して……のみ、私たちに特有の事象 Sache の真理を意識し確信するのである」(ibid., 二八四)。

すなわちフォイエルバッハにとって自己と他者との媒介のなかに伝達と対話が存立し、そこに人間にとって固有の《事象》を見出しているのは偶然ではない。それは一九四一年に刊行された主著『キリスト教の本質』において《事象》という用語が、きわめて重要な箇所で現れるのを見ても分かるだろう。フォイエルバッハの分析によれば、キリスト教による「宗教の祭儀においては必然的に儀式や作法や秘跡が対自的 *für sich selbst*〔自己目的化〕となり、精神なしに、心情が事象そのもの *Sache selbst* へとなっているように、ついには神の実存〔偶像〕だけを信じることが、内的な質つまり精神的な内容を離れて、主要な事象 Hauptsache へとなっているのだ」(Feuerbash 1841, 307, 下、三三五)。それゆえ「宗教的意識においては、真なる事象が、つまり信仰、心情が、たんなる一つの副次的な事象 Nebensache、すなわち一つの条件 Bedingung と化しており、しかし錯覚され想像された事象が、主要な事象と化しているのである」(ibid., 367, 下、一一〇)。こうしたキリスト教の本質にたいしてフォイエルバッハは結論的に次のような転倒を提示する。

「私たちは、すでに私が明らかにしたように、宗教的関係をただ転倒しさえすればよい。すなわち私たちは、宗教が手段と認めるものをつねに目的として捉え、宗教にとって従属的なもの、副次的な事象、条件であるものを、主要な事象つまり原因 Ursache〔根源的な事象〕へと高めるだけでよいのだ」（ibid., 406, 下、一六〇）。

ここで「従属的なもの」「副次的な事象」「条件」といわれているのが《物》であり、精神にたいする自然であって、これを「主要な事象」「原因＝根源的事象」に据えるところに、フォイエルバッハの唯物論の立場が成立する。彼の唯物論は、人間を抽象的な人格として、つまり物件に対立する人格として把握するのではなく、肉体をもった生身の人間として、それゆえ生きた男と女という両性の相違性のもとに捉え返し、相互の他者との愛の共同体を「真の事象」として描きだすのである。こうしてフォイエルバッハは、「私は、相違性 Verschiedenheit を相違性そのものによって以外に説明することができない。なぜなら、相違性は根源的な、それ自身によって解明し、それ自身によって自己確証する事象だからなのである」（ibid., 150, 上、一九五〜一九六）ということができたのである。

3　マルクスによる功利性原理批判と《事象そのもの》

若きマルクスは、このフォイエルバッハが説く他者との愛の共同体に満足したのだろうか。当時すでにそのような宗教批判だけでは済まされない理論情況が存在した。まずマルクスの眼に映ったのは、むしろ男女の関係を、女性の共有として把握する「粗野な共産主義」であった。「この共産主義は、―人間の人格性をいたるところで否定するのだから―まさにこの〔人格性の〕否定であるところの私的所有の徹底した表現にすぎない」（MEGA² I-2, 261, 一二八）とマルクスは断じる。男女関係、夫婦関係、家族関係を論じるとき、抽象的な理念として愛を語ることは、その条件を隠蔽する危険性がある。人間関係の条件とは、経済構造なのであるから、私的所有が支配する近代社会においては、すべての関係が私的所有によって規定される。それゆえ功利性原理が貫徹する社会において、〈功利性〉によって規定されていない愛は存在しない。

このような「粗野な共産主義」は、たとえ国家を廃止したとしても、あるいは国家の廃止のみを目指しただけで、私的所有を廃止しない限り、人間をたんなる欲望の対象、つまり《物》としてしか扱うことはできない、ということを示している。肝心なのは、上部構造の否定ではなく、その土台である私的所有の変革である。

フォイエルバッハは、もちろん粗野な共産主義者ではないが、愛の宗教という理想を語るとき、私的所有の問題には考えが及んでいなかったといえるだろう。フォイエルバッハが「功利主義」や「エゴイズム」を問題にするとき、そこで念頭にあるのは、ユダヤ教の問題であった。すなわち「創造説はユダヤに由来する。創造説はそれだけでユダヤ宗教の特徴的な教義つまり根本教義である。しかしユダヤ教の根底にある原理は、主体性の原理というよりもむしろエゴイズムの原理なのである」（Feuerbach 1841, 184, 上、二三九）。あるいは端的に「功利主義 Utilismus、つまり功利 Nutzen は、ユダヤの最高原理である」（ibid., 186, 上、二四二）と断定されている。

しかし、マルクスは「ユダヤ人問題によせて」で、「宗教にたいする政治的な解放の関係というのは、私たちにとって、人間的解放にたいする政治的解放の関係という問題となる。私たちは、政治的国家を宗教的な弱点と切り離して、その世俗的な構造 *weltliche* Konstruktion において批判することで、政治的国家の宗教的弱点を批判する。国家とある特定の宗教、例えばユダヤとの矛盾を、私たちは国家と一定の世俗的な場との矛盾のなかに人間化し、つまり国家と宗教全般との矛盾を、国家とその前提との矛盾のなかに人間化するのである」（MEGA² I-2, 146, 一九〜二〇）と規定する。もちろんマルクスはここでバウアー批判が直接念頭にあるわけだが、理論的にはフォイエルバッハにたいする批判ともなっていると解釈できるだろう。したがってこの「世俗的構造」こそが私的所有の構造となる。

すなわち次のような構造をもつとマルクスは把握する。「完成された政治的国家は、その本質からすると人間の類的生活であり、人間の物質的な生活に対立している。この利己的な生活 egoistisches Leben のあらゆる前提とは、国家の領域の外に、つまり市民社会のなかに、だが市民社会の特性として存続している」（ibid., 148, 二四）。この「市民社会の特性」をマルクスは簡潔に描きだす。「市民社会における生活とは、そのなかで人間は私人として活動し、他の人間を手段としてみなし、自分自身をも手段にまで貶め、疎遠な力の遊び道具となっているのである」（ibid., 149, 同前）。

こうして市民社会における人間は、公民から区別され、公民の権利とは切り離された「人間の権利」を獲得するにいたる。「いわゆる人権、つまり公民の権利から区別された人間の権利は、市民社会の成員の権利、つまり利己的人間の権利、人間および共同体 Gemeinwesen から切り離された人間の権利にほかならない」(ibid., 157, 四二)。この市民社会において認められた権利は、具体的にいえば、「自由、平等、安全、所有権」である。自由とは、「他の誰にも害とならないことはすべて、おこなったり、おこなわせることができる権利」であり、これこそ功利主義の掲げる〈他者危害の原理 harm to others principle〉そのものでもあろう。なぜなら「ここで問題となっているのは、孤立して自分のなかに閉じこもっているモナドとしての人間の自由である」(ibid., 四三)[6] からだ。

それゆえ「自由という人権は、人間と人間との結合に基づいているのではなく、むしろ人間の人間からの分離に基づいているのである」(ibid., 157f, 同前)。だから「自由という人権の実践的な適用は、私的所有という人権である」(ibid., 158, 四四)のだ。「したがって私的所有の人権とは、恣意的に、他の人間とかかわることなしに、社会に依存することなく、自分の財産を享受したり処分したりできる権利であり、つまり利己心 Eigennutz の権利なのである」(ibid., 同前)。

そうすると残りの人権も私的所有からの規定を免れることはできず、したがって市民社会における平等とは「自由の平等」であり、「各人が等しく、そのように自己に安らうモナドとしてみなされていること」(ibid., 四五)に他ならない。そして「安全性」という人権も「警察の概念」であり、安全性の保障という概念によって自由が制限されているように見えるとしても、「市民社会がそのエゴイズムを超えることはない。安全性とはむしろそのエゴイズムの保障なのである」(ibid., 四六)。こうして基本的人権と呼ばれているものの本質が、私的所有の規定として把握し直される。

このように私的所有によってあらゆる価値づけがなされた近代市民社会は、どのように批判され乗り越えられるのだろうか。マルクスは、「あらゆる解放は、人間的な世界を、つまり関係性を、人間そのもの Mensch selbst へ復帰させることである」（ibid., 162, 五三）という。そのための批判的理論活動を要請し、「ヘーゲル法哲学批判序説」では次のようにいう。

「批判の武器は、もちろんのこと武器の批判に取って代わることはできないし、物質的な支配力 Gewalt にたいしては、物質的な支配力によって転覆しなければならない。しかしながら理論もまた、大衆を捉えるやいなや、物質的な支配力となる。理論は、人間について論証するやいなや、大衆を捉えうるものとなるし、理論がラディカルになるやいなや、人間について論証することになる。ラディカルであるとは、事象 Sache を根っこで掴むことである。だが、人間にとって根っことは、人間そのもの Mensch selbst である」（ibid., 177, 八五）。

マルクスにとって、私的所有の批判とは、人間が《物》と化し、手段となっている市民社会において、それゆえ人間が利己的にのみ自由を享受し、自立という名で孤立を深め、他者から切り離されて、自己の安全と財産の所有を国家によって権力的に保護してもらう人間を、《事象》＝人間そのものという立場から捉え返し批判することに他ならない。

この人間解放の理論は、《事象》との連関における功利性原理の批判として『経済学・哲学手稿』でも明確に述べられている。

「それゆえ私的所有の止揚は、すべての人間的な感性と特性を完全に解放することである。だが、私的所有の止揚がこうした解放であるのは、まさにこれらの感性や特性が、主体的にも客体的にも人間的になっていることによってである。……それゆえ感性は、その実践のなかで直接的に理論家となっているのだ。感性は、事象 Sache のゆえに事象と関係しているが、事象そのもの Sache selbst とは、自己自身と人間への対象的で人間的な関係なのであり、その逆でもある。事象が人間と人間的に関係するとき、私は実践的に、ただ人間的に事象と関係することができる。それゆえ、功利 Nutzen が人間的な功利となることによって、欲求あるいは享受は、その利己的な本性〔＝自然〕を喪失し、自然はそのむき出しの功利性 Nützlichkeit を喪失するのである」(ibid., 269, 一三七〜一三八)。

マルクスの批判にとって重要な契機は「感性」であるが、感性はその本性上、外界に存在する《事象》と緊密に結びつけられている。その意味で「事象のゆえに事象と関係する」のであるが、《事象》と人間が、「人間的な関係」としてあるとき、つまり私的所有の廃止によって「人間的関係」が再構築されたとき、《事象そのもの》が成立する。そのとき、人間的な欲求は、功利的で利己的な性質を喪失し、人間と自然はその人間の本性を回復する。

おわりに——感性と連帯——

ここで本章最初の問題に立ち返る。すなわち《物》の功利性を原理的に批判するとしても、そこに《人間そのもの》を対置しただけで済むのか。あるいは《事象そのもの》と《人間そのもの》が統一されたとして、そうすると結局のところ《事象》のなかには依然として功利性が存在するのではないか。

いい換えると、これまで〈功利〉という用語で表現してきたので功利主義的な文脈をそこに見てくることができたが、逆に「有用性」としたら、そもそも《物》の「有用」である価値を否定できるのか。《物》は有用であるからこそ価値があり、道具として人間の役に立つのではないか。商品を「価値」と「使用価値」に区別するとき、その「使用価値」を、どのような根拠をもって〈功利性〉と峻別できるのか。そうするとヘーゲルのいう《事象そのもの》とどこが違うのか。

すでに見たとおりフォイエルバッハは、「真の事象」を具体的人間による愛の共同体と捉えた。すなわち「愛とは、完全なものと不完全なものとの、罪がない存在と罪深い存在との、普遍的なものと個人との、掟と心との、神的なものと人間的なものとの紐帯であり媒介原理である。……愛は人間を神にし、神を人間にする。……愛は、物質を観念化し、精神を物質化する。愛は、神と人間との真の統一であり、精神と自然との統一である」（Feuerbach 1841, 99f., 上、一三〇）。そして「神が人間を愛するということは、すなわち神が人間に関して苦悩するleidenということなのである。愛とは、ともに感受すること Mitgefühl なしにはありえず、つまりともに苦悩すること Mitleiden なしにともに感受することなど考えられない」（ibid., 108, 上、一四二）と論じた。

しかし、マルクスは〈功利〉にたいして〈愛〉を提示することでは満足できなかったはずだ。確かにマルクスは、前節の最後の引用で「人間的な功利」という概念を提示していた。これは「むき出しの功利性」にたいして対置されており、「むき出しの」とはつまるところ私的所有に支配された〈功利性〉であろう。では私的所有に支配されているか、されていないかという基準はどこにあるか。そこでマルクスに残された答は「感性」[7]しかない。

「感性的であるとは、つまり現実的であるとは、感性の対象であるということ、感官の対象であるということ、したがって自己の外に感性的対象をもつということ、自己の感性の対象をもつということである。すなわち感性的であるとは、受苦的 **leidend** であるということである。

それゆえ対象的で感性的な存在 **Wesen** としての人間は、一つの受苦的な存在であり、そして自分の苦悩 **Leiden** を感じる存在なのだから、一つの情熱的 **leidenschaftlich** な存在である。情熱、激情〔パッション〕とは、自分の対象へとエネルギッシュに孜向《しこう》する人間の存在力 **energisch strebende Wesenskraft** なのである」(『経哲手稿』MEGA^2 I-2, 297, 二〇八)[8]。

人間は、対象的存在であるがゆえに本来は自らの対象をもつはずだ。しかし私的所有によって人間から自己の対象は剥奪され疎外されている。私的所有が貫徹する社会においては、徹底的に自己疎外された人間が出現する。マルクスは、すでにそれを「ラディカルな鎖につながれた一階級の形成」(「ヘーゲル法哲学批判序説」MEGA^2 I-2, 181, 九四)と指摘し、まさにそれは「全般的な苦悩 **universelles Leiden** によって全般的な性格をもつ」階級、「人間の完全な喪失」(ibid., 182, 同前)である階級、すなわちプロレタリアートであると規定していた。

こうした受苦的存在者である人間は、自らの感性によって、疎外情況を乗り越える、あるいは乗り越えようともがかざるをえない。そこには規範や理想などが予め想定されていないのだから。どの方位へ向かって進むのか、苦悩を感受する感性の力によって、疎外にたいして反射し、苦悩を情熱へと反転させ、苦悩に即して「孜向」する。もちろん人間は社会的な存在であるからには、この運動も社会的におこなわれるにちがいない。しかも予めの目標が設定されないところでは、過ちや失敗がつきものでもある。人間は人間らしく過ちを恐れず孜向するしかない。

　人間というのは過ちをおかすものだ Es irrt der Mensch,
かれが孜向するかぎりで solang' er strebt.[9]

【注】

（１）引用文は、邦訳を参考にしたが、必ずしも訳文は従っていない。また〔　〕内は引用者による注釈である。

（２）マルクスは『国富論』をフランス語訳からのドイツ語訳で引用しているが、スミスの原文は、「人間性」はhumanityなので妥当であるが、「エゴイズム」というのはself-loveなので正確には「自己愛」とすべきだろう。cf. Adam Smith, 1776, p.119.

（３）小屋敷（二〇〇〇）参照。Sache は、マルクスでは、物象化論との関係で、通例「物象」と訳されているが、本章では、ヘーゲルとの連関を重視したために、「事象」と訳すことにする。同様に、Ding は「物」と訳する。

（4）小屋敷（二〇〇三）参照。

（5）一八四五年に「私の事象 Sache を、無のうえに、私は据えた」というアフォリズムで始まる『唯一者とその所有』を書いた青年ヘーゲル派のシュティルナーは、ヘーゲルにたいして皮肉たっぷりに次のように総括する。

「ヘーゲルにおいてついに、まさに最も教養ある〔陶冶された〕者ですら物 Dingen にたいしていかなる憧れをいだくか、また、この者でさえ『空論』にはすべていかなる嫌悪をいだく者であるかということが明らかとなる。そこでは、まさに思想に完全に現実が、すなわち物の世界が、照応しており、実在性なしにはいかなる概念も存在しないという。このことが、ヘーゲルの体系に、最も客観的な体系という名前を手に入れさせたのだ。あたかもそこで思想と物がその合一を祝うかのように。だがしかし、これはまさに思考による極限の暴力であり、思考による最高の暴政かつ独裁であって、つまりは精神の勝利で、それに伴う哲学の勝利なのだ」（Stirner 1845, 80, 上、九七〜九八）。

（6）孤立した個人を功利主義の基礎に位置づける観点は、平尾（一九九四）を参照。

（7）渡辺（一九八九年）参照。

（8）ここで「孜向 Streben」という造語をおこなった。Streben とは、普通「努力」と訳されることが多いが、日本語でいう「努力」とは、理想や理念に向かって進むことを意味しており、したがって予め規範的な目標をもっている言葉として使われる。しかし「孜向」とは、ただ「孜々として向かっていくこと」を意味し、そこには予め規範的なものが前提されてはいない。それゆえ「志向」や「指向」とも異なる含意をもつ言葉として定義したい。この知見は、主にスピノザ『エティカ』とフィヒテ『全知識学の基礎』の読解から得られたことのみ記すに留める。

（9）Goethe（1806, I, 1.314-315）ゲーテの時代の Streben をたんに「努力」と訳してはいけないことに関しては、柴田（一九八五）によって教示された（同書、二〇～二五）。柴田は「激しく動く」「もがく」「身体をいっぱいに伸ばす」「抵抗を押し切って前方を目指す」という意味を示唆する。ただし柴田は「求めつづけている限り　人間は踏み迷うものだ」（Geothe 1806, 二九）と訳している。だが irren は実践する前にあれこれ「迷う」というよりも実際に「まちがう」という方がファウストに適している（北条一九八九、二二四、参照）。

ハイネとマルクス
――文学から哲学へ――

マルクスとハイネ（一七九七〜一八五六）の関係について、従来の研究ではハイネに対しマルクスが一方的に影響を与えたとされ、ハイネがマルクスに及ぼしたであろう影響については殆ど注目されてこなかった。しかし、フォイエルバッハを絶賛した「シュトラウスとフォイエルバッハの審判者としてのルッター」がマルクスの執筆したものではなかったことや、マルクスの母方の曾曾曾祖父母がハイネの曾曾祖父母であることなどが分かってきたこともあり、改めて両者の関係を見ておく必要があるかと思う。

ハイネが初めて上梓したのは一八二二年の『詩集』であるが、彼がマルクスと交流し始めるのは一八四三年のクリスマス頃とされている。それ故、マルクスが一八四三年の早くとも十月半ばから十二月半ばまでに執筆した「ヘーゲル法哲学批判序説」は、ハイネと出会う前に書かれたということになる。だが、そこには、ハイネを模倣した文章や考えが多数見受けられるのである。

ハイネは、ドイツ人はまず宗教改革から始めなければならず、この後に彼らは哲学を研究できるようになり、そうして哲学を完成した暁には政治革命を遂行するだろうと考えている。そして宗教については『ルートヴィヒ・ベルネ回想録』で、「天国とは、この世では何一つ得ることのできない人間のために考案されたものである……病み苦しむ人類の苦杯の中へ甘き眠り薬を、精神の阿片を、愛と希望と信仰を数滴おとしいれた、かの宗教に栄えあれ！」（木庭宏責任編集『ハイネ散文作品集』、第3巻、松籟社、一九九二、一一五頁）と皮肉を込めて書いている。

また、「キリスト教の運命は、つまりはわれわれがそれを必要とするか否かにかかっている」（ハインリヒ・ハイネ（伊東勉訳）『ドイツ古典哲学の本質』、岩波書店、一九七三、三三頁）と捉えてもいる。後にエンゲルスが『ルートヴィヒ・フォイエルバッハとドイツ古典哲学の終結』で述べているように、ドイツ古典哲学に革命の潜在を見て取ったハイネは、思想は行動に先立つと考えていたため、民衆を民衆自身の力で封建的、資本主義的抑圧などから解放しようと実践を重んじた。そして、ハイネはドイツを解放するためにはドイツにのみ適応する方法を用いなければならないと考えていた。

ハイネと同様、マルクスの「ヘーゲル法哲学批判序説」は、宗教批判を全ての批判の前提として位置付けることから始められている。そして、ハイネの「精神の阿片」を基にして、宗教を「民衆の阿片」（W1 ,378, 四一五）と規定していく。

民衆は、生活が苦しいために、幻想の幸福を与えてくれる阿片としての宗教に縋ってしまう。その阿片の廃棄を民衆に訴えることは、民衆が阿片を必要としなくなる社会に変えなければならないことになる。それ故に、宗教批判は法や政治の批判へと移り、実践へと移っていく。だが、マルクスは、「根本的なドイツは、根本から革命することなしには、どんな革命もおこなうことはできない」（Ibid., 391, 四二八）と述べている。

最後に、ハイネが「『カールドルフの貴族論』への序言」で「ガリアの雄鶏が二度めの時を告げたいま、ドイツにも朝がやってきた」（木庭宏責任編集『ハイネ散文作品集』、第5巻、松籟社、一九九五、一三六頁）と書いていたことに倣って、マルクスは「いっさいの内的条件がみたされたとき、ドイツの復活の日は、ガリアの雄鶏の啼鳴によって告げられるだろう」（Ibid., 同上）と締め括っている。

このようにマルクスは、宗教の否定が目的であったヘーゲル左派とは異なり、ハイネが文学で先行した、宗教が必要とされる社会を変革するという課題を思想的に深化させたのである。

これまで見てきたハイネとマルクスが出会う以前だけではなく、ハイネの「シュレージェンの織工」とマルクスとの関係などのように、両者の立場が近かったからこそ、マルクスはハイネに次の手紙を送ったのであろう。「ここで私が人々に残しておくすべてのもののなかで、ハイネを残しておくのが私にとって一番いやなことです。あなたを包んでもっていってしまいたい」（W27, 434, 三七四）。

（杉沼哲良）

第4章　疎外論とイデオロギー
――『ドイツ・イデオロギー』のヘゲモニー論的読解から――

明石英人

はじめに

疎外論が現実の人間・社会・自然のあり方をトータルに批判するものであるとすれば、それは対抗ヘゲモニーを構築する政治言説となりうるだろうか。しばしばマルクスの疎外論は、失われた人間本質を取り戻そうとする形而上学的な議論として、あるいは本質主義的な議論として批判されてきた。廣松渉やアルチュセールの疎外論批判がそれにあてはまるだろう。しかし、たとえばアルフレート・クレラが提示したように、そうした見解とは一線を画した疎外論解釈もある。彼は固定した、ア・プリオリな人間本質というものは想定せず、「人間という存在の、歴史的社会的な性格、その無限な生成」を捉えるヒューマニズムとして、マルクスの疎外論を重視する（クレラ一九六七、一八～一九）。それは、第二次大戦期のファシズムの拡大に抗して、人民統一戦線を構築することを狙いとしており、その点で大きな政治的可能性を持っていたとは言える。だが、疎外論は一つの哲学的言説でもある以上、イデオロギー的に自立化するリスクをつねに帯びているのではなかろうか。

クレラの考える「社会主義的なヒューマニズム」も、その問題を克服できたとは言いがたいのである（クレラ一九六七、一一九～一二〇）。

マルクスの疎外論は、「理論がラディカルになるやいなや、それは人間に即しての論証となる」（「ヘーゲル法哲学批判序説」）という立場から、人間が作り出す事物や関係を主体的に変革していく運動の理論である。それは被抑圧者の広範な連帯を目指しつつ、人類史における人間の全面的発展を展望するものであり、その意味で価値的・理念的要素を含んでいることは確かである。では、いかなる意味でマルクスの疎外論が非イデオロギー的な変革の理論であると言えるのか。本章では、主に『ドイツ・イデオロギー』（以下『ド・イデ』）に依拠して、知識人（イデオローグ）―大衆のヘゲモニー的関係（政治的・文化的指導と同意の獲得）とその前提条件に着目しながら、考察していきたい。

1　分業と思想の自立化

ヘーゲル左派的な文脈では、疎外の最も基本的な意味内容は、自分たちが生み出したものが自分たちに敵対するということであろう。『ド・イデ』は、「この『疎外』―ひきつづき哲学者たちに理解しやすくするためにこう言うのだが―は、……」とあるように（Jb. 21, 六五～七）、「疎外」を哲学者的な表現として消極的に用いているが、そこで疎外論自体を否定しているわけではない。ヘーゲル左派の疎外論と彼らの思想が現実的諸関係からイデオロギー的に自立化していたことを批判したのである。

フォイエルバッハ、ブルーノ・バウアー、シュティルナーらはみな、一八四〇年代前半には、ヘーゲル的思弁を克服することを目指し、より現実的な知を志向していた。それをめぐって、彼らはマルクスとエンゲルスも含めて三つ巴、四つ巴の理論闘争を行っていたのである。彼らはそれぞれのやり方で旧い哲学を批判し、疎外とその止揚を論じた。また、その文脈において、宗教や国家等を批判した。

この理論闘争のなかで、マルクスの基本的なスタンスは、①ヘーゲル左派の哲学批判がそれ自体、ヘーゲル哲学の枠を越えられていないと見なし、また、②そうした事態を生み出した原因を歴史社会的に捉えようとする、というものであった。①の点については、ヘーゲル左派の内部論争において、よく見られた批判形式であると言ってよい。もちろん、それらが有効な批判になっているかどうかは別問題である。②の点に裏付けられた、①の議論において、他のヘーゲル左派イデオローグにたいするマルクスの優位性が際立っているのである。

『ド・イデ』は、主に後進国ドイツのイデオロギー状況に依拠しつつ、思想が自立化し、思想の支配の歴史がイデオローグによって信じこまれることの原因を明らかにしている。それは一般的な歴史事象として言えば、自然発生的な分業による精神労働と物質労働の分離である。

「分業は、物質的労働と精神的労働との分割が起こる瞬間からはじめて、真に分業となる。この瞬間から、意識は、現存する実践の意識とはなにか異なるものであるかのように、なにか現実的なものを思い浮かべることなしに、現実的になにかあるものを思い浮かべるかのように、実際に思いこむことができるし、―この瞬間から、意識は、世界から解放され、純粋理論、神学、哲学、道徳などの形成へ移行することができる。」(Jb. 17, 六〇)

この知識人たちの「現実的実践についての『思いこみ』」は、彼らが自分の仕事によっては社会的諸関係の総体を把握できないことに起因する。分業によって諸個人の活動が限定的なものになるため、とうぜん意識も限定的なものとなっており、社会的諸関係の「幻想的」な(虚偽的な)表現が意識のなかに現われる。文筆業に専念する思想家には現実的諸関係が理念的諸関係として見えてしまうのである。彼らにとっては「観念」というものが、「ただひとつ規定的で能動的な力に変えられるのであり、その力が、これらの人間の実践を支配し規定する」こととなる(Jb. 32, 八〇～一)。

イデオローグには、思想家だけでなく、政治家・法律家も含まれる。『ド・イデ』において、ブルジョア経済学者がイデオローグとして明示されていないということは注意を要するが、これについては後で扱うことにする。

「彼ら[イデオローグ]の仕事が現実にたいしてもつ関係について、彼らは幻想をいだくが、そのことがすでに仕事そのものの性質によって条件づけられるのであるから、それだけいっそう必然的に幻想をいだく。諸関係は、法律学、政治学のなかで―意識のなかで諸概念になる。」(Jb. 99, 一七八)

したがって、『ド・イデ』では「分業の廃止」が主張される。精神労働と物質労働が分離され、とりわけ前者が自立化し、観念的な世界観を肥大させていることを批判する以上、当然の結論であろう。人間の全面的な発展、「労働から自己活動（Selbstbethätigung）への転化と、これまでの制約された交通の、諸個人と諸個人の交通への転化が照応しあう」ことが展望されるのも、賃労働と私的所有制にもとづく分業を廃止するという文脈においてである（Jb. 91-92, 一七〇）。

ただし、『ド・イデ』が求めている「分業の廃止」とは、業務・作業の分担そのものを廃止しようということではない。『ド・イデ』にもたとえば、「万人の自由な発展の必然的連帯性（notwendige Solidarität）」（W3, 424, 四一六）といった表現がある。田畑稔が言うように、「分業の廃止」とは、特定の人物が特定の業務に固定されることを廃止しようとするものである（田畑一九九四、一五五）。それは将来の「共同社会」において、一定の選択の自由をともなった多様な個性実現のための条件・手段が整備されていることを必要とする。そのうえで各個人の諸素質を全面的に開花する「自己活動」あるいは「人格的自由」が可能になるのである。

> 「共同社会（Gemeinschaft）においてはじめて、各個人にとって、彼の諸素質をあらゆる方面へ発展させる諸手段が存在するのであり、したがって、共同社会においてはじめて、人格的自由（die persönliche Freiheit）が可能になる。」（Jb. 73, 一四六）

2　社会的諸関係の自立化と「物象化」

『ド・イデ』によれば、諸個人が自然発生的な分業によって社会的諸関係を取り結ぶからこそ、彼ら自身の「産物（Produkt）」が「物象的強制力（sachliche Gewalt）」として現われ、制御不能なものと見なされる（Jb. 21, 六四）。そして、諸個人の生みだす生産力が、彼ら自身に敵対し、逆に彼らの「意志や行動」を規制することが、ドイツの哲学者たちに通じる表現で言えば、「疎外」であるとされる。「疎外」という用語自体は『ド・イデ』の欄外に記載されているが、それと照応する本文（欄外記述が挿入される直前の文）が次のものである。

「社会的な力、すなわち、分業のなかで条件づけられるさまざまな個人の協働によって生じる何倍にもされた生産力は、これらの個人にとって、協働そのものが自由意志的（freiwillig）ではなく自然成長的（naturwüchsig）であるために、彼ら自身の結合された力として現われず、むしろ疎遠な、彼らの外に立つ強制力（Gewalt）として現われるのであり、この強制力について彼らはどこからきて、どこへゆくのかを知らず、それを彼らは、したがって、もはや支配することができず、それは逆に、いまや人間たちの意志や行動から独立した、それどころか、この意志や行動をかえって指揮する、独特の一連の局面と発展段階をとおっていく。」（Jb. 21, 六四）

ドイツの哲学者たちは現実的諸関係を無自覚的に捨象したうえで「疎外」を言うが、彼らの「人間なるもの」「普遍」「実体」などという概念は、実際は「分業の内部では避けられない社会的諸関係の自立化」(Jb. 74, 一四八)を反映している。つまり、彼らの狭小な生活過程から観念的に把握された社会関係(たとえば世界市場)が、それらの概念の素材になっている。その意味で、ドイツの哲学者たちの諸概念は、まったくオリジナルな妄想なのではなく、生活過程の「必然的な昇華物」としての妄想なのである。

「これまでの歴史においては、つぎのことももちろん経験的事実である。個々人が、活動の世界史的なものへの拡大とともに、ますます、彼らにとって疎遠な力のもとに、つまり、ますます大規模になってきて、結局、世界市場であることが明らかになる力にますます抑えつけられてきたということである。(それだから彼らは、彼らにとって疎遠な力の圧迫をいわゆる世界精神の策謀などとして思い浮かべた)。」(Jb. 25, 七〇)

諸個人はそれぞれの生活関係を通して社会的諸関係の総体にむすびつけられる一方で、社会的諸関係は自己にとって抑圧的な社会的威力として現われる。ここに近代特有の自己意識の疎外がある。巨大な生産力と相互に疎遠な諸個人による世界交通のもとで、欲求とその充足は普遍的なものになっているにもかかわらず、世界的な協働のなかで個人が占める位置はきわめて限定されている。したがって諸個人は、自分たちの結合した力をそのものとして捉えることができず、疎遠で敵対的な力として評価することになってしまう。

「社会的活動のこの自己固定化、われわれを支配する物象的強制力(sachliche Gewalt)、すなわち、われわれの統制がおよばないほど大きくなり、われわれの期待にそむき、われわれの目算を無にする物象的強制力へのわれわれ自身の産物のこのような硬化は、これまでの歴史的発展における主要契機の一つである。」（Jb. 21, 六四）

生産力とは、諸個人の物質的生産活動の力にほかならず、それを諸個人の交通形態が媒介している。生産諸力と交通形態の矛盾という社会総体レベルの矛盾は、各個人の生活関係レベルでは、「自己活動」と生活諸条件の矛盾として現われると考えられる。[1]「自己活動」と生活諸条件の発展段階が合致していれば、諸個人にとってそれが否定的に評価されることは少ない。しかし、彼らが活動するうえで、彼らの生活諸条件が不十分なものである場合、それは彼らの活動にたいする「偶然的な桎梏（eine zufällige Fessel）」として意識される（Jb. 81, 一五六）。これも「疎外」の一モメントである。[2]

このような、「社会的諸関係の自立化」にともなう「物象的諸関係の支配」と「偶然的な桎梏」とは、近代の自己意識を抑圧する「普遍的な形式」となっており、その克服が将来社会の「任務」となる[3]（W3, 424, 四五七）。

では、ここでの諸個人にたいする「物象的諸関係の支配」ということを、物象化の一般的な規定、すなわち人と人との関係が物象と物象との関係として現象することと同一視してよいだろうか。というのは、『ド・イデ』の先の引用箇所では、自分たちの生産力が制御不能な敵対的力として現れることについて述べられていたが、これは個別的な物象と人間、あるいは物象どうしの関係とは区別されうる生産力総体の〈物象化〉だと考えられるからである。もちろん、『ド・イデ』の別の箇所で、「……個人の人格的なふるまいは物象化され、疎外されずにはおかないし（sich versachlichen, entfremden müssen）、また同時に、個人から独立な、交通によってつくりだされた力（Macht）として、個人なしにも存立し、社会的諸関係に転化する……」（W3, 227-228, 二四八）などとあり、個別的な商品交換関係が度外視されているわけではない。だが、あくまで『ド・イデ』が問題にしていることがらの中心は、「社会的諸関係の自立化」と結びついた生産力全体の〈物象化〉であると思われる。たとえば次のような叙述もそのような把握によるものであろう。

「貨幣の威力のうちに、つまり、一般的交換手段が個々人、ならびに、社会に対して自立するということのうちに、生産および交通の諸関係全体の自立化は最も明瞭に現れる。」（W3, 380, 四二六）

廣松渉の「疎外論から物象化論へ」という枠組みは（廣松一九九一、二九七）、後期マルクスにおける疎外論の存在を指摘することでしばしば批判されてきた。そうした批判のうえで、さらに、『ド・イデ』と『資本論』の物象化論の水準の違いを指摘することも必要であろう。(4)『ド・イデ』では、分業と交通、私的所有の関係は議論されても、商品間の価値関係性は分析されていない。また、同書には、「貨幣」の「物的な形態（dingliche Gestalt）」という表現も見られるが（Jb. 48, 一一四）、自然発生的分業によって媒介された生産力総体の〈物象化〉と貨幣形態の「謎」をつなぐ論理・叙述（抽象的人間労働の等置についてなど）が不足しており、貨幣の社会的属性と物的（自然）属性の「取り違え」ということも問題にされてはいない。[5] ただし、「聖マックス」篇に次のような叙述がある。

「人間相互の多様な諸関係をすべて有用性という一つの関係に解消するという、一見ばかげたやり方、この一見形而上学的な抽象が生じてくるもとは、近代市民社会の内部ではすべての関係が、実際上、抽象的な貨幣関係および商売関係という一つの関係のもとに包摂されているという事実なのである。」（W3, 394, 四四二）

結論的に述べると、『ド・イデ』において、こうした議論は萌芽的に見られるのみである。というのも、ここで「抽象的な貨幣関係」とされてはいるが、その価値形態のメカニズムがふまえられているわけではないからである。こうした指摘は、『資本論』段階から見たものであって、言わば「後知恵」的・遡及的なものであるかもしれない。だが、すくなくとも以下の点に関して意義があると思われる。『ド・イデ』では、イデオロギーが日常的実践からの遊離の産物、あるいは精神労働に携わる人間たちによる現実的諸関係の幻想的表現として考えられており、貨幣形態・価値形態と結合したイデオロギーを捉えるという側面は弱い。だからこそ、『ド・イデ』においては国民経済学がイデオロギーとは規定されていないのではなかろうか。一方、『資本論』では、物象化が経済学者の理論的意識と大衆の日常的意識の両者に絡みついたものとして捉えられていると言える。テリー・イーグルトンも、『ド・イデ』のイデオロギー論と後期マルクスのイデオロギー論を区別して、後者は「商品フェティシズム」と結び付けられ、経済社会に内在したイデオロギーが扱われているとする（Eagleton 1991, 84-85, 一八五～一八七）。ただし、イーグルトンは『ド・イデ』のイデオロギー論にかんして、「イデオロギーの政治的定義と認識論的定義のどちらをとるかでひどくふらついているのだ」と述べており（Eagleton 1991, 79, 一七七）、そこにはむしろ彼の混乱した『ド・イデ』理解が垣間見られる。

3　シュティルナーの疎外論と「エゴイズム」

ヘーゲル左派哲学者のシュティルナーもイデオロギー批判を展開しており、その意味では彼の『唯一者とその所有』と『ド・イデ』のモチーフは重なっている。彼は、普遍的（allgemein）なもの、「聖なるもの」、「固定観念（die fixe Idee）」に対して徹底的に「反逆」する。にもかかわらず、なぜこの著作が『ド・イデ』で、あれほどまで激しく批判され、愚弄されなければならなかったのか。シュティルナー自身は、彼のいうエゴイズムが、思想の支配を「頭の中から叩き出し」、現実的な生活場面すなわち「食う、飲む」ことから出発するかのように主張している。(6) 彼は疎遠な「聖精神」にたいして個別者の「無思想性（Gedankenlosigkeit）」（Stirner 1845, 164, 上巻二〇一）、さらには「実践」を対置するのである（Stirner 1845, 177, 下巻一五）。

このように見ると、シュティルナーは、物質的生活を視野に入れたうえで、観念的世界観を克服しようとしたかのように思えなくもない。しかし、マルクスは、シュティルナーが実はヘーゲル哲学の地盤を脱却できていないことを見抜いていた。それはシュティルナーの歴史観に如実に表れていたのである。

シュティルナーは、今日の世界が「聖なるもの」による支配の完成態であると考えている。彼によれば中世以降の歴史は、「聖精神（heiliger Geist）」との格闘の歴史であり、「この巨大な敵手は、つねに新たに、名をかえ姿をかえては身をもたげてくる」（Stirner 1845, 105, 上巻一二五）。これまでのカトリシズム、プロテスタンティズム、自由主義、共産主義等はすべて、なんらかの疎遠なる普遍性すなわち、「神」、「国家」、「人間なるもの」、「社会」等々を想定し、それをあがめるものであった。つまり彼のなかでは、中世以降の歴史が個別と普遍の対決の歴史、あるいは普遍による個別の抑圧の歴史として捉えられていると言ってもよいだろう。同時に、彼は普遍的なものにたずさわる「坊主（Pfaffen）」支配を歴史のなかに見出している（Stirner 1845, 371, 下巻二六八）。

『ド・イデ』によれば、「ドイツの歴史記述において問題になるのは、現実的利害でもなく政治的利害ですらなくて、純粋な諸思想である」（Jb. 32, 八二）。つまり、ドイツ・イデオローグの歴史観においては、純粋な思想が歴史のなかで自立化し、さらには歴史の推進力とされるのである。「お人よしジャック［シュティルナー］はこれまでの叙述のなかで歴史をただ抽象的な諸思想―あるいはむしろ抽象的な諸思想についての彼の諸表象―の産物とのみ解しており、いずれはすべて『聖なるもの（das Heilige）』に解消するところのこれらの表象によって支配されたものとみなしている。」（W3, 156, 一六四）

彼らの歴史観においては、次のような三段階の手続きによって、「精神の主権」が証明されているとマルクスは見なす。①支配者の思想を現実の支配条件から切り離す、②支配的思想のあいだに神秘的な連関を見いだす、③「概念の自己規定」の連関から一連のイデオローグたちの連関に変える（Jb. 45-46, 一〇六～一〇九）。もちろん、ここで最も重要なのは、①の段階である。というのは、いったん思想を自立化させれば、思想・理念を歴史において支配的なものとして抽出し、それを歴史において自己発展する概念としてとらえることは容易であるからだ（Jb. 44, 一〇六）。

したがって、シュティルナーは、世界交通、国家、機械装置等をその現実的な姿によって捉えることができない。たとえば国家は、彼にとっては自由主義的理念を体現した一つの人格であって、個別者にたいする疎遠なものとしての普遍性である。ブルジョアジーの共同利害を普遍的なものとして標榜する国家というものを彼は知らず、「国家は一つのたんなる観念（Idee）であると夢見ているのであって、この国家観念（Staatsidee）の自立的な力を信じている」（W3, 331, 三七〇）。彼にとっては、英仏の国家も発展の遅れたドイツの国家も、疎遠な普遍性としては、同じものであろう。

ここで注目したいのは、「聖マックス」篇で、シュティルナーが英仏のブルジョア・イデオロギーを無条件に信じこんでいた、と繰り返し述べられていることである。それは先進地域と後進地域のイデオロギー的影響関係を叙述したものとしても興味深い。彼は「支配者意志（Herrscherwillen）にかんする法律家や政治家たちの幻想を受け入れずにおかない」（W3, 313, 三四九）。つまり、法や国家はそれらの理念から生まれるというブルジョア・イデオローグの主張を彼は信じこみ、現実的な市民社会を把握することができない。他にもたとえば、彼が私的所有と私法の関係を転倒させて理解していることが、次のように批判されている。

「こうした幻想を聖サンチョ［シュティルナー］はうかうかと真にうけ、法的所有が私的所有の土台であり、法概念が合法的所有の土台であると首尾よく宣言しおえたのであって、あとはもう自分の全批判を、法概念は一つの概念、一つのお化けであると言明することだけに限ることができるわけである。」（W3, 347, 三八八）

また彼は功利主義原理を摂取して、「活動的な（tätig）ブルジョア・エゴイズム」の代わりに、「ほら吹きの、自己と一致するエゴイズム」（W3, 395-396, 四四三）を主張するが[7]、それは英仏においては現実的諸関係とのつながりをもつ功利主義が、ドイツにおいては、観念的な小市民的道徳体系になりかわることを意味している。

シュティルナーは思想による支配にたいして「反逆（Empörung）」する。彼は、「聖なるもの」にたいして自己犠牲的にふるまうのではなく、逆にそれを自らが所有することを主張する。しかし彼のいう「所有（Eigentum）」とは、「聖なるもの」に実践的にかかわることではなく、それについての見方を変えることとしか意味していない。彼にとっては「聖なるもの」は「幽霊」であって、それにたいする尊敬心を打ち消すことが肝要なのである。

「聖マックス」篇では、シュティルナーにとっての疎外とその止揚について簡潔にまとめられている。彼においては、「自我に対立する非‐我」は、「自我に疎遠なもの、疎遠なものそのもの（das

Fremde)」と規定される（W3, 262, 二八八）。すなわち「現実的な諸個人を彼らの現実的な疎外（wirkliche Entfremdung）と、この疎外の経験的な諸関係とにおいて叙述する」（W3, 262, 二八八）ことなく、「彼にとってはすべての疎遠なものが一つのたんなる仮象（Schein）、たんなる表象（Vorstellung）になるということ、そして彼はこの表象にたいして抗議し、自分はこの表象をもっていないと言明することで簡単に自分をこの表象から解放するということである」。したがって、「人間はたんに彼らの意識を変えさえすれば一切万事オーケーだというのと同様である」（W3, 263, 二八九〜二九〇）。

いくら彼が観念的関係性において疎外を止揚しても、現実的諸関係においては、現存するものを温存させることになる。彼のいう「反逆」とは、「聖なるものにたいする尊敬の打切り」にすぎないのである。そして「自分をただ創造者として定立」し、すべてのものを彼の「所有」とみなすことによって、疎外を克服しているとみなす（W3, 276, 三〇四）。これがシュティルナーのいう「エゴイズム」の正体である。もちろん「反逆」はなんら「行為（Tat）」ではない。

以上の議論によって、一見ラディカルなシュティルナーの言説が実は保守的であることが暴露されているのは言うまでもない。「序文」で述べられているように、『ド・イデ』第一巻の最大の執筆目的はそこにあった。シュティルナーが「自己と一致するエゴイズム」を強調し、どんなに「無前提性」（W3, 419, 四七〇）を空想しても、桎梏としての現実的諸関係はいつまでも彼にまとわりつくであろう。彼の思想は、無力なドイツの小市民道徳を理論的に表現したものにすぎなかったのである。

4　知識人と大衆のヘゲモニー的関係

『ド・イデ』におけるブルーノ・バウアー批判は、直接は彼の「ルートヴィヒ・フォイエルバッハの特性描写」（一八四五年）に向けられたものである。同書のバウアーによれば、フォイエルバッハは神学を人間学に解消し、神の諸性質が人間の本質であることを看破したが、これも疎外の一形態である。なぜなら、フォイエルバッハにおいて理性、意志、愛といった人間の本質、あるいは「類」というものは諸個人にとって「到達不可能」で疎遠な普遍性として定立されるが、これも「一つの実体」であり、「人間はここではおのれ自身の神聖化された本質におのれを監禁する」からである[8]（バウアー一八四五、一三六）。

では、このフォイエルバッハ的疎外をバウアーはいかに克服しようとするのか。「特性描写」では、「……批判が、すべての超越に対する不断の闘争と勝利であり、間断なき廃滅と創造であり、創造的で生産的な唯一のものである……」とされる（バウアー一八四五、一七三）。シュティルナーと同様、ここでも人間の疎外とその止揚は、あくまで思想のエレメントにおけることがらなのである。バウアーの言う「批判」は、「すべての超越」あるいは実体的なものを打ち破る、無限な創造行為として考えられている。しかし、それはヘーゲル的絶対者やフォイエルバッハ的人間本質における実体主義を思想的に批判するものでしかない。実体を物質的・社会的環境としてではなく、自己意識の産物として捉えなおすことにとどまっている以上、それはマルクスが述べるように、ヘーゲル哲学の地盤にとどまった疎外論でしかない。

このようなバウアー批判という課題はすでに『聖家族』において「すっかりかたづけられた」、と『ド・イデ』では考えられており（W3, 83, 七九）、バウアーの自己意識の哲学は根本的に変わっていないと見なされる。(9)『聖家族』では、バウアーとその一派が様々な角度から執拗に批判されているが、ヘゲモニー論的アプローチからすれば、とくに注目されるのは、「批判」と「大衆」の関係にかんする議論であろう。同書において、バウアーの立場が次のように要約されている。

「一方では、大衆（die Masse）が、歴史の受動的な、没精神的な、無歴史的な物質的要素としてたち、他方では、精神なるもの、批判なるもの（die Kritik）、ブルーノ氏一派が、一切の歴史的行為の出発点である能動的要素として、たっている。社会を改造する行為（Umgestaltungsakt der Gesellschaft）は、批判的批判の脳髄のはたらきに帰する。」（W2, 91, 八七）

バウアーの「批判的批判」の立場は、あらゆる歴史的創造行為を「批判的」意識によるものであるとし、大衆は「精神の真の敵」（W2, 86, 八三）、歴史形成の障害として位置づけられる。(10)マルクスから見ると、バウアーの攻撃目標は、大衆の「自己欺瞞」、「無気力（Kernlosigkeit）」であり（W2, 87, 八四）、現実に対するラディカルな思想的闘争は知的に純化され、知識人と大衆が連合した運動という道は拒絶されている。後進国ドイツの、貧しい生活のなかの「物質的疎外」（W2, 87, 八三）

は観念における疎外に置き換えられる。また、それを思想的にのみ克服しようとし、大衆の生活過程は無視されるだけでなく、敵視すらされるのである(11)。

こうしたバウアーの「批判的」意識に対して、それに代わる意識のあり方をマルクスはいかに考えているのか。『ド・イデ』では、先に見たような、社会的諸関係の自立化による疎外を止揚するために、生産諸力の総体をプロレタリアートが獲得し、意識的に統御することが必要だとされる。それは一つの社会革命であり、革命の必要性についての意識が、「共産主義的意識」と呼ばれる。「生産諸力の発展のなかで、現存の諸関係のもとでは害をおよぼすだけで、もはやなんの生産諸力でもなくて、むしろ破壊諸力（機械と貨幣）である生産諸力と交通手段がよびおこされる段階があらわれる―そして、そのことと関連して、社会のあらゆる重荷を負わなければならないが、その利益を受けることのない一階級、社会からおしのけられて、他のすべての階級との決定的な対立を強いられる一階級がよびおこされる。この階級は、社会構成員全体の多数をなし、そして、この階級から、根本的革命の必要性についての意識、共産主義的意識（**das kommunistische Bewußtsein**）が出てくるのである。もちろんその意識は、他の諸階級のあいだでも、この階級の立場をしっかり見ることによってつくられることができるのだが。」(Jb. 27, 七〇～七二)

疎外論自体のイデオロギー的自立化に陥ることなく、疎外の克服を主張するためには、知識人と大衆の共同が不可欠であり、イデオロギー批判と「共産主義的意識」の、ときには階級関係をも越えた結合が求められる。この結合は、実践的運動の内部でのみ可能となる。『ド・イデ』においては、実践を通した意識の変革ということがさかんに強調されている。

「この共産主義的意識を大規模に生みだすためにも、事そのものをやりとげるためにも、人間たちの大規模な変化が必要であるが、この変化は、実践的運動、革命のなかでだけ起こりうる。」(Jb. 28, 七四)

『ド・イデ』は、人々の物質的生活過程こそが、歴史を根底で形成する営みであるとする。『聖家族』も、「歴史的行動が徹底的であるにつれて、大衆の範囲も増大するであろうが、大衆の行動が歴史的行動なのである」とし、幅広い大衆の生活原理と「革命の生活原理」が一致することを求めている(W2, 86, 八二〜八三)。大衆の日常生活を現実的に把握することは、大衆を歴史形成・変革の主体として認識することを意味しているのだから、知識人が純粋な思想闘争とは決別し、大衆との社会変革運動に入っていくことが要請されるのは言うまでもないだろう。

知識人と大衆の結合については、マルクス主義の伝統において様々に論じられてきた。なかでもレーニン『なにをなすべきか?』(一九〇二年)は、いわゆる外部注入論を展開したものとして、よく知られている。すなわち、労働者は自然発生的には「社会民主主義的な政治的意識」まで到達できないので、外部からの知識人の指導が不可欠だというわけである。ただし、同書でレーニンは「経済闘争は、きわめてしばしば自然発生的に、……意識的社会民主主義者の介入がなくても、政治性をおびてくる」ことは認めている。だが、こうした「組合主義的政治」だけでは、ロシアの専制政府を打倒するためには不十分であり、知識人による種々の政治教育を通して、「労働者を社会民主主義的な政治的意識まで引き上げること」が必要だとされるのである（レーニン一九〇二、一一三）。同書が書かれた状況・動機も考慮しなければならないであろうが、ここでは知識人の知そのものをいかに形成していくかということは問われていない。

この問題をマルクス主義的なアプローチを用いつつ、独自に掘り下げたのが、グラムシなのではないだろうか（彼は『経済学＝哲学草稿』や『ド・イデ』を読んでいないが）。対抗ヘゲモニーを構築するために、彼はエリート主義的な「伝統的哲学」と大衆的な「常識」を両面批判する「実践の哲学」を提起する。それは現実を作り変えるなかで、自己と社会の関係を捉え直していくこと、近代的な分業によって分断された関係を越えて、知や理論のあり方を模索することを意味するであろう。つまり、生活と思想の分裂を克服することこそが、「労働」や「交通」における疎外の止揚の一契機となる。グラムシは『獄中ノート』で次のように述べている。

「すなわち哲学的な運動は、限られた知識人集団のための専門的な文化を展開することに専念するかぎりにおいてのみ、哲学的運動なのか？　それとも反対に、常識よりも高い科学的に首尾一貫した思想の彫琢作業においても、『素朴な人々（semplici）』と接触を忘れず、しかも研究し解決すべき諸問題の源泉をその接触のなかに見いだす限りにおいてのみ、哲学的な運動になるのか？　この接触によってのみ哲学は『歴史的』になり、個人的性格の主知主義的要素から浄化され、『生活（vita）』となる。」（Gramsci 1975, 1382）

こうした意味において、グラムシは「有機的知識人」の存在意義を強調し、対抗ヘゲモニーの構築を目指すが、それは知識人と大衆にとっての共同的な教養形成＝陶冶を意味しているのである。「知識人と民衆―国民とのあいだのこの感情的な結合なしには、政治―歴史は形成されない」し（Gramsci 1975, 1505）、そこでは両者の社会認識も深化しているだろう。『ド・イデ』は、「現実的運動」としての共産主義が「理想」ではないとするとき、決して知のエレメント、知識人の理論的なはたらきかけを否定しているわけではない。むしろ、社会を変革する「現実的運動」のなかで新しい共同的な知を形成しようとするものなのである。

「共産主義は、われわれにとって、つくりだされるべき状態、現実がしたがわなければならない理想（Ideal）ではない。われわれが共産主義とよぶのは、現実的運動（die wirkliche Bewegung）であり、その運動は現在の状態を廃棄する。この運動の諸条件は、いま現存する前提から生じる。」（Jb. 21, 六五）

おわりに

『ド・イデ』のドイツ・イデオローグ批判は、「ヘーゲル法哲学批判序説」で掲げられた目標が挫折したことをふまえている。すなわち、後者においては、ドイツ哲学と新興プロレタリアートの結合が目指されていたのに対し、前者においては、ドイツ哲学の観念性、虚妄性（それ自体、ドイツの遅れた社会状況に規定されたものである）が徹底的に批判された。ヘーゲル左派が一見ラディカルな言説を繰り出しながら、実質は観念的遊戯に堕していることが暴露されたのである。

初期マルクスのヘゲモニー論的課題は、プロレタリアートを階級主体として統合すること、および知識人と大衆の結合はいかになされるかということであったと考えられる。バウアーやシュティルナーが理論的に進展すればするほど、大衆と絶縁していくのに対し、マルクスは「共産主義者」としての知識人とプロレタリアートが社会の変革運動のなかで結合する道筋を提示した。それは実践と結びついた知を両者が共同で形成することによって、疎外論のイデオロギー的自立化を乗り越えようとするものであったと言えるだろう。対抗ヘゲモニー構築の可能性はまさにそこにかかっているのである。

[注]

（1）「『生産諸力と交通形態の矛盾』の理解は、疎外論的構成を基礎としてなされるべきではなかろうか」（渡辺一九九二、六九）。

（2）別の箇所で「各個人の生活のあいだの区別」、すなわち「人格的個人の階級的個人にたいする区別（Der Unterschied des persönlichen Individuums gegen das Klassenindividuum）」は、「分業の内部では避けられない社会的諸関係の自立化」によって現われるとも述べられている（Jb. 74-75, 一四八）。この「区別」も、言わば疎外された自己意識・アイデンティティとして現れるだろう。「階級的個人」とは、階級諸条件にまでなった生活諸条件・生存諸条件のもとで、諸個人がむすぶ関係性とそこでのふるまいである。この点については（岩佐一九八八、一二一～一二二）を参照のこと。

(3) 花崎皋平も「現代は、物化された諸関係と偶然性が諸個人を支配している」と理解している(花崎一九七二、七三)。

(4) 「理念」と「物象化」との関係を考察する田島慶吾の議論は『ド・イデ』段階の物象化論と『資本論』段階のそれをあまり区別していないように見える(田島一九九二、二四一〜二七〇)。

(5) この点は、平子友長が、物象化と物化という「二重の転倒過程」が『資本論』の物象化論において展開されていると述べたことと関連する。詳しくは(平子一九七九、一一六)を参照のこと。私見では『ド・イデ』の物象化論はまだそこまで至っていない。

(6) 「この者[思惟する者]は、食わず、飲まず、享受しない。いうまでもなく、食う者・飲む者は断じて思惟する者ではないからであり、まさに思惟する者は飲食を忘れ、己の生の持続、暮らしの不安、等々を思惟ゆえに忘れるからだ。」(Stirner 1845, 381, 下巻二八〇)

(7) 「世界が私のゆく道を阻むとき—そして世界は至るところで私を阻むのだが—、私は世界をむさぼりつくす。私のエゴイズムの飢えを鎮めるために。汝は私にとって—私の餌、より以外の何ものでもないのだ。それはちょうど、私が汝によって喰らわれ消費されるのと同じことだ。われら両者は互いに、ただ一つの関係をもつにすぎない。すなわち有用、利用、利益の関係だ。」(Stirner 1845, 331, 下巻二一六〜二一七)

(8) ただし、こうしたバウアーの実体批判としてのフォイエルバッハ批判は、シュティルナーの議論の引き写しであると『ド・イデ』は指摘している(W3, 84, 八〇)。他方、「特性描写」でバウアーは、シュティルナーをも実体主義者として批判する。バウアーによれば、「唯一者は旧世界における最後の逃避地」であり、「唯一者とは、その最も抽象的な抽象性にもたらされた実体である」(バウアー一八四五、一五六)。

(9) バウアーの理論的進展については(渡辺一九八九、一八四)を参照のこと。

(10) 林真左事によれば、バウアーにとっては、「『大衆』批判は、従来の自由主義・急進主義があるがままの

『大衆』の立場を無批判的に前提していたことに対する、総括的再検討の企てである」（林一九九二、二〇七）。

(11)　良知力は、ドイツで自由主義・急進主義が興隆した一八四二年より後のバウアーの理論的進展の帰結について、次のようにまとめている。「もはや批判は現実の革命を準備し、促進するものではなく、むしろ批判は批判として知的に独立し、自己目的となる。こうして革命の課題が知的作業に一面化し、集約されるとき、革命の担い手もまた当然に知的エリートとなった。」（良知二〇〇一、七〇）

プルードンとマルクス

ピエール＝ジョセフ・プルードン（一八〇九―六五）はフランスの社会思想家・社会運動家であり、アナーキズムの始祖として知られる。「権力の不在」という本来の意味から派生して、混乱・無秩序の同義語として理解されてきたアナルシ anarchie という言葉に、社会変革思想としての積極的意味を与えたのは他ならぬプルードンである。プルードンによれば、混乱と無秩序をもたらしてきたのはむしろ権力の側であり、権力なき社会においてこそ自然の秩序が回復されるのである。

貧しい農家で育ち、印刷職人として働きながら独学を続けていたプルードンは、一八三八年から三年のあいだ、奨学金をとって勉学に専念し、一八四〇年に『所有とは何か』を発表した。この著作の「所有とは盗みである」というフレーズはフランス社会に衝撃を与え、プルードンを一躍有名にした。

若きマルクスも『聖家族』（四五年二月）のなかでプルードンのこの著作を絶賛している。「プルードンは経済学の基礎たる私的所有に、批判的検討を、しかも最初の決定的な、遠慮のない、それと同時に科学的な検討をくわえる。この点は彼がなしとげた大きな科学的な進歩であり、経済学を革命し、真の経済科学をはじめて可能とした進歩である」（W2, 33, 二九）。

プルードンは四四年九月から四五年二月にかけてパリに滞在し、様々な亡命知識人と交流している。そのなかには、当時、フランス社会主義と青年ヘーゲル派との協力関係を模索していたマルクスも含まれていた。二〇年後のマルクスの証言によれば、「長々しい、しばしば終夜にわたった討論のあいだに、私［マルクス］は彼［プルードン］にヘーゲル主義を感染させ」た、という。マルクスは、このことを「これは彼にとって大害となりました」と悔やんでいる（W16, 27, 二五）。

マルクスとプルードンの関係は、一八四六年五月の手紙のやりとりをきっかけとして冷ややかなものになっていく。五月五日付けの手紙で、マルクスはプルードンにブリュッセル通信委員会への参加を要請した。これにたいし、プルードンは「反‐経済的ドグマ主義」、「あらゆる異議の奨励」という自らの立場が承認されるならば引き受けるという返事を出す。おそらくプルードンは「経済的ドグマ主義」や政治的な不寛容を見て取っていたのだろう。

両者の関係を決裂させたのは、プルードンの著書『経済学諸矛盾の体系、または貧困の哲学』に対するマルクスの反駁書『哲学の貧困』の刊行である。以前の肯定的な評価から一転し、プルードンは厳しい批判の対象となる。この転換は、政治的にはプルードンの協力拒否が原因だといえるかもしれないが、理論的にはそうではない。それは、フォイエルバッハ評価の転換と軌を一にしている。

マルクスは『独仏年誌』二論文においてフォイエルバッハ主義を乗り越えた後も、フォイエルバッハの感性的人間の立場からする宗教批判、哲学批判を高く評価していたが、「フォイエルバッハ・テーゼ」や『ドイツ・イデオロギー』でこの評価を撤回する。というのも、フォイエルバッハのようにいかに「現実」や「感性」を強調しようとも、それらをただ「抽象」や「普遍」に対置し、現状を告発するにとどまっているかぎり、なお「哲学」的・抽象的であり、変革の現実的条件を明らかにできないからであった。

フォイエルバッハの哲学から深い影響を受けていたプルードンも同様に、現実の私的所有から理想的な交換関係を抽出し、それによって現実の所有を批判するやり方にとどまっていた。だからこそ、プルードンは近代的な経済学的カテゴリーを永遠の理念に仕立て上げてしまったのである。もはや自らの唯物論的立場を確固なものとしていたマルクスがこれを批判の対象としたことは理論的には当然であった。

マルクスのプルードン批判はこれで終わるのではない。むしろ始まりにすぎなかった。たとえば、『経済学批判要綱』をみてもプルードン批判という問題意識がいかにマルクスにとって重要であったかが示されている。『資本論』での価値形態論や領有法則転回という一見分かりにくい議論も、プルードン批判を念頭におけばその意味は明確にみえてくる。同時代の批判対象という意味で、プルードンはマルクスの理論的発展において決定的に重要な位置を占めていたのである。

（佐々木隆治）

第5章

『経済学批判要綱』における疎外と物象化

佐々木隆治

はじめに

『経済学批判要綱』（以下、『要綱』と略記）は豊穣なテクストである。マルクスにとって初めての体系的な経済学批判の試みであり、『資本論』に登場する多くの主要概念が打ち立てられたというだけではない。その試論的性格ゆえに、体系化にともなって叙述から姿を消していく様々なテーマ（共同体論、文明化作用と世界市場論、自由時間と労働、生産と消費等々）が大胆な筆致で展開される。新メガ版（MEGA²）にして七〇〇ページを超える膨大な草稿でありながら、読むものを魅了する。精緻に体系化された『資本論』よりも事柄の矛盾が鮮明に展開されることもあり、アントニオ・ネグリのように『要綱』こそが「マルクスを超えるマルクス」であると主張する論者もいるほどだ。

この豊穣なテクストは、本書のテーマの一つである疎外についても重要な示唆を与えてくれる。だが、それは、これまで言われてきたような、『経済学哲学手稿』（以下、『経哲手稿』と略記）と呼ばれるマルクスの初期手稿の「疎外論」がたんにリフレインされるという意味では決してない。『経哲手稿』（一八四四年）と『資本論』（一八六七年）の間に位置する『要綱』（一八五七〜五八）は、多くの論者によって初期の疎外論との連続性を示す著作として扱われてきたが、ほとんどの場合、初期の疎外論が再発見されるにすぎなかった。[1] しかし、『要綱』に示される疎外論の意義は、むしろ、それが初期から一貫する疎外論の核心を照射し、浮き彫りにする点にあるのである。

そこで本章では、『要綱』の叙述を切り口として、マルクスの疎外論、またそれと密接な関係にある物象化論について考察していくことにしよう。

1　マルクスの「哲学」批判と疎外論

マルクスの疎外論をめぐっては、従来、その「断絶」と「連続」をめぐって論争がなされてきた。廣松渉らによって疎外論から物象化論への「パラダイムチェンジ」が主張される一方、『経哲手稿』の疎外論が後期のマルクスにおいても一貫しているとする解釈もある。だが、マルクス自身に即するならば、この両者の立場はともにイデオローギッシュな独断というほかない。というのも、むしろマルクスの著作に一貫するのは、現実的なもの、具体的なものを抽象的観念に還元しようとする態度への徹底的な批判だからである。

最初期のいわゆる『ヘーゲル国法論批判』以来、この態度は一貫しており、この構えこそがマルクスをして、理念や哲学によって現実を乗り越えようとする「啓蒙主義」への批判へと至らしめた。「フォイエルバッハ・テーゼ」や『ドイツ・イデオロギー』で確立する「新しい唯物論」の立場も、「啓蒙主義」批判の徹底化によって成立したものである以上、けっして新たな「哲学」などではありえない。(2) 逆に、マルクス自身が言うようにそれは「哲学的意識の清算」と不可分であった。つまり、それは理論において現実を乗り越えようとするのではなく、理論によってはけっして超越することのできない現実的諸関係において諸個人による変革実践にとっての現実的条件をその都度、具体的分析によって見定めようとする「実践的・批判的」な構えに他ならなかった。(3) じっさい、新メガ版第Ⅳ部に収録されている、あるいは収録される予定の抜粋ノートから見て取れるように、マルクスは一八四七年以降、哲学書をほとんど研究しておらず、大半の時間を経済学や歴史、農業、自然科学などの実証的文献の研究に費やしている。

だとするならば、マルクスにおいて何か抽象的な「哲学」的原理が存在するとみなすことはできない。マルクスは「哲学」の外にいたのである。このことはもちろん、疎外論にも当てはまる。なるほど、様々な先行研究がマルクスのテクストに即して証明しているように、廣松やアルチュセールらが主張する「パラダイムチェンジ」や「認識論的断絶」が誤りであることは言うまでもないだろう。だが、このことがただちに「哲学」的原理としての「疎外論」の連続性を証明するものではない。そもそも、そうした論者の多くがマルクスの「主著」であるかのように扱っている『経哲手稿』は、ユルゲン・ローヤーンが適切に指摘しているように、マルクスが経済学を摂取し、「哲学」を最終的に清算する過程での一産物、いってみればメモ書きであり、なんら体系的著作ではない(4)。自らの「実践的・批判的」立場を確立しようとしていたマルクスの苦闘の対象化にほかならず、そのようなものとして評価しなければならない。

さて、このように「疎外論」をそれに還元すれば万事うまくいくというような「哲学」的なシェーマとして措定する立場に立たないとすれば、疎外論をめぐる一つの問いが起こる。マルクスの疎外論が、「哲学」でないとすれば、すなわち本質主義でも、規範論でも、人間主義でもないとしたら、それは何であり、どのような意義をもつのであろうか、と。この答えを追求するには、当然、これまでとは違った方法をとらなければならない。というのも、先の二項対立的言説のいずれもが疎外論を「哲学」的原理だと見誤ったがゆえに、その「哲学」が提示されている（と彼らが考える）『経哲手稿』の検討で事足りると考え、そこで「抽出」された原理を後期マルクスの「科学」（アルチュセール）や「関係主義」（廣松）と対立させたり、逆に絶対的な原理として後期の諸著作に当てはめ、「疎外論」が貫徹されていることを「発見」するなどといった、議論に落ち込んでいったからである。

『要綱』において初期の疎外論を「再発見」しようとするのではなく、むしろ、初期との差異に着目するならば、初期の疎外論にも一貫するマルクスの核心的問題設定が明瞭なかたちで浮かび上がってくるであろう。それこそが、「哲学」を乗り越えた、「実践的・批判的」な構えに位置づけられた疎外論なのである。

2 『要綱』における疎外と外化

ここではまず、疎外 Entfremdung と外化 Entäusserung という二つの概念に着目して考察を進めていきたい。というのも、『経哲手稿』など初期の著作においては、疎外と外化の区別を確認することは困難であるが、『要綱』においては両者の差異は比較的見やすく、疎外論を理解するための手がかりとなると考えられるからである。(5)

たとえば、次の文章は『要綱』における「外化」の使われ方を端的に示している。

「外化と譲渡 Ent- und Veräusserung をつうじての、またそれらを媒介としての領有が［商品流通の］根本前提である。諸交換価値の実現としての流通のうちには、次のことが含まれている。……(2) 私の生産物は、すでに外化されてしまって、他人のためのものとなってしまっているかぎりでのみ、私にとって生産物であるにすぎないこと。(3) 他人が自ら彼の生産物を外化するそのかぎりでのみ、私の生産物は他人にとってのものであるにすぎないこと。すでにこのことのうちに、(4) 生産が、私にとって自己目的としては現れず、手段として現れる、という意味が含まれている。手段は運動であり、この運動では一般的外化は一般的領有として、また一般的領有は一般的外化として現れている。ところでこうした運動の全体が社会的過程として現れれば現れるだけ、またこうした運動の個別的諸契機が諸個人の意識した意志や特殊的諸目的から出発すればするだけ、過程の総体はますます自然発生的に成立する客体的連関として現れる。しかも、意識した諸個人の相互作用から出てくるものではあるが、彼らの意識のうちにもなく、全体として彼ら諸個人に服属させられることもないような客体的連関として現れる。諸個人自身の相互衝突が、彼らのうえにたつ、疎遠な fremd 社会的力を彼らに対して生産する」（MEGA^2 II-1, 126, 二〇五）

有用物の生産それ自体を目的とするのではなく、あくまで自己にとっての有用物を手に入れるための手段として生産物を他者に譲渡すること、これがここでの「外化」の内容である。つまり、「外化」とはたんなる譲渡ではなく、孤立した諸個人の、物象 Sache をつうじた相互依存関係、すなわち「市場」における私的諸個人による生産物の譲渡を意味している。[6] 端的に言えば、「市場」による形態規定をうけた譲渡が外化である。

「市場」においては、諸個人は互いに無関心であり、ただ物象の同値性だけが問題となる。彼らが取り結ぶ連関は、人格的な結びつきではなく、物象をつうじた結びつきにすぎないからである。なるほど、諸個人はそれぞれ異なる欲望を持っており、それが交換の素材的動機をなしている。じっさい、このことが諸個人の交換における自由という規定をもたらす。なぜならば、諸個人は他者から力ずくで有用物を奪うのではなく、互いを自らにとっての有用物を所持する私的所有者として承認し、交換するからである。「経済学的な形態すなわち交換が、あらゆる面から見て諸主体の平等を措定するとすれば、交換をうながす内容、すなわち個人的でもあれば、物象的でもある素材は、自由を措定する」（MEGA^2 II-1, 168, 二八〇）。ゆえに、諸個人は「だれでも所有物を自由意志で外化する」(MEGA² II-1, 167, 二七九)。だが、諸個人は自己利益のためにだけ、それを行うにすぎない。人格そのものには互いに無関心なのであるから、自由意志にもとづく交換じたいが物象の同値性という関係を生み出し、それに支配されてしまう。この無関心性と同値性が物象の形態で明示的に表現されているのが貨幣にほかならない。

このような性格をもつ商品生産関係において、諸個人の「自由」な意識的行為である「外化」が、無意識のうちに、「意識した諸個人の相互作用から出てくるものではあるが、彼らの意識のうちのもなく、全体として彼ら諸個人に服属させられることもないような客体的連関」を生み出すのである。しかも、この客体的連関は、「外化」が諸個人の特殊的諸目的を目指す意識的行為として行われれば行われるほど、またそれが社会的過程として一般化されればされるほど、ますます「自然発生的に成立する客体的な連関として現れる」。つまり、「外化」が進めば進むほど、諸個人が作り出したものでありながら、諸個人から自立した、より強固な物象的連関が諸個人を制御するという事態が生じるのである。

そして、このような客体的な連関が、諸個人にとっては、「疎遠な社会的力として」現れることになる。引用からもみてとれるように、「疎遠な」という表現は何かに対して疎遠な関係をもつ主体を想定しており、主体が客体的諸条件との関係においてその敵対的性格を感受するという事態と関連している。

したがって、『要綱』の「外化」において直接の問題とされるのは、「外化」をつうじて、諸個人によっては制御し得ない、あたかも諸個人から自立した物象的な諸連関が立ち現れ、諸個人が服属させられてしまうという事態に他ならない。いわゆる「物象化」である。また、ここでは詳論されていないが、商品生産関係においては諸個人は物象をつうじてしか互いに関連しあうことができないのだから、諸個人のあいだの関係は物象的連関によって覆い隠され、さらには諸個人の行為が生みだした物象の社会的力をその物自身の属性であるかのように錯認するという転倒すら起こる。しかし、他方ではこのような諸関係の隠蔽にもかかわらず、物象的諸連関が主体にとって敵対的な、疎遠な形態で現れるという契機も同時に存在することが述べられている。

さらに、『要綱』においては、「外化」は資本–賃労働関係の文脈でも多用されている。

「資本家が交換で手に入れる労働は、生きた労働として、富の一般的生産力として、富を増加させる活動としての労働である。…労働者の労働の創造的な力が、資本の力として、疎遠な力として彼に対立する位置におかれるのであるから、彼は貧しくならざるをえないのである。彼は富の生産力としての労働を外化し、資本は労働をそうした生産力として我がものとする」（MEGA^2 II-1, 226, 三七二）

ここでも「外化」は、先ほどと同様に、「市場」において自らの生産活動を手段として他人に譲渡するという意味で用いられている。ただし、ここでは生産物の譲渡ではなく、この生産活動そのものを労働能力の販売というかたちで相手に譲り渡してしまうという、資本–賃労働関係における外化が問題となっている。つまり、労働者も資本家も形式的には平等な商品所有者でありながら、一方が自らの生産活動を外化し、他方が他者の生産活動を我がものとするという事態である。この関係においては、外化の主体である労働者にたいして、労働者の創造的な力が「資本の力として、疎遠な力として」彼に対立してあらわれる。ここでも外化は、その外化の主体が服属せざるを得ない客体的な関係を生み出す。

もちろん、この客体的な関係が資本である以上、たんに物象の人格的担い手が存在するというだけでなく、この客体的関係そのものを意識的に駆動させる人格的担い手、すなわち資本家が存在するという意味では、先の場合と若干異なる。だが、資本家も資本家としての自分の存在を維持するために、また他の資本家との競争関係によって追い立てられて、資本蓄積を推し進めるかぎりでは、物象的関係のたんなる人格的担い手にすぎない。資本はそれ自身が主体となり、剰余価値の極大化を目指して「魂を与えられた怪物」(MEGA² II-1, 377, 一一六) のように突き進んでいく。この物象の運動が生産諸関係を根本において規定し、労働者の労働条件及び生存条件に決定的な影響を与えるのだ。

それゆえ、外化された生産活動が労働者にとっては制御し得ない客体的関係として現れるということを、たんに労働者が形式的に自己活動を資本にゆだねるという事態に限定してはならない。つまり、資本家による指揮命令の問題に還元してはならない。というのも、労働者の自己活動の素材的条件それじたいが資本という物象の運動に包摂され、編成されていくからである。(7)

「資本が生産の基礎をなし、したがって資本家が生産の支配者であるところでは、労働そのものは、ただ資本のうちに組み込まれたものとしてだけ生産的であるにすぎない。諸商品の一般的交換価値が貨幣というかたちで固定化されているように、労働の生産性もまた資本の生産力となるのである。資本と対立してそれ自身で労働者という姿をとって存在している労働、つまり、資本から切り離されてその直接的定在のなかにある労働は、生産的ではない」（MEGA^{2} II-1, 227, 三七二）

ここで問題となるのは、労働者が生活の糧を得るために自己の活動を外化し、資本を増殖させざるをえない、という事態だけではない。いったん資本という関係が成立するやいなや、「科学、発明、労働の分割と結合 Combination、…機械装置などから生じてくる」（Ibid.）生産諸力の増大は、資本の強力なイニシアチブによって推進される。ゆえに、労働の生産力はもはや労働が資本のもとに結合されることによってしか発揮されえず、労働者の資本への服属はいっそう強まる。「諸労働の結合においては、この労働は疎遠な意志と疎遠な知能に仕え、それによって導かれるもの―つまり自己の精神的統一を自己の外に持つもの―として現れるとともに、自己の物質的統一においても、機械装置、固定資本の対象的統一性に従属しているものとして現れる」（MEGA^{2} II-1, 377, 一一六）。ここでは、労働者は「機械システムのたんなる手足」となってしまう（MEGA^{2} II-1, 572, 四七六）。

こうして、労働者はたんに資本家の指揮下に入るというだけでなく、自己活動の素材的条件を制御できず、それに従属してしまうという意味でも、資本に服属する。資本のもとへの労働の「実質的包摂」と呼ばれる事態である。ここでは、労働者たちは自らの生産的力を自らのものとして理解するのが困難になる。というのも、ここでは労働者の力が資本の力として現象し、しかもそれが生産過程の素材的条件に裏付けられているからである。

しかし他方、そのような外観によって矛盾が覆い隠されながらも、客体的関係が彼に対して「疎遠な力」として対立するというのも先ほどの例と同じである。労働者は、形式的および実質的に資本に服属させられるがゆえに、労働の客体的条件が自らにとって疎遠な力となり、それゆえ自らの生命発現たる労働も強制された、疎遠なものになってしまっていることを感じざるをえない。

だが、ここで決定的に違うのは、この「疎遠さ」を感受する主体が労働者階級であるということであろう。マルクスは次のような文章で、労働者階級が「疎遠さ」を感受するばかりでなく、さらにそれを不当だと判断する可能性について述べている。

「労働能力が生産物を自己自身のものだと見抜くこと、そして自己の実現の諸条件からの分離を不当な、強制された分離だと判断すること、――これは並外れた enorm 意識であり、それ自身が資本にもとづく生産様式の産物である。そしてそれがこの生産様式の滅亡への前兆であるのは、ちょうど奴隷が、自分はだれか第三者の所有物であるはずがないのだ、という意識をもち、自分が人であるという意識をもつようになると、奴隷制はもはやかろうじてその人為的な定在を維持することしかできず、生産の土台として存続することができなくなってしまったのと同じである」（MEGA² II-1, 371, 一〇三）

もちろん、この「並外れた」意識は「資本にもとづく生産様式」から自動的に生成されるものではありえない。主体が感受しうる「疎遠さ」を手がかりにして実践することをつうじて獲得されるべき意識である。じじつ、この引用文の直前においても資本が労働者にとって疎遠な存在であることが強調されている。交換や生産における外化から生ずる、労働者には制御し得ない客体的関係が労働者にとって敵対的な、疎遠な力として立ち現れる。そして、この「疎遠さ」を手がかりとして労働者が闘争することによって、物象の仮象をのりこえて、この資本主義的秩序を不当な、強制された秩序であることを明確に認識するようになる。マルクスはこのような展望を抱いていたのではないだろうか。

こうした変革実践が可能になる地平としての「疎遠さ」は、まさに疎外の事態を表すものとして捉えられるべきであろう。というのも、『要綱』においては、多くの場合、疎外は客体的連関および関係が主体にたいして疎遠な、敵対的なものとして現れるという事態を指しており、外化をつうじて成立した物象的連関および関係を主体の側から捉え直した概念として使用されていると言ってよいからだ(8)。

以上の議論を整理すると、次のようになるだろう。まず、形態規定をうけた譲渡としての外化をつうじて、商品と貨幣によって成立する物象的連関および資本という物象的関係が成立する。この物象的諸関係は実践的諸関係を隠蔽するが、他方で諸主体は物象的諸関係の疎遠さを感受しうるのであり、ここに変革実践の可能性が存する。もちろん、この物象的諸関係はこの疎遠さを生み出す関係自体を必然的なものとして現象させ、諦念を生み出すが、しかし、それでも諸主体は物象的諸関係を超える可能性をその疎外を感受しうる限り保持しているのであり、これを基礎にして実践することで資本主義を超える「並外れた意識」を獲得していく。以上のように、『要綱』においては外化と疎外が分節化されることで、理論的枠組みが『経哲手稿』などと比してより明確に示されていると言えよう。

3　『要綱』の疎外論

『経哲手稿』において最大の課題とされたのは、いうまでもなく、アダム・スミスをはじめとする「国民経済学」の批判であり、この課題の遂行のためにフォイエルバッハなどヘーゲル左派から借りてきた諸概念が活用されたにすぎない。「哲学」的原理としての「疎外論」の構築が目指されていたわけでは決してない。渡辺憲正が指摘するように、すでにマルクスは『独仏年誌』以降、ヘーゲル左派の「啓蒙主義」的な立場を乗り越えていたのであるから、ヘーゲル左派の概念を用いているからといって『経哲手稿』の疎外論が本質主義だという批判はあたらない（渡辺一九八九）。そもそも、『経哲手稿』で強く意識されていたのは、人間の本性から自然に市場経済秩序が生成してくるという「国民経済学」の人間本質主義であり、それへの批判として「類的本質」や「感性」といった概念が用いられたにすぎなかった。マルクスはアプリオリな「本質」を基準としてではなく、変容する現実的対象に規定された感性的欲求に定位して「疎外」を捉えようとしたのである。

しかし、にもかかわらず、マルクス自身『ドイツ・イデオロギー』で振り返っているように、それらの概念はやはり「哲学的な常套句」（W3, 217, 二三七）であったので、マルクス自身の唯物論的な問題意識を曖昧にするものであった。外化と疎外の同一視はそのようなマルクスの理論的曖昧さを示しているように思われる。というのも、外化による物象化が疎外と同一の地平で論じられることによって、あたかもマルクスの疎外論の主眼が現存秩序の「理念的本質」からのズレを理論において批判することが問題になっているかのような、誤った解釈を生み出すことになったからである。

たとえば、第一手稿やミル評注における自らの活動の所産が逆に自らに敵対してくるという疎外のとらえ方は、たしかに後期の物象化論、疎外論に継承されていく発想であるが、外化と疎外の区別がなされていないために、自らがコントロールできない物象的関係の存立を「感性」や「人間的本質」の立場から理念的に批判することだけが問題となっているかのように解釈されかねない。ほかにも、誤って解釈されうる余地が『経哲手稿』の記述には少なからずある。「国民経済学」を批判するための手段として用いた概念が、逆にマルクスの思考を束縛したということは十分考えられることであろう。

これにたいし、『要綱』においては、もはやそのような誤解の余地はあり得ないと思われる。外化は商品生産関係において物象化を必然的に生み出す意識的行為として捉えられ、疎外はこの物象化の主体の側からの捉え返しとして位置づけられる。問題が現状の理念的批判ではなく、疎外を克服しようとする諸個人の実践的運動であり、そのために諸個人の行為や思惟を制約する物象的諸関係を分析することであるのは明らかであろう。「フォイエルバッハ・テーゼ」以降のマルクスは、理念や意識それじたいによって現実を乗り越えようとする発想をイデオロギーとして退け、現実を変革する実践にとっての現実的諸条件を捉えようとする「新しい唯物論」の立場にたっている。理論はあくまでも実践の現実的条件を分析するためのものにすぎない。マルクスが、具体的分析の所産であるとはいえ、抽象的構築物を絶対化しようとする発想に対して常に批判的であったゆえんである。

したがって、マルクスの疎外論を、理論における主体的な変革可能性の証明や人間主義的規範からの現状告発のための理論などとして捉えてはならない。マルクスにとって、「理論における真理性の証明」や倫理的な現状告発にとどまる理論など批判の対象でしかない。理念的な批判に依拠して資本主義を乗り越えようとしたプルードン派、リカード左派に対して、『要綱』において徹底的な批判が加えられていることはその証左である。それゆえ、マルクスが物質的諸関係による必然的規定を叙述したとしても、それは抽象的な経済決定論や単純な歴史必然性論などではない。あくまで疎外を現実に感じ、それを変革しようとする諸個人の営みにとっての、現実的条件を捉え直そうとする試みにすぎない。マルクスが疎外論を捨てなかったのは、このような「実践的・批判的」な唯物論的立場ゆえなのだ。

マルクスの疎外概念とは「実践的・批判的」構えにおいて叙述された自らの理論において、理論においては叙述し得ない実践的な地平を示す概念にほかならない。つまり、疎外概念はそれじたいが理論的探究の対象ではなく、理論的探究の結果明らかになった実践的地平を指示する、すなわち理論において実践的解決はありえず理論的分析によって明らかになった変革可能性を現実において実践しなければならないことを示す概念であり、理論と実践の境界に位置する概念なのである。ゆえに、もはや後期のマルクスは、『経哲手稿』に示された感性的欲求に定位するという発想を暗黙のうちに保持しながらも、疎外そのものを理論的考察の対象とすることはなかったし、術語としても多用しなかった(9)。しかし、そのことはマルクスの理論にとって疎外論が重要でなかったということではない。逆に現実の疎外を実践的に克服しようとする疎外論こそがマルクスの「実践的・批判的」な構えとしての唯物論の中心にあったことを示している。いうまでもなく、マルクスの理論にとって最も重要なことは、理論において「世界をさまざまに解釈」することではなく、実践において「世界を変革すること」だからである。

4　物象化による素材的世界の編成

さて、このようにマルクスの疎外論をその核心的問題意識において理解するならば、既存の通俗的な物象化理解の欠陥が見えてくるだろう。『要綱』においては、既存の理解の問題点がとりわけみやすい。というのも、『資本論』のように物象化と物神崇拝の関係に焦点が当てられるのではなく、『要綱』においては物象化と疎外の関係が強調されるがゆえに、物神崇拝と区別される物象化の独自の意義が明瞭に語られるからである。

典型的なのが、廣松の物象化論解釈である。廣松の物象化論においては、関係の中ではじめて帯びるに過ぎない物の社会的属性をその物じたいの属性として「取り違え」ること、そのような認識論的次元における「錯視」が物象化だとみなされる。だが、このような物象化論理解は、実践的には、「物象化」を見破ったマルクス主義者が「物象化」に依然とらわれている労働者を指導し、革命に導いていくという変革構想につながりかねない(10)。これこそ、まさにマルクスが厳しく批判した「啓蒙主義」の一変種にほかならないだろう。

しかしながら、これまで『要綱』をつうじてみてきたような物象化理解にたつのなら、むしろ焦点が当てられるべきは、そのような「錯視」が生み出されるところの、実践的な次元における転倒である。商品生産社会においては、生産物が実際に物象として社会的力を獲得し、生産者が生産物を制御するのではなく、物象としての生産物が生産者を制御する。廣松らのいう「錯視」はあくまでこの実践的転倒が人間の脳に反省される際の現象にすぎない。物象化概念は、こうした実践的な次元での転倒もふくめて総体として捉えられなければ、変革の現実的条件を具体的に明らかにするというマルクスの理論にとって最も重要なその肝を見失ってしまう。

そのような物象化論の「実践的・批判的」な意義を考えるうえで、忘れてはならないのは物象の運動をつうじた現実の編成である。とりわけ、外化が作り出す物象の運動と諸個人の労働がどのような実践的連関を形成しているかが、重要なポイントをなす。物象化された諸関係においては諸個人が生産物を制御するのではなく、物象が諸個人を制御するという転倒が実践的な次元で成立しているのだから、あたかも物象の運動が素材的、自然的現実を編成するかのようにあらわれる。この際、物象の運動による現実の編成において蝶番の役割をはたすのが抽象的人間労働にほかならない。

共同体と異なり、商品生産社会においては、生産者たちの労働は彼らが私的生産者として孤立しているために直接には社会性、一般性をもたない。あくまでも物象と物象との連関、貨幣と商品との連関をつうじてはじめて社会的、一般的な性格を獲得することができる。つまり、私的労働はそれが生産した商品に一般的等価物たる商品、すなわち貨幣を等置し、その商品の価値を表現することではじめて労働の社会的・一般的性格を表すことができる。それゆえ、この商品が実際に販売されれ、交換が成就されなければ、商品を生産した私的労働の社会的・一般的性格は確証されなかったことになるだろう(11)。このような物象的連関においてしか、不特定の他者にとっての特殊な有用物を生産する私的生産者たちの具体的有用労働は、社会的属性を現実に獲得できないのである。生産物が物象として主体となり、生産者を制御するという実践的転倒が必然となるゆえんである。

したがって、商品生産が人間生活の大部分を包摂している社会においては、自らの特殊な有用労働を、その産物である有用物と貨幣との交換を通じて、つまり価値という形態において、社会的一般的な労働として通用させることを日々強制される。だが、商品と貨幣との関連によって量的に表現される価値という抽象的形態においては、諸労働はただ、その具体的有用的性格を捨象された人間労働一般として互いに関連しあい、自らの社会的一般的性格を確証するにすぎない。その生産物が社会的欲求の一部分を満たす限り、価値それじたいにおいては、諸労働の特殊な具体的性格は問題にならないからである。このような物象を媒介とした労働の社会的一般的性格をマルクスは「抽象的人間労働」と呼んだのである。(12) 労働の社会的一般的性格が価値という抽象的形態をとるかぎり、それは抽象的人間労働の対象的表現として示されるほかない。このような意味において、抽象的人間労働が価値の実体をなすと言われるのである。

すでに明らかなように、物象の運動にとって本質的なのは価値である。なるほど、使用価値も交換の素材的動機をなすという点で不可欠であるが、この素材的動機にもとづく個々の交換行為じたいが商品生産社会においては価値を媒介にすることによってしか成立し得ない。ゆえに、人々の生活が物象的諸連関に全面的に依存するようになると、価値の自立的定在であり、したがってまた富の一般的定在である貨幣を手に入れるための活動を不可避的に強制され、生産は価値それじたいを目的とするようになる。

こうして、物象の運動は価値の運動としてあらわれ、価値の運動は抽象的人間労働を蝶番として現実の素材的世界を編成していく。というのは、価値に反映されるのは素材的世界そのものではなく、素材的世界の一契機をなすにすぎない抽象的人間労働であるからだ。逆に言えば、素材的世界は抽象的人間労働の現実的土台としての意義しかもたず、むしろ価値―抽象的人間労働という一面的な論理にしたがって編成されていくのである。価値の運動は労働という現実の実践に裏打ちされているが、しかし抽象的人間労働という一面的な契機しか反映しない。自然や有用的労働という素材的世界はこの一面的な運動の手段として編成されるだけである。抽象的人間労働は物象に依存した労働の属性なのであるから、抽象的人間労働を蝶番とした現実の編成は、生産物が物象として主体となり生産者を制御するという実践的転倒の必然的帰結にほかならない(13)。

つまり、物象化のポイントはたんに「錯視」などという問題ではなく、実践の次元において有用的労働が物象を媒介しなければ一般性・社会性を獲得できないという転倒を生み出すことにある。つまり、労働の社会的有用性は物に社会的力を与えることによってしか確証しえず、したがって労働の有用的性格はそれが価値形成的でなければ何の意味を持たないという転倒した関係が、認識の次元においてではなく、まずは実践的関係において構造化される。実践は意識なしにはありえないが、ここでは諸個人の意識的行為が無意識のうちに転倒した実践的関係を必然的に形成するという点が重要である。そして、この関係の本性ゆえに「錯視」という認識の次元での転倒が起こるのである。とはいえ、他方で、この関係を疎遠なものとして感受することを手がかりとして、実践する条件は残されている。そのとき、決定的な重要性をもつのは「錯視」の次元の転倒ではなく、われわれの行為や思惟を必然的に制約し、素材的世界に大きな影響を及ぼす実践的転倒なのである。

5　物象化論と再生産および労働価値説

以上のように物象化論を捉え直すことによって、さしあたり二つのことが言えるだろう。

第一に、物象的連関においては抽象的人間労働だけが価値に反映されるのであり、素材的要因それじたいは顧みられることはない。『要綱』でも、資本が科学や自然の力を無償で利用することを繰り返し強調している。素材的要因は価値形成との連関でのみ問題となるにすぎない。「共同社会Gemeinwesenの目的は…諸個人の再生産」であるが、資本は「自己の再生産」のために、「富の生産そのもの」を追求し、「生産諸力の普遍的発展」を絶え間なく推し進めていく（MEGA² II-1, 439, 二一八）。ゆえに、価値増殖だけを自己目的とする資本の運動は必然的に、自然や人間の生活を破壊し、長期的には自らが依存している素材的世界の再生産さえ危うくする。

たとえば、それは昨今の自然環境問題や少子化問題、ワーキングプア問題、あるいは非正規労働者の雇い止めや労働条件の著しい悪化などに顕著に表れている。本稿では詳説できなかったが、この点で示唆的なのが『要綱』に収められている「資本主義的生産に先行する諸形態」の考察である。ここでマルクスは共同体における本源的所有形態にまで立ち返ることによって、近代的私的所有の特異性、すなわち主体が客体から引きはがされ、むしろ客体的条件が物象として猛威をふるう近代の特異性を暴き出している。とりわけ、新自由主義的グローバリゼーションによって様々な矛盾が噴出し、資本主義における自然と人間の再生産が可能なのかという根本的問題を突きつけられている現在、晩年の共同体研究ともあわせ(14)、マルクスの経済学批判を近代批判として捉える視座がよりいっそう重要になっていくだろう。

第二に、マルクスの労働価値説が唯物論的な労働価値説にほかならないことを浮き彫りにする。

初期マルクスの誤った解釈からの連想なのであろうが、「マルクスは理念的に労働を高く評価したゆえに労働が価値を生むと考えたのだ」などという誤った理解がままみられる。しかし、このような批判はマルクスの労働価値説の根本的な誤解から生じている。

マルクスの労働価値説は理念的な価値評価とは理論的には何の関わりもない。逆に、そのような理念や意識から価値を説明する発想をマルクスは厳しく批判する。

「[アダム・スミスのように] 労働をたんに犠牲と、まただからこそ価値措定的であるのだとみなし、価格―諸物が必要とする労働の大小にしたがって、諸物と引き替えに支払われ、したがってまた諸物に価格をあたえるような価格―とみなすのは、純粋に否定的な規定である。そこでこのことから、たとえばシーニア氏は、資本を労働と同じ意味での、独自な種類の生産源泉にしたてあげることができたのであって、それが価値の生産源泉であるのは、資本家もまた、彼の生産物を直接に食い尽くすかわりに致富を行うことによって、一種の犠牲、節欲という犠牲を捧げているからだ、というわけである。…たとえば労働が労働者に喜びを与える…としても、だからといって、生産物はその価値をいささかも失いはしない」(MEGA² II-1, 499, 三四〇)

マルクスが労働価値説の立場をとるのは、現実の労働実践が価値形成の基礎となっているからにほかならない。すでに見たように、商品生産関係においては諸個人の私的労働は直接に社会的な力を持たず、物象の社会的力、すなわち価値として、表現されなければならない。この価値に反映されるのは物象に媒介された労働の社会的一般的性格としての抽象的人間労働でしかないが、しかし、一面的であるとはいえ価値には現実の労働実践が反映される。つまり、商品生産関係が再生産され維持される限りでは、その商品の生産に必要とされる人間労働の量を価値として表現せざるをえない。そうでなければ、生産が更新される可能性が奪われ、この関係の再生産が成り立たなくなるからだ。価値が人間によって作り出される抽象であるからといって、アダム・スミスらが考えるように人間が心情や理念にしたがって恣意的に規定することはできない。一面的であれ、現実の実践的諸関係の反映であるほかないのである。

「つまり犠牲ではなく、生産条件としての労働である。等価は、諸生産物の再生産のための条件を、交換がそれらの生産物に与えたものとして表現している。すなわち、生産的活動を更新することの可能性を、この生産的活動自身の生産物によって措定されたものとして表現しているのである」（MEGA² II-1, 501, 三四三）

もちろん、ここで問題となっているのは社会それじたいの再生産ではなく、物象を媒介とした生産構造の再生産にすぎない。とはいえ、その物象の関係も素材的世界を基礎にしてしか存立しえない以上、抽象的人間労働という一面的な契機であるにすぎないとはいえ、必ず素材的レベルでの実践に影響を受ける。だからこそ、また逆に、物象の運動は抽象的人間労働を蝶番として現実を編成していくのである。

このように価値論は物象化論によってこそ理解できる。いうなればスミスは物象化論なき疎外論として価値を理解してしまっていることになるだろう。労働が犠牲として現れるのは、あくまで労働が物象に媒介されて価値という抽象的形態をとることでしか社会性を獲得できないからなのである。

マルクスの労働価値説は、物象の運動を通じて現実の労働、素材的世界がどのように編成されていくのかを示し、アソシエーション形成の条件、変革の条件を明らかにする。労働をめぐる諸関係は変革の条件をなすのであって、倫理的な基盤ではない。じっさい、『要綱』においては、物象的関係による形態規定の束縛から解き放たれた労働、労働の束縛から解き放たれた人間活動の可能性が展望される。『要綱』において自由時間論をあれほど強調していることは、マルクスが人間の超歴史的本質を労働にみるような議論からいかに隔たっていたかを示している。つまり、たんに物象化された労働を再領有するのではなく、物象化とそのもとでの搾取によって形成された客体的諸条件の支配からの解放を成し遂げること、すなわち剰余労働を自由時間として、強制された労働を活動 Thätigkeit として再領有することこそがマルクスの目指すところであった。物象化に抗するためにこそ、新しい共同性、すなわちアソシエーションの可能性を物象による現実の編成に見いだそうとしたのである。

［注］

（１）　たとえば、代表的な先行研究である内田弘『『経済学批判要綱』の研究』（内田、一九八二）や望月清司『マルクス歴史理論の研究』（望月一九七三）においてもその傾向がみられる。また、テレル・カーヴァーもデヴィッド・マクラレンらの研究において『要綱』に『経哲手稿』の問題構成を見いだそうとする傾向があることを指摘する(Terrell Carver, 2008)。
(2) なお、「啓蒙主義」と「哲学」にカギ括弧がつけられているのは、マルクスにおける概念であるという意味である。詳しくは、拙稿「マルクスの『哲学』批判と『新しい唯物論』」(佐々木二〇〇九b)を参照。
(3) マルクスの「新しい唯物論」については、前掲論文および拙稿「マルクスの〈唯物論的方法〉について」(佐々木二〇〇八)を参照。
(4) たとえば、「第一手稿」の「疎外された労働」の4つの規定をマルクスの疎外論の神髄であるかのように主張する文献が数多く存在するが、マルクスにとっては思いついたアイデアを書き留めたという性格のものである。それはこのメモが書かれた過程からほぼ立証することができる。詳しくは、ユルゲン・ローヤーン「理論の出現　1844年ノートに例示されるマルクスのノートの重要性」(ローヤン二〇〇二)を参照。
(5) この点に関しては、本稿とは違った問題意識からではあるが、すでに大井正『唯物史観の形成過程』(大井一九六八)の第7章において指摘されている。
(6) なお、ここでいう「物象 Sache」はたんなる「物 Ding」と区別されなければならない。というのも、平子友長が指摘するように、「ある対象=客体は物象的な社会的関係の担い手として考察されるとき、物象と規定される」(平子一九九一、一九二)からであり、ここでは具体的には商品または貨幣を指す。
(7) しかしながら、労働が資本の下に形式的に包摂されることによってすでに物象による素材的現実の編成が行われていることを見逃してはならない。マルクスが『資本論』第一巻「労働日」において克明に描いているように、剰余価値の最大化のために労働時間を可能な限り延長しようとする資本の習性は、労働者の文化的生活のための条件、ひいては生物学的生存の条件すら破壊してしまう。
(8) 『要綱』においては物象同士の関係を「疎外」という概念で表したり(MEGA² II-1, 74, 一一〇)、あるいは外化との区別をみることが難しい用法もある（MEGA² II-1, 698, 七〇六）。しかし、前者は概念の脈絡を付ける際のヘーゲル流の叙述に過ぎないであろうし、後者も外化と疎外の区別と矛盾するわけではなく、むしろ当該箇所の全体の文脈としては外化による物象化をつうじて主体にとっての疎外が現れることを示している。なお、このような疎外の理解は大枠において、すでに平子、前掲書に示されている。

（9） しかしながら、資本主義のもとでの同意調達の手法が洗練された現在においては、感性の次元での疎外がいかにして「並外れた意識」へと生成していけるのかは単純ではない。その意味で、マルクスには存在しない、あるいは存在したとしても未展開である社会統合やヘゲモニーについての理論的な考察が必要となるであろうし、それとの関連で疎外論について理論的な彫琢をくわえる余地は十分にあるだろう。

（10） じっさい、廣松の変革構想は今日からみれば驚くほど素朴である。たとえば、『物象化論の構図』（廣松一九八三）Ⅱの第三節を参照。

（11） なお、このような、物象的関連において事後的にしか労働の社会的性格が確証されないという商品生産関係の性格から、生産の無政府性という問題が出てくる。この点に関して本稿では紙幅の関係で扱うことができないが、資本主義社会の諸矛盾を捉える上で極めて重要であることは言うまでもない。

（12） むろん、『要綱』でマルクスが指摘しているように、思惟抽象としては人間労働一般は太古の昔から存在したが、人間労働というカテゴリーが独自の現実的意義を獲得するのはやはり資本主義的生産様式が成立していく近代以降のことにすぎない（MEGA² II-1, 38-39, 五三〜五五）。

（13） なお、本稿は『要綱』を対象としたので、『資本論』第一巻第二版（1872）で明示される、価値とその現象形態である交換価値（通常は価格という形態をとる）をはっきりと区別しなかった。とはいえ、この両者の明確な区別はマルクスの価値論の一つの到達点である。ルカーチも指摘するように、物象化によって分裂させられた近代社会を総体として捉え、その変革の条件を把握するためには媒介的カテゴリーが決定的に重要となる（Lukács, 1923）。そのような意味で、マルクスの経済学批判において、価値――抽象的人間労働というカテゴリーは、物象の運動による素材的世界（具体的有用労働や人間の生活、あるいは自然）の編成を捉えるための、最も基礎的かつ重要な媒介となっている。だからこそ、現象形態においては商品価値が資本間競争をつうじて市場生産価格として現れざるをえないとしても、価値から出発して現象形態が把握されなければならないのである。それゆえ、価値というカテゴリーはたんに市場価格の偶然的変動の中心点を投下労働量によって確定するための概念なのでは決してない。

（14）晩年の抜粋ノートの関心の方向や「ザスーリチへの手紙」、アイルランド問題への態度などから推察するに、おそらく、資本の文明化作用を強調していた『要綱』段階とは異なった共同体認識、近代認識に到達していたと考えられる。

エンゲルスとマルクス

マルクス（一八一八〜一八八三）とエンゲルス（一八二〇〜一八九五）とは、生涯を共にした親友であり、思想的協力者であり、社会変革の同志であった。二人が最初に出会ったのは、一八四四年のことである。

エンゲルスは、マルクスが『資本論』の執筆で経済的に厳しい生活を強いられていたときに、経済的にマルクスを支援した。マルクスの私生児を引き取って育てたのも、生涯独身で過ごしたエンゲルスである。そのエンゲルスが、「歴史科学を変革するこの発見は、根本的にはマルクスの業績であって、私がそれに寄与したと言えるのはごくわずかでしかない」（「共産主義同盟の歴史によせて」）と語り、唯物史観形成のほとんどがマルクスに負っていると書き、マルクスを前面に立てているのである。

その反面、マルクスが書くことのなかった哲学の分野で、エンゲルスは、『フォイエルバッハ論』や『反デューリング論』、手稿『自然の弁証法』などを執筆してきた。それらの執筆過程で、原稿をマルクスに見せたり、マルクスの意見をも聞いたりしていることが彼らの往復書簡でわかっている。

そのために、マルクスが手がけることのできなかった哲学分野の仕事をエンゲルスが分担したこと、しかも、二人のあいだには思想的差異がなく、むしろ思想的にまったく一体なものと受けとめられて、二人の思想があわせてマルクス主義と呼ばれるようになった。マルクスとエンゲルスが共同で著した『聖家族』『共産党宣言』や、『ドイツ・イデオロギー』の手稿なども、二人の思想を一体のものとして受けとめることを当然のものとみなす雰囲気を助長してきたものと思われる。

このような受けとめ方がなされるなかで、マルクスの思想は、エンゲルスの思想とは異なっており、エンゲルスの思想は俗流唯物論であるといった主張が、レーニンが主導したロシア革命当時のロシアにもすでに現れている。また、西欧マルクス主義においても、マルクスの思想は意識と外的実在を結びつける実践から出発する実践的唯物論であるが、エンゲルス（さらにはレーニン）の思想は、意識の外の実在をまずもって前提する、カント以前の俗流唯物論であって、評価することはできないという見方が一般的である。

　日本では、「マルクス学」研究のなかで、マルクスとエンゲルスが共同執筆した『ドイツ・イデオロギー』の手稿における二人の「持ち分問題」として、マルクスとエンゲルスの思想を峻別する試みもなされてきた。また、『ドイツ・イデオロギー』までは、二人の思想形成においてエンゲルスがリーダーシップを発揮していたとする「エンゲルス主導説」も提唱された。

　マルクスとエンゲルスの思想をことさら異なったもの、さらには対立するものとして描き出そうとするのは、政治的意図がある場合は別にして、マルクスとエンゲルスとの思想を一体なものとして暗黙のうちに前提することへの反発である。

　二人が理論的・実践的に共同していたとしても、二人の人格が同じでないこと、発想や文章表現が異なるのはいうまでもないことである（例えば、マルクスの表現は思弁的であるが、エンゲルスの表現は経験的である等）。人格が異なる以上、思想にかんしても、二人の思想の基調が同じであったとしても、理論的に細部にわたってまったく同じであると考えることの方がむしろ不自然である。

　マルクスとエンゲルスが協力して、資本主義変革のための理論を練り上げてきたことこそが重視されるべきであろう。エンゲルスは、「マルクスが七〇年代末のフランスの『マルクス主義者たち』について、『私が知っているのは、ただ、私はけっしてマルクス主義者ではないということだ』と言った」ことを回顧している（一八九〇年八月五日付けのシュミットへの手紙）が、このような視点こそが二人の関係の考察においても必要であるように思われる。


（岩佐　茂）

第6章　発生と形式
——物象化の系譜学としての「価値形態論」——

大河内泰樹

「[…]価値の額《ひたい》にはそれがなんであるのかは書かれていない。むしろ価値はそれぞれの労働生産物を社会的な象形文字に変える。後に人間はその象形文字の意味を解読しようとする。」（マルクス『資本論』MEGA² II-6, 105）

「まさに手に取るように明らかなのは、道徳系譜学者にとって、どの色がその青色よりも何百倍も重要でなければならないのかということである。つまりそれは灰色である。言わんとしているのは、文書的なもの、実際に確認できるもの、現実に存在したもの、つまりは人間的な道徳の、過去の長くて解読困難な象形文字の全体のことである！」（ニーチェ『道徳の系譜』Nietzsche 1887, 254）

はじめに

マルクスとニーチェが解読しようとした象形文字、それはいずれも価値の秘密を書き記しているはずのものであった。その解読困難な文字は、なにがしかの真理をわれわれから隠し、また同時にわれわれに示そうとしているはずである。しかしその解読によって明らかになるべき真理は、まさにそこにあると思われている価値の真理であることによって、その価値自体の価値を掘り崩すものである。つまり二人が、一方では支配的道徳について、他方では資本主義社会について、象形文字の解読という比喩を用いて行おうとしていたのは、いずれも価値の批判にほかならない。

マルクス『資本論』における「価値形態論」はまさにある商品を他の商品と交換可能にする交換価値の形態の発展を定式化したものであり、さらにマルクスの物象化論を理解するにあたって鍵となる箇所である。ニーチェもまた罪責の起源を損害と苦痛の等価交換という観念の中に見出していた（Nietzsche 1887, 297f.）。だとすればそこで批判された道徳もまた物象化された意識ではなかっただろうか。

以下に見るように、価値形態論を物象化論として解釈する重要な功績を残したのは廣松渉の資本論研究であった。しかし、その解釈はいくつかの問題点を含んでいる。本稿では物象化とは関係を実体と見なす錯視であり、その批判がこの価値形態論で展開されているという廣松のテーゼを引き継ぎながらも、その解釈の修正を試みる。そしてこれを通じて価値形態論における価値批判の賭け金が明らかになるはずである。

1　久留間・宇野論争から廣松物象化論へ

膨大な蓄積のある日本の『資本論』研究の中でも価値形態論は最も盛んに研究が行われた箇所である。それは、マルクス自身述べているように（MEGA² II-5, 11f.）この節が『資本論』の中で最も難解であると同時に、『資本論』全体を理解する鍵となる箇所でもあるからである。

この価値形態論をめぐる論争の一つの論点は、一見繰り返しに見える価値形態論と交換過程論がどのようにして体系上区別されうるのかという問題であった。久留間・宇野論争はまさにこの点をめぐってたたかわれた。この論争のきっかけとなったのは雑誌『評論』（河出書房）の企画で開催された「資本論研究会」における、宇野弘蔵の問題提起である（宇野・向坂一九四八）。宇野はマルクス研究者七名の集まったこの研究会で、商品交換者の欲求を前提とせずに価値形態論を理解することはできないと主張し、価値形態論を交換主体なしに抽象的に理解しようとする他の参加者たちに疑問を呈した。さらに、その限りで方法論的な視点から交換過程論の必要性について懐疑的な姿勢を示し（宇野・向坂一九四八、一四二）、その後実際「交換過程論は理論的展開としては不要」[1]（宇野一九六七、二五四）と主張するまでにいたっている。それに対して久留間鮫造は確かに実際の商品交換は欲求がないと成立しえないものであるが、価値形態論はあえてそうした背景を捨象して価値形態を取り扱ったものであると主張し、交換過程論とは区別される体系上の役割を担っているとした（久留間一九五七）。

ところが、確かにきっかけとなった最初の討論では、物神性論への言及こそ見られるものの（宇野・向坂一九四八、二一九―二二〇）、物象化論がこの論争の中で主題となることはなかった。それに対し価値形態論を物象化論の視点から積極的に解釈しようとしたのが廣松渉である。

廣松は実際『資本論の哲学』で久留間・宇野論争に言及している。彼はおおむね宇野および宇野派に対して批判的であり、彼の『資本論』解釈は宇野派に対する批判を意図していたといってもよい。その最も重要な論点は、流通論として価値論を純化し、価値実体論を労働過程論において初めて登場させようとする宇野に対し、マルクスの記述を正当化することにあった。ところが廣松は右に見た論点、つまり価値形態論に商品所有者を入れて考えるべきかという点に関してはむしろ久留間よりも宇野に近いスタンスをとっている。確かに廣松はこの議論に触れる中で、自らの立場を宇野の立場と慎重に区別しようとしている。つまり、商品所有者の欲望については、捨象するべきであるとしながら、商品所有者の〈視点〉は必要であると主張するのである（廣松一九七四a、一三六―一三七）。しかし、久留間・宇野論争は、きっかけとしては商品所有者の欲望をめぐって始まっていたとはいえ、そもそもその論点は商品所有者自身を価値形態論に入れて考えるべきか、あるいは商品所有者なしに価値形態論を理解できるかどうかであった。[3] したがって、この点に限っては、廣松は宇野を支持しなければならなかったはずである。

しかも廣松による商品主体の導入は、こうした一見控えめな見せかけにもかかわらず、宇野の主張よりも根本的なものである。そもそも廣松は価値形態論の解釈に当たって「Aが一着の上衣と引き替えに自己の生産・所有物たる20エルレのリンネルをBに引き渡すことに同意している」こと（廣松一九七四b、一四二―一四三）、つまりは商議の成立を前提として出発する。これは欲望を捨象するどころか、交換過程においてはじめて登場するはずの交換の主体を価値形態論の議論に持ち込んでいると言わざるをえない。

廣松が、このように価値形態論に商品交換主体（もはやそれは商品所有者の欲望以上のものである）を導入するのは偶然ではない。なぜなら彼が解釈の下敷きとする独自の物象化論、特にその四肢構造論が、ヘーゲル『精神現象学』の **für es**（それ＝意識にとって）と **für uns**（われわれにとって）の区別を援用する独自の意識論的内容を持っているからである。彼の資本論解釈は、マルクスによるヘーゲルの意識論の克服を強調するものでありながら、彼の理解するこの『精神現象学』独自の問題構成法を敷衍して価値形態論を理解することで、これを意識論的にゆがめている。確かに廣松の強調する「共同主観性」は近代主義的な主客二元論的意識論とは異なっている。しかしそれは以下に見るように、少なくともマルクスが価値形態論で描いた形式論からはかけ離れているといわざるを得ない。

2　「価値形態論」の位置づけ

さて、（第二版以降の）『資本論』において件の「価値形態論」と「交換過程論」とが、いずれも貨幣の発生を問題としていることはあきらかである。ではこの両者は無用な重複と見なされるべきなのだろうか。『資本論』初版においては、第一章「商品と貨幣」の「1商品」は内容としては価値形態論や物神性論を含んでいるものの、節として区分されてはいない。さらにその「価値形態論」の記述は第二版と大幅に異なっているだけでなく、マルクスは「付録Anhang」として第二版と近い価値形態論の「学校教師的」（MEGA² II-5, 12）記述を付け加えている。同じ内容について二重に扱われ、しかもその内容が異なっているということが、特に第二版での書き換えを促すことになったことは想像に難くない。

ここで念のため『資本論』第一巻の第二版における第一編「商品と貨幣」の構成を確認しておこう。（エンゲルスの手の加わった第三版以降における標題とも異なる箇所がある）

第一章　商品

1. 商品の二つの要因　使用価値と価値（価値実体・価値量）

2. 商品に表される労働の二重の性格

3. 価値形態あるいは交換価値

A. 単純な、あるいは個別的な価値形態

B. 全体的な、あるいは展開された価値形態

C. 一般的価値形態

D．貨幣形態
4．商品の物神的性格とその秘密
第二章　交換過程
第三章　貨幣あるいは商品流通

（以下略）

つまり第一版においては第一章の下位区分1～4および3の下位区分AからDは存在しない。

確かに、我々によく知られた第二版以降の価値形態論の記述は、より図式的に整理されており、理解しやすさにおいて優れているといえよう。しかし、この記述は逆に本来の内容を見えづらくしてしまったようにも思われる。実際マルクスは初版の序文で、「弁証法的思考になじんでいない読者」に、本文の価値形態論にあたる箇所の代わりに、「学問的把握が許す限りで学校教師的」な記述である「付録」を読むように勧めている。だとすれば第二版の価値形態論が第一版の付録の図式に従って書きあらためられたことによって、弁証法的展開は背景に退いてしまったことになる。特に第二版における「商品」の下位区分は、「商品」の節そのものが一続きの関連を持っていたことを見失わせることになった。とりわけ、上記の議論において価値形態論と交換過程論が比較されたとき、両者は同格に並べられていたが、「交換過程」と構成上並べられるべきは「商品」であり、「価値形態」はその下位区分である。

このことは単なる形式的な問題ではない。初版は「2商品の交換過程」の直前に次のような一節を含んでいた。

「商品は使用価値と交換価値、したがって二つの対立物の直接的統一である。それ故商品は直接的な矛盾である。この矛盾は、商品が一方では使用価値の観点から、他方では交換価値の観点から分析的に観察されるのではなく、全体として現実的に他の商品に関係づけられるやいなや、発展しなければならない。しかし、商品相互の現実的な関係はその交換過程である。」

（MEGA² II-5, 51）

久留間が「移行規定」（久留間一九五七、九）と呼ぶこの箇所は、確かに第二版においては削除されている。しかし、この「1商品」の性格付けは第二版についても有効と考えるべきである。すでに久留間が詳細に論じているように、「価値形態論」についていえば、そこで等価形態をとる商品が他の使用価値でなければならないことが強調されている限りにおいて使用価値を無視することはできない。しかし、そこではあくまでもその関係における交換価値に主眼がある。つまり、ここまでの記述はそれぞれの価値の規定、商品の「二重の形態（Doppelform）」を分析的に論じてきたのであり、これを踏まえて交換過程論では商品同士の現実的な関係が扱われるという性格付けがここで与えられているのである。

さらに、ここでいわれている「現実的関係」にはより強い意味があると考えるべきだろう。交換過程論の冒頭では、「商品は自分で市場に赴き自分で自分を交換することもできない」ので、商品の交換が現実のものとして考察されるために、「われわれはその保護者、すなわち商品所有者を探し出さなければならない」（MEGA² II-5, 113）とされている。ところが「1商品」が行っていたのは商品をその「実体」「量」「形式」に区分して分析し、さらにその関係を把握することであった。それに対し、実際にはそこで分析された要素が絡み合って交換が行われるのである。

確かに前ページで引用した箇所では交換過程において使用価値と交換価値の矛盾が展開するように言われていたにもかかわらず、価値形態論もまた、同様にこの矛盾が展開されたものと見なされなければならない。しかし、それで両者の分析を重複と見ることはできない。たとえば価値形態論においては或る商品の交換価値が他のそれとは質的に異なった商品、つまり別の使用価値を持った商品の使用価値で表現されることになるが、交換過程論においては、或る一つの商品がその所有者Aにとっては使用価値を持たず交換価値しか持たないのに対し、別の所有者Bにとっては使用価値を持つと想定されることになる。そこで後者Bは自分にとって使用価値を持たない別の商品を前者Aの持つ商品と交換しようとするのである。このように交換過程においては、その商品の持つ規定は商品所有者の視点に応じて相互的であり、相互的とならない限り交換は成立しない。それに対して、価値形態論においては、項の間の反照的関係の中でそれぞれの項が規定される。従って一方が相対的価値形態であることによって、もう一方は等価形態として規定される（あるいはその逆である）。これを表現するために価値表現「**x** 量の商品 **A = y** 量の商品 **B**（20エレのリンネル＝一着の上着）」において、左辺に置かれたものは相対的価値形態、右辺に置かれたものは等価形態と決められる。**xA = yB** が妥当するならば、もちろん **yB = xA** もまた妥当する。しかし、こうして両辺が入れ替わったとき、この等式の意味する内容はもはや同じではない。

　このように、マルクスがヘーゲルを援用しながら反省規定（Reflexionsbestimmung）と呼ぶ相互規定関係の中で、価値形態は展開される。そうしてさらにその必然的な帰結として一般的等価物を生み出し、関係性、つまりはその背後にある社会的労働が物象化されることを価値形態論は描いているのである。

3　形式と実体　価値論への視点

　Wertform というドイツ語は、マルクス研究において通常「価値形態」と訳されることが慣例となっており、本稿もこれに従っている。しかし、忘れてはならないのはここで形態と訳されているのは Form つまり、通常「形式」と訳される語であるということである。従ってこの「価値形態」という形式には何らかの「内容」が対応していなければならない。
　マルクスはつねにこの形式（形相）と内容（質料）という対概念を意識して用いている。例えば、使用価値と交換価値の区別において、交換価値に対置されるのは、商品の「素材的な形象 stoffliche Gestalt」（傍点引用者）としての「使用価値」である。まさに使用価値は商品が「全ての形式規定性を剥ぎ取ったときに」（『経済学批判』MEGA^{2} II-2, 128）、つまり「交換価値」を捨象したときに商品に残されるものであり、それに対し交換価値は他の商品との関係においてそのものに付与される（そしてそのもの自身の属性と錯視される）形式である。価値形式としての価値形態に対応する内容とは、Formという規定性を担うものとされる「実体」、つまり「価値実体」という概念である。初版では、価値形態論から物神性論への移行にあたる箇所で次のように言われていた。

「しかし決定的に重要であったのは、価値形式 *Werthform*、価値実体と価値量との間の必然的な内的連関を発見することであった。つまり理念的に表現すれば、価値形式が価値概念から発するることを証明することであった。」（MEGA² II-5, 43　傍点は原文イタリック）

つまり形式と実体、それから質に対する量というカテゴリーに従って、それぞれ商品が論じられたあとに初めて、その物神性が明らかとなるのである。マルクスの言う「価値実体」とはその商品に含まれているはずの抽象的人間労働であり、それは単位あたりの商品生産のために費やされる労働時間によって（質的ではなく）量的規定を持つ。マルクスの価値論が、この労働を具体的労働と抽象的人間労働に区別し、この区別を見逃した点について彼以前の経済学を批判したことは周知の通りである。さらに、その商品の価値を決定するのは実際にその商品を生産するのに費やされた労働時間の総和ではない（投下労働価値説）。そうではなく、その商品が生産される或る歴史的な発展段階にある社会において、つまりある特定の生産力の条件下で、その商品の生産に費やされる労働時間の平均である。

しかし、この平均はどのようにして決定されるのだろうか。この平均を単純に数学的な意味で理解することはできない。なぜならその社会の中で或る商品に費やされた時間を総和し、平均を導き出すことは実際に行われはしないし、これを商品の価値等置の前提とすることはできないからである。そこで問題となるのは、この価値実体と価値形態、つまり価値形式との関係である。もし価値実体が文字通り普遍の実体として恒存し、これに形式が外的に付け加わるだけであるとするならば、価値量が形式に先行して一義的に決定されることになる。しかし、マルクスが主張しているのはむしろ、交換の比率がある値をとることになることによって、その両商品に含まれている抽象的人間労働の量が同等であることが確定することになるということである。これを総括する形で「物神性」節では次のように言われている。

「したがって、人間が彼らの労働生産物を価値として互いに関連させるのは、これらの物が彼らにとって一様な人間的労働の単なる物的外皮として通用するからではない。逆である。彼らは、種類を異にする自分たちの生産物を交換において価値として互いに等置しあうことによって、彼らの様々に異なる労働を人間的労働として互いに等置するのである。」(MEGA² II-6, 104f.)

このことからわかるのは一度マルクスが明らかにしたはずの「価値実体」がむしろ交換価値における形式を扱う価値形態論と相互規定的関係の中にあるということである。価値形態論が価値形式をその相互関係の中で扱う理論であることを鑑みるなら、実は実体はその反対概念であるはずの関係によって規定されていることになる。

もちろん、マルクス自身が述べているように「商品の価値形態あるいは価値表現は商品価値の本性から生じるのであって、逆に価値や価値量が交換価値としてのその表現様式から生じるのではない」(MEGA² II-6, 92)。それ故にマルクスは、廣松が詳細に明らかにしたように、価値を市場価格に還元するベイリーを批判したのであった(廣松一九七四b、第五節)。しかしまた、価値実体と価値量は関係規定としてのその表現形態と無関係に存在しているのではない。まさにこの両者はそれ自身相互反照的に規定し合っているのであり、こうした規定をもたらす価値の等置を人々は交換において「知らないが行っている」(MEGA² II-6, 105) のである。これはまさに廣松がその関係主義、ないし関係の一次性という理論をマルクスの価値論の中に見出しえた理由であった。

4　廣松物象化論と価値形態論

廣松は、さらに価値実体がその商品の再生産のために社会的に必要な労働量に依拠するとして、この価値実体が社会的諸関係の「函数」であることを明らかにする(廣松一九七四b、一一〇—一一一)。こうして彼は、マルクスがその「価値実体」という用語法にもかかわらず、それが価値形態論における関係論的形式規定と相互規定的関係にあるものとして理解しうることを示すという重大な功績を残した。さらに彼は、これによってマルクスは、中世の普遍論争以来の唯名論と実在論との対立を価値論に即して止揚していると主張するのである。

しかし、廣松がこれに彼独自の物象化論を接合するとき、問題が生じる。廣松は、物象化論によってマルクスがヘーゲル的な主観・客観主義、ないし実体主義を克服しているとしている。こうした廣松のヘーゲル評価はアンビバレントなものである。彼は実際に正当にも、一方ではヘーゲルが実体主義から関係主義、ないし彼の言う「関係の第一次性」への展開を示していたことを指摘していたにもかかわらず、他方ではやはりヘーゲルは意識論的であり、近代主義者であり、本質論者であり、まさにマルクスが乗り越えるべき対象であったというのである。(4) にもかかわらず、廣松はヘーゲル『精神現象学』に依拠しながら、für es と für uns という区別を価値形態論に読み込むのであり、この für es を商品交換者の視点と見なすのである。

このように für es の視点を組み込むことによって、廣松は初めて価値形態論を彼の物象化論が採用する四肢構造にしたがって理解することが可能となる。『世界の共同主観的存在構造』において彼は、この四肢構造をいささか破格のドイツ語を用いて「所与がそれ以上の或るものとして『誰』かとしての或る者に対してある。(Gegebenes als etwas Mehr[eres] gilt einem als jemandem.)」(廣松一九七二、五四、[ ] 内は引用者による補足) と定式化している。これは『物象化論の構図』では「所与・所識―能知・能識」と定式化されているが(5)(廣松一九八三、二四八、二五九)、ここからうかがえるように、この四つの項は「能知(主観)」と「所知(客観)」のそれぞれにおける二重の二肢構造から成り立っている。つまり一方の所知においては、所与であるもの(Gegebenes)(例えば物)が、何かそれ以上のもの(etwas Mehreres)(例えば価値を持つ商品)として現れる。他方で、こうした現象がそれに対して現れる「能知」の側においても、この現象を二重に捉える「私」はつねに「自己分裂的自己統一」の中にある。つまり、この「私」は、この個別的私でありながらも、つねに「不特定多数」としての誰か、あるいは共同主観的我々としてこの現象に向き合っていると考えられるのである。

廣松によれば、この四肢構造のそれぞれの項（つまり四肢）は、この関係性に先立ってそれ自身として存在しているのではない。つまり所与とされるものも、それが所与として受け取られるのはこの構造の中にあるからである（「私」についても同様である）。こうして構造そのものの、その項に対する先行性を主張することで、廣松は近代哲学における主客図式と伝統的実体論を乗り越えようとする。逆に、この項が自立的なものと錯視されることによって、それぞれの項が実体視され、物象化が生じるとされるのである。

廣松はたびたび、このような四肢構造的物象化論をマルクスの価値形態論に学んだと述べている。しかし廣松がその価値形態論解釈で行っているのは、こうした自らの物象化論を逆に『資本論』のテキストの中に読み込むことであったといわざるをえない。彼はこの四肢構造が故に、商品所有者を価値形態論に持ち込まなければならなかったのである。つまり、商品を交換する際に商品所有者は一方で個別具体的なその人でありながら、他方で物を何かそれ以上のもの、すなわち価値を持つものとして見、等置関係を可能とする「抽象的な人間」であることがこの価値形態論に組み込まれる。それはまた廣松によって、「対自的―対他的、対他的―対自的な、まさしく間主体的（共同主観的）な見地に für uns に立つこと」（廣松一九七四b、一四七）とされるのである。

こうした廣松の価値形態論理解は、価値形態／形式以上のものをその中に登場させる誤りを犯している。価値形態が反省規定としての形式規定を扱うものである限りにおいて主体はここでは記述の対象ではなく、für es と für uns という視点を交換主体の二重の視点として導入することはゆるされない。ただし、そうだとしても für es と für uns という記述上の二重の構成自身を価値形態論の解釈において放棄しなければならないという訳ではない。というのも意識主体を導入せずとも、物象化の結果として記述されている商品そのものが示しているものと、その物象化を見通している記述者の視点との区別は依然として存在するからである。[6] まさにこれを記述するためにマルクスは「商品語」という比喩を用いたのであった。[7] 廣松はこの「商品語」の重要性に気づいた点において優れていた。しかし、そこに無理に商品所有者の視点を組み込んだために、マルクスの意図をゆがめてしまっているのである。

5　貨幣の系譜学

商品の語る商品語は、その商品にとってしか意味を持たないが故に、理解困難な象形文字であるかのように現れる。しかし特定の量の商品の等置は、本来の言語同様社会的なものである。商品の「私的言語」は実は社会的産物であり、これを解読することが価値形態論の課題である。そして貨幣こそは「諸商品の交換価値の結晶」（MEGA² II-2, 128）であり、解読されるべき謎である。

右で見たように、マルクスは第一版では、価値形態論に該当する箇所で貨幣形態を登場させず、ようやく交換過程論において貨幣について明示的に論じていた。確かに第一編「商品と貨幣」の構成を見るならば、第二章「商品の交換過程」で初めて貨幣を登場させ、第三章「貨幣と商品流通」で貨幣そのものを論じる初版のやり方は体系構成上遙かにスマートであっただろう。しかし他方で第二版では、貨幣形態を価値形態論の中に組み込むことによって、物神性批判の中で、まさに物神性の先鋭形態といえる貨幣を取り上げることが可能となった。こうしてまさに第二版において価値形態論の課題が「ブルジョワ経済学によって一度も試みられなかったこと、つまりこの貨幣形態の発生を証明すること」（MEGA² II-6, 81）と定められたのである。

このことはまさに宇野と久留間の間の上記の議論と関係しており、さらに廣松が取り上げた論点であった。問題は、交換過程論においても同様に貨幣の発生が扱われている点である。しかし、両者はその役割に応じて異なっていると考えるべきである。価値形態論においては貨幣形態が一般的価値形態と本質的に変わらないこと、つまりその等価形態が任意の一商品ではなく、金という特殊な自然形態を持った商品と置きかえられ、「癒着」することが示されるに過ぎない。したがってそこでは、金という特定の商品が特権的な地位を「歴史的に征服する」とか、あるいは「社会的な習慣によって」そうなるのだと言うことしかできないのである（MEGA² II-6, 101）。それに対し、歴史的な過程を扱う交換過程論は、この癒着をさしあたりは偶然的であるとしながらも、この癒着の根拠がまさに、金の使用価値の中にあることを明らかにしている。つまり金は均等な質をもち量的な区別が可能であるがゆえに、量的規定を持つ価値、つまりはその商品に支出されている抽象的人間労働の量を表示するのに適している。この先延ばしは変更された価値形態論の不十分さと見るべきではなく、まさに両者の体系上の役割の違いから生じるのである。

では価値形態論はいかにして価値を批判しているのだろうか。これを明らかにするためにニーチェの「系譜学」概念を援用してみたい。冒頭で引用した、商品について語る「物神性論」からの引用と道徳について語るニーチェの『道徳の系譜』からの引用において、興味深いことに両者は「象形文字」という比喩を用いていた。たしかに、一方で前者は商品の謎である生産物の社会的性格が直接示されずに謎めいた文字で表されていることを示しており、他方で後者は道徳の歴史を知るための確かな、資料として解読されるべき（しかし又困難な）ものとして象形文字の比喩を用いている。しかも、ニーチェの系譜学の概念を積極的に援用したフーコーやドゥルーズはヘーゲル／マルクス的な、否定性を原理とする立場に対するオルタナティヴとして系譜学における非連続性と肯定性を強調していた。

しかしニーチェにとって系譜学がまずもって意味していたのは、発生／起源の学である。系譜学の概念はしばしば誤解されているように決して、現在に至る系図を順に辿ることではない[8]。「道徳の系譜学」が明らかにしようとしているのは「道徳の起源（der Ursprung der Moral）」（Nietzsche 1887, 250）であり、「道徳の発生史（eine Entstehungsgeschichte der Moral）」（Nietzsche 1887, 257）である。系譜学（Genealogie）は発生（Genese）の学であり、解読困難な象形文字によって書き記されているのは、価値の真の発生である。同様に商品は物象化した形態で自分の真の発生を隠蔽しながら、しかし同時に書き留めている。したがって、ニーチェがその文字を解読することを通じて道徳の真の発生を明らかし、その由来（Herkunft）の怪しさを示していたように、価値形態論は貨幣の由来の怪しさを暴き出すのである。そして又ニーチェにおいてそうした発生の学が道徳批判として機能していた様に、価値の発生を明らかにすることはこの価値そのものの批判、そしてこれに基づく資本主義社会の批判となる。(9)

しかしニーチェの系譜学とマルクスの物象化批判の方法とが類比的であるのは、ここまでであるようにみえる。というのもニーチェはあくまで、彼が灰色と呼んだ歴史的なものの中で道徳の系譜学的批判を遂行すると主張するのに対して、価値形態論はむしろ交換過程論における歴史的な記述とは異なった形式論であることによって、貨幣批判を可能としているからである。なるほど交換過程論は「貨幣物神の謎は商品物神そのものの、可視的となり、目をくらませる謎にすぎない」ことを指摘して終わっている（MEGA^2 II-6, 121）。しかし他方で事実問題としては、貨幣が一般的等価物になることほど合理的なことはないだろう。金はまさに抽象的人間労働、つまりその労働時間を表示するにふさわしい性質（使用価値）を持ち合わせているからである。しかし、貨幣が一商品であり、その物神的な性質が商品そのものから生じるものであることを示していたのは、価値形態論である。こうして商品そのものの形式的分析を通じて、貨幣の発生を明らかにすることが、貨幣と商品そのものの物神性を明らかにするのであり、同時にその批判をなしているのである。実際、物神性章では次のように言われていた。

「もし私が、上着、長靴などが抽象的人間的労働の一般的化身としてのリンネルに関係すると言えば、この表現がばかげていることはすぐに目につく。ところが、上着、長靴などの生産者たちがこれらの商品を、一般的等価物としてのリンネルに――または金銀に、としても事態に変わりはない――関連させるならば、社会的総労働に対する彼らの私的諸労働の関連は彼らにとってまさにこのばかげた形態で現れるのである。」（MEGA² II-6, 106）

我々はリンネルが抽象的労働の体化として、あらゆる商品と交換可能であると言われるならば、そのおかしさに気づく。しかし、実際我々は等価形態として或る商品を排除し、交換しているにもかかわらず、そのことのおかしさには気づかない。それは金や銀が一般的等価物となり、貨幣となっても同じである。ところが実はいずれにしても、こうした私的労働の転倒を我々は交換において常に行っているのである。まさにこの転倒を価値形態論は明らかにしている。

しかし、ニーチェによる道徳の批判もまた、果たして、彼自身の主張するように現実的で歴史的なものだったろうか。歴史がとどめているのは、むしろ転倒された価値でしかないのではないだろうか。価値が転倒されていることをわれわれが知りうるのは、転倒以前の価値を事実として知ることによってではなく、マルクスが目の前にある商品の分析からこの転倒を見出したのと同様、現存の価値に記されたその転倒によってなのではないだろうか。

われわれが貨幣と交換し、売買する商品は、それ自身で商品と商品との単純な交換を含んでいる。

まさに物象化は、或る一定量の特定の商品の交換価値が、或る一定量の他の特定の商品の使用価値によって表現されることから、つまりはある商品が相対的価値形態として、そして他の商品がその商品の等価形態として規定される「単純な、あるいは個別的な価値形態」においてすでに始まっている。いや商品とはそうして他の商品との価値関係におかれるものである。そしてここに生じる等価形態が貨幣の発生を準備するのである。実際右で第二版から引用した、価値形態論の目的を明らかにした箇所ではさらに、貨幣形態の発生を立証することが、「商品の価値関係の中に含まれている価値表現の発展を、その最も単純で、最も目立たない形姿から、まばゆいばかりの貨幣形態にいたるまで追跡すること」と言い換えられていた。こうして発生が明らかになることによって「貨幣の謎は消滅する」（MEGA² II-6, 81）。貨幣の発生と商品における物象化を暴くことが同時にこの物象化の批判をもなしているのである。

6　第四形態と貨幣形態

ここで一つ解決しておかなければならない問題がある。それは、第一版の本文における価値形態論においては貨幣形態が登場せず、独特の第四形態が最後におかれているということである。廣松はまさにこのことを論拠として、価値形態論の主題は貨幣の発生（「ゲネシス」）の追跡ではないと主張していた（廣松一九七四b、七九―八〇、九二―九三）。

ここでも念のため、両版における価値形態論の構造を確認しておこう。

第二版においては

1. 単純な価値形態：

　　20エレのリンネル＝一着の上着

2. 全体的な、あるいは展開された価値形態：

　　20エレのリンネル＝一着の上着、あるいは＝10ポンドの茶、あるいは＝40ポンドのコーヒー、あるいは＝2オンスの金、あるいは＝1クウォーターの小麦、あるいは＝1／2トンの鉄、あるいは＝etc.

3. 一般的価値形態：

　　一着の上着＝
　　10ポンドの茶＝
　　40ポンドのコーヒー＝
　　1クウォーターの小麦＝
　　2オンスの金＝
　　1／2トンの鉄＝
　　x量の商品A＝
　　　　} 20エレのリンネル

等々の商品＝

4．貨幣形態：

20エレのリンネル＝
一着の上着＝
0ポンドの茶＝
40ポンドのコーヒー＝
1クウォーターの小麦＝
1／2トンの鉄＝
x量の商品A＝
} 2オンスの金

初版においては1は「第一の、相対的価値の単純な形態」、2は「第二の、相対的価値の展開された形態」、3は「第三の、転倒された、あるいは引き戻された第二の相対的価値の形態」とされる。用語法の違いはあるが第二版のそれと同じと考えてよい。（第三の形態を一般的価値形態とは区別すべきであるとの主張も存在するが（廣松一九七四a、一一六）、そのような強い主張を行う必要はない。）そして貨幣形態の代わりに、次の形態Ⅳが置かれている。

形態Ⅳ：

20エレのリンネル＝一着の上着、あるいは＝u量のコーヒー、あるいは＝v量の茶、あるいは＝x量の鉄、あるいはy量の小麦、あるいは＝等々

一着の上着＝20エレのリンネル、あるいは＝u量のコーヒー、あるいは＝v量の茶、あるいは＝x量の鉄、あるいはy量の小麦、あるいは＝等々

u量のコーヒー＝20エレのリンネル、あるいは＝一着の上着、あるいは＝v量の茶、あるいは＝x量の鉄、あるいはy量の小麦、あるいは＝等々

v量の茶＝等々

つまりこの形態Ⅳはかつて等価形態の位置を占めていた全ての商品を相対的価値形態とした、全体的な価値形態が可能であることを示している。

実際「貨幣の発生を明らかにする」という「価値形態論」の課題設定は第二版で初めて登場する。では、第二版以降の価値形態論だけが、貨幣の発生論的考察であるということになるのだろうか。ところが、マルクスは第一版においても（付録以外でも）いくつかの箇所で価値形態論と貨幣との関係に言及している。序文において価値形態の完成形象は貨幣形態であるとされている（MEGA² II-5, 12）ほか、本文や本文への注においてもヘーゲル用語を借りて単純な価値形態が「貨幣の即自」（MEGA² II-5, 28）であること、あるいは「密かに貨幣の秘密」（MEGA² II-5, 32）を明らかにするものであることが言われている。

では、第一版の形態Ⅳにおいて、なぜ貨幣形態ではなく複数の商品についての「全体的な価値形態」が登場するのだろうか。まず注目されなければならないのは、初版においては、第一形態から第三形態までとは異なりこの形態Ⅳは、その直前の形態に続く次の形態ではないという点である。マルクスは形態Ⅳの叙述に続く箇所で価値形態論の展開を振り返っているが、そこでは単純な価値形態から一般的価値形態、すなわち第二版の規定によれば第一形態から、第三形態までしかまとめられていない。つまり、この価値形態論の展開の最終形態は第三形態であって、形態Ⅳではないのである。さらに注意すべきは、第一から第三形態までが、商品「リンネル」の変転として理解されている点である。つまり形態Ⅳにおいて第二形態が一般化された形で示されているのは、いずれの商品であれリンネルがそこまで変転しながら占めてきた位置を占めることができるということを明らかにするためである。つまり、どんな商品であれ、全体的な価値形態において、他の全ての商品の使用価値によってその交換価値を示すことができ、さらにその反転によってそれ自身が一般的等価物となることができるのである。

ここで想起されるべきは貨幣形態が登場する、第二版以降の記述においても一般的価値形態から貨幣形態への移行は「歴史的に」そうなるとしか言うことができず、価値形態としてのその移行は、恣意的であったという点である。ここに交換過程論と価値形態論との違いも示されている。つまり交換過程論は、貨幣の使用価値から歴史的に一般的等価形態が金などの貴金属によって占められてきたことを明らかにする。しかしそれはあくまで事実問題であるに過ぎない。価値を形式から、誤解をおそれずに言えば、その権利問題から見たときには、貨幣形態への移行は恣意的なものである。こうして、貨幣が一商品であることを示すことによって、そもそも商品が単純な価値形態において商品として規定されるときにすでに、「他の商品の関係の単なる反照である代わりに、あたかもある商品の等価形態がそれ自身の物的本性から発するかのような仮象」(MEGA² II-5, 42)を生じさせていたこと、つまり商品が商品としてすでに最初から関係を実体化したものであり、物象化されたものであることを明らかにしているのである。

[注]

(1) 宇野弘蔵『価値論の研究』(宇野一九五二)、宇野弘蔵『価値論』(宇野一九六五)も参照。
(2) 以下の記述については廣松渉『資本論の哲学』(廣松一九七四)、七六頁以下参照。
(3) 宇野弘蔵・向坂逸郎編『資本論研究1』(宇野・向坂一九四八)特に一五九―一六七頁参照。
(4) 特に廣松渉『資本論の哲学』(廣松一九七四b)、第2節および廣松渉『弁証法の論理』(廣松一九八〇)。それに対しヘーゲル論理学、特に本質論の関係主義的な解釈を提示したものとして、イーバー『絶対的関係性の形而上学』(Iber 1990)及び拙著『存在論と反省規定』(Okochi 2008)を参照されたい。
(5) 廣松渉『存在と意味　第一巻』(廣松一九八二)も参照。
(6) 廣松はまさにこの二つの意味の **für uns** を強引にすりあわせようとしている。
(7) この商品語の比喩についての優れた研究として佐々木隆治「価値形態論における『商品語』について」(佐々木二〇〇九)を参照。ただし佐々木の分析は「相対的価値形態の内実」における「商品語」に限定されたものである。

（8）この点を明確に指摘したものとしてギュース「ニーチェと系譜学」（Geuss 1994）。したがってここで問題となるのは「遺産相続」（Derrida 1994）でもない。フーコーはこうした取り違えを行っていないが、彼が行う Ursprung と Herkunft の区別は恣意的であるといわざるを得ない（Foucault 1971）。

（9）「系譜学」の概念は、この論点で汲み尽くされるものでなく、より徹底した探求が必要であるが、本稿の主題を超えるのでここでは扱わない。筆者は「善と悪」（大河内二〇〇八）においてニーチェの系譜学的批判にヘーゲルの良心論を対置することを試みた。さらに、メンケによるニーチェの系譜学とアドルノにおける批判の対比を参照（Menke 2001）。

本研究の一部は京都産業大学総合研究支援制度（Kyoto Sangyo University Research Grants）によるものである。

II

21世紀へのマルクスの射程

第1章　グローバル化と不均等発展
――マルクスの「生産」概念の継承として

大屋定晴

はじめに

一九九〇年代以降、冷戦体制の終焉とともに、マルクス主義は二重の課題に直面している。まず東欧・旧ソ連圏の崩壊と中国の改革・開放は、現実の「社会主義」体制や非資本主義的発展への懐疑を呼び起こした。それとともに、先進資本主義諸国や国際経済機関の主導する強制と同意によって、自由市場・自由貿易が礼賛され、世界の各地で自然資源から人間の能力にいたるあらゆるものが商品化され、資本の価値増殖に供せられた。新自由主義的「グローバル化」は着実に進展している。その一方で、この過程で生活基盤を奪われた人々の多様な闘争も顕在化した。アナーキスト、フェミニスト、環境保護運動、先住民の権利擁護運動、労働運動、農民運動など、一九七〇年代以降注目された「新しい社会運動」から非マルクス主義的左翼まで、異質な運動が結集し、国際的な抗議運動を形成した。いわゆる「反グローバル」運動である。ブルジョアジーとプロレタリアートの二大階級を前提とする階級闘争論は時代遅れになったかのようである。冷戦後の「新自由主義」

的な世界と多様な社会運動の出現という二つの今日的事象が、マルクス主義に理論的反省を――二重に――迫っている。

だが、グローバルな資本[1]の矛盾を論定しつつ、多様で異質な闘争を架橋する政治運動を構想することは、新しい課題ではない。具体的歴史状況を前提とした革命戦略を描こうとすることは、マルクス主義の問題意識に一貫している。ここで「不均等発展」という言葉に再度着目することは、有益であろう。九〇年代以降、資本の世界的展開は新たな段階に入ったが、その展開も、またそれに誘発された社会闘争も、地理的に不均等に進行している。資本の「不均等発展」の論理を探究することは、マルクス主義の二重の反省課題にとりくむ鍵となる。

顧みれば、「不均等発展」はレーニンの伝統に連なる言葉である。レーニンは、「経済的および政治的発展の不均等性」を「資本主義の絶対的法則」と言明した（Lenin 1915, 344, 三五二）。この点から、日本の主流派マルクス主義では、レーニンの経済学的著述の次元で「不均等発展」を捉える研究が多い。「不均等発展」は、先進国を中心とする独占の腐朽化と後進国の生産力増大との矛盾[2]（Lenin 1916, 306, 三四七―三四八）、あるいは有機的構成の高度化にもとづく消費手段生産部門（第二部門）と生産手段生産部門（第一部門）との発展速度の矛盾[3]だとされた（Lenin 1893, 79, 八四）。他方、海外では、マルクスからトロツキーにいたる周辺資本主義国での革命戦略論として（Löwy 1981）、あるいは資本主義「世界システム」と「周辺資本主義世界」との関係性において（Amin 1973: Amin 1976）、「不均等発展」は論じられた。

こうしたなかで特筆すべきは、一九七〇年代以降の英語圏マルクス主義経済地理学に代表されるように、マルクスの著述から資本の「不均等発展」の論理を読みとろうとする近年の研究動向である(たとえば、Smith 1984)。

この系譜に連なるデヴィッド・ハーヴェイは、「多様な地理的規模における政治的・社会的・『階級』闘争」、「略奪による蓄積」、「資本の拡大再生産」、そして資本蓄積が埋めこまれた「社会—環境的生活のネットワーク」という四つの視角からなる社会認識方法として、「地理的不均等発展の一般理論」を提起した(Harvey 2006, 75-77, 一三八—一四五)。このうち、「社会的・政治的・『階級』闘争」は、他の三つの組みあわせによって生ずる蓋然的帰結であり、それゆえ重要なのは後三者の視角である。「略奪による蓄積」や「資本の拡大再生産」が、いずれも資本蓄積過程そのものの地理的な不均等性を捉える論理であるのにたいして、「生活のネットワーク」は、資本主義的生産過程が入りこむ文化的・社会的・政治的な歴史地理環境を意味している。本稿では、「略奪による蓄積」と「資本の拡大再生産」を、経済的な視角に限定された狭義の——すなわち「資本」の——「不均等発展」[4]とし、資本蓄積の論理などと連関してゆく社会的・歴史的要素——「生活のネットワーク」——の関係過程を、広義の「不均等発展」[5]とする。広義の「不均等発展」は、狭義のそれを内包しつつも、厳密にはそれとは区別される過程である。ハーヴェイの課題とは、狭義の資本の「不均等発展」と、広義の「不均等発展」との両面把握によって、グローバルな社会闘争を展望することにある。

本稿は、ハーヴェイの広義の「不均等発展」の問題提起が、前述した現代マルクス主義の二重の反省の延長線上にあることを示す。ところで、ハーヴェイはマルクス経済学の立場にありつつも、それにつきまとう経済還元論あるいは「生産」至上主義を批判する。だが、この点からハーヴェイとマルクスの断絶を論ずるのは早計である。むしろハーヴェイは、マルクスの三重の「生産」概念の内実を継承することで、粗雑な還元論を超え、マルクス主義の創造的再生を探究しようとする。この意味で本稿は、マルクスの「生産」概念から、広狭二義の「不均等発展」の意義を明確化するものでもある。

まず、ハーヴェイの広義の「不均等発展」概念をマルクスの議論と対比しつつ検討する。広義の「不均等発展」は、ハーヴェイによれば、歴史の諸契機の弁証法的関係性からなる「社会的過程」・「人間的労働過程」である（第一節）。これは、マルクスにおける多義的な「生産」概念を実質的には意味している（第二節）。だが、マルクス自身は認識論的に禁欲し、資本主義的な「生産」過程に課題を限定した。しかし、多義的な「生産」は依然として、グローバルな資本の展開と多様な社会闘争との連関を分析する、基礎的視座の意義を有する（第三節）。これを認識論的方法態度として継承する広狭二義の「不均等発展」の理論化は、現代マルクス主義の二重の課題を解こうとする試みである。その分析の営みは、新自由主義に対抗する変革主体の形成・陶冶・実践を展望させるものである（おわりに）。

1　不均等発展の理論化に向けて——歴史の弁証法的諸契機

（1）「生産」と連関する「歴史」＝「社会的発展」

ハーヴェイによれば、「生活のネットワークは、社会的・自然的環境の発展的システムとして理解される。このネットワークのなかで、さまざまな社会集団が、それぞれの社会性を物質的に埋めこんでいくが、そのあり方の反映が、地理的不均等発展である」（Harvey 2006, 77, 九五）。ある集団による社会性の埋めこみとは、ある一定の地理的・歴史的社会の構築・展開のことであり、一言でいうならば「社会的過程」（Harvey 1996, 78）、あるいは、自然と人間を変革しつづける「人間的労働過程」（Harvey 2009, 237）である。資本主義社会の発生・展開も、この過程の特殊なあり方なのである。

ところで、人間社会の歴史的構築・展開は、無前提ではありえない。それは、既存の「生活のネットワーク」を歴史的前提とし、改変する。たとえば、「資本主義的秩序に先行する——人種や言語、ジェンダー、エスニシティ、宗教、社会階級の前資本主義的形態といった——差異は、自然の支配、賃労働の搾取、洗練されたイデオロギー的・社会的統制や国家の規制システムなどをとおして、資本蓄積の保障を目標とする社会体制によって、吸収され、変形され、再構築されてきた」（Harvey 1996, 320）。資本・賃労働関係を機軸とする資本蓄積過程は、前資本主義的・非資本主義的要素を含んだ「生活のネットワーク」に浸透し、それらの要素を資本主義的に創造・再編・破壊する。このような一連の過程が、広義の「不均等発展」をなす。

マルクスもまた、次のように述べている。「……じっさい生産はその条件と前提とをもち、これらの条件と前提が生産の契機をなしている……。これらの条件や前提は、いちばんはじめには自然生的なものとして現われることもあろう。それらは生産の過程それ自体によって、自然生的なものから歴史的なものへ転化される。それらは、ある時期にとって生産の自然的前提として現われるとすれば、他の時期にとってはその歴史的結果であったのである。それらは生産それ自体の内部でたえず変化させられる」（MEGA² II-1.1, 33, ①、四五）。そして、このような事態は、「一般的歴史的諸関係はどのようにして生産のなかへ作用していくか、歴史的運動一般にたいする生産の関係はどうか、ということに帰着する」（MEGA² II-1.1, 33, ①、四五）。

この「一般的歴史的諸関係」の内実は、マルクスがその草稿ではじめ「その他の歴史的諸関係」としたのを訂正して、この語を書きこんだことから類推できる。つまり、特定の歴史的生産にたいして先行しながら、その生産の過程で改変される「その他の」歴史的諸関係「一般」のことである。ある時代・地域の社会的生産過程から見れば、それに先行する――自然的・歴史的な――諸前提・諸条件は、まずは「自然生的」である。前資本主義的な自然的・歴史的環境は、同義反復だが、資本主義的生産過程が確立する以前に存在していた。だが、こうした外的要素はその過程とともに変化し、資本は、前資本主義的な諸関係を、自己の過程の「歴史的結果」に変える。だからこそ、「歴史的運動一般」の「問題は明らかに、生産それ自体の究明と展開とに属することである」

（MEGA² II-1.1, 33, ①、四五）。狭義のそれとは区別される広義の「不均等発展」を考察することは、資本蓄積過程など特定の「生産」に先行し、かつそれとともに変わる「一般的歴史的諸関係」、「歴史的運動一般」を分析することにほかならない。

では、「歴史的運動一般」は何から構成されるのか。若きマルクスとエンゲルスは、「物質的生活そのものの生産」（生産様式、生産諸力）、「新しい諸欲求の産出」、生殖にもとづく「家族」、「社会的状態」（交通）、「言語」という物質にとりつかれた「意識」という、五つの前提・契機からなる「社会的発展」・「歴史」に言及した（Jb. 8, 12-19, 四八、五二―六二）。この「歴史」を、ハーヴェイは「社会的過程」あるいは「人間的労働過程」と読みかえる。「社会的過程」は、①言語・言説、②思想・想像・欲求、③物質的実践、④制度構築（社会制度や習慣的行為）、⑤権力諸関係、⑥社会諸関係からなり（Harvey 1996, 78-79）、「人間的労働過程」の諸契機は、①技術、②自然（本源的自然、ならびに過去の人間の所産としての二次的自然）、③生産活動、④日常生活の維持、⑤世界にかんする精神的諸観念、⑥社会諸関係であるとされる（Harvey 2009, 237-239）。ハーヴェイにとって「諸契機」は厳密に固定されたものではない。それらは、ある地理的・歴史的空間での「生活のネットワーク」の考察から、マルクスの言葉を使うなら、「現実的な生活過程」、「歴史的な生活過程」（Jb. 115, 一三六）の具体的分析から、析出される。

要言すれば、ハーヴェイが「社会的過程」あるいは「人間的労働過程」と表す広義の「不均等発展」は、マルクスにおいては現実的諸前提・諸契機からなる「歴史」・「社会的発展」であり、特定の「生産」と連関する「歴史的運動一般」・「一般的歴史的諸関係」のことである。

(2) 諸契機間の「弁証法」的関係性

ところで、こうした「歴史」の諸契機は「弁証法」的に把握される。ヘーゲル論理学によれば、概念においては、第一の直接的なものは媒介されることで否定されるが、こうして現われた第二の否定的な媒介された規定は、同時にまた媒介する規定であり、関連であり、関係である。「第一のもの、または直接的なものは即自的な概念であり、したがって単に即自的に否定的なものであるにすぎない。だから、この第一のものにおける弁証法的契機は、次のことにある。すなわち、この第一のものに即自的に含まれている区別が、第一のもののなかで措定されるのである。これにたいして第二のものは、それ自身規定的なものであり、区別ないし関係である。それゆえこの第二のものにおける弁証法的契機は、この第二のもののなかに含まれている統一を措定するところにある」(Hegel 1816, 562, 三七二)。

このきわめて抽象的な一節は、歴史の諸契機にかんする一つの見方を示唆している。「生産」、「社会諸関係」、「意識」といった契機は、第一の「直接的なもの」として、歴史という全体から分析によって区別される。この区別は、各契機が他の契機の「否定」によって成り立つことを意味する。と同時に、各契機は、互いに「否定」することで「規定」しあい、それゆえ諸契機との「統一」した「関係」にある。歴史の諸契機は「関係」しあい、ある時点での「社会的発展」の総体をなす。それゆえ、ハーヴェイの研究に方法論的示唆をあたえたバーテル・オルマンによれば、「マルクスの存在論の特徴は、内的に関係しあう諸部分から構成される全体という現実概念であり、同時に、その各々の部分が豊かな諸関係の全体を表現できるまでに敷衍できるという考え方でもある」（Ollman 2003, 139）。

ただし、弁証法は、存在論であるばかりでなく、社会認識の方法でもある。マルクスの「経済学の方法」は、具体的・実在的な社会を認識するために、まずその表象から抽象作用によっていくつかの範疇や契機を確定し（下向法）、それらの諸契機の関係・過程をたどることによって、社会的総体を思考において再生産することであった（上向法）（MEGA² II-1.1, 36, ①、五〇）。この認識方法論も「弁証法」だとされる。範疇・契機を抽象化する認識論、その諸範疇・諸契機の有機的関係・過程の探究、それらの知的再構成と説明的提示、そして未来社会への展望の発見——こうした一連の理論化の手続きにも、オルマンは「弁証法」の名をあたえている（Ollman 2003, 157-168）。

これを受けて、ハーヴェイも弁証法を存在論かつ認識方法論の両面で捉え、弁証法的思考法を、①過程・フロー・流れおよび関係から、個々の契機（「事物」）や構造化されたシステムを概念として把握すること、②事物とシステムにある内的矛盾、各契機の異種混合性、過程による時間—空間の構築、部分と全体の相互形成、主体—客体の相互互換性などを探究し、とりわけその内的矛盾が全体的変化を引き起こす個別的契機を特定すること、さらに③実践によって「可能となる世界」を提示すること、とまとめている(6)（Harvey 1996, 49-57）。

かくして、弁証法的性格を有する「社会的発展」あるいは「歴史」から、弁証法的認識によって析出される各契機は、他の諸契機の「内的関係態」であるとされる。ハーヴェイは、この契機間の関係性を「翻訳」とも言い表す。「内的関係態は、ある契機から別の契機への翻訳活動をつうじて、形成される。……それぞれの契機は他のすべての契機からの諸力を内在化させるが、その内在化はつねに、精巧な複製や完璧な模倣というよりは、むしろそうした諸力の効果の翻訳や変態なのである」（Harvey 1996, 80）。たとえば、諸個人が位置する社会諸関係は、物質的生産のあり方に規定される階級関係であると同時に、ジェンダー的権威関係や宗教的・人種的・文化的抑圧関係の様相を帯び、地球全域において決して一様なものとはならない。「それぞれの契機は、大概は他の諸契機からのさまざまな衝突効果を受けることで、異種混合性をうちにはらむことになる」（Harvey 1996, 81）。

同時に、これらの諸契機の関係性は、「事物」・「要素」・孤立した「領域」・「システム」などに結晶し、ある特定の契機が他のすべての契機を形成するかのような外観を呈することがある（Harvey 1996, 81-82）。「生殖」、「階級」、「技術」、「生産」といった契機が、すべての社会的事象の説明原理になりうる。だが重要な点は、この結晶化を引き起こす「関係」性にあるのであって、特定の契機の絶対化ではない。

以上の意味で、広義の「不均等発展」は諸契機間の弁証法的関係性をその特色とする。

2　マルクスにおける「生産」の契機の意義と多義性

だが、ここで一つの問題が生じる。もし、ハーヴェイのいうように、歴史の諸契機が、それぞれ他の諸契機との関係をはらみ、互いに「翻訳」しあうものであるとすれば、どの契機からはじめても、歴史的運動一般を認識することは可能である。では、なぜマルクスは、社会体の認識の始元を、物質的な「生産」におくのだろうか。ここにハーヴェイの不均等発展の理論とマルクスの唯物論的歴史把握との微妙な差異がある。

ハーヴェイによれば、「生産」の契機への絶対化は拒まねばならない。ここで、ハーヴェイはライプニッツの「モナド」論を引きあいに出す。「モナド」とは、世界のすべての過程が内在化する単子であり、世界の窓である。だが、これは「モナド」さえ見れば世界を解釈しつくせるという、ある種の自惚れに帰結する危険性がある。一つの契機で歴史の全体性を理解しようとするのは、「ライプニッツの自惚れ」にほかならない（Harvey 1996, 74-75）。

だが他方でハーヴェイは、前述したように諸契機の関係性を「人間的労働過程」と呼ぶ。「生産、消費、交換、分配は、いずれも社会的過程の内部にある関連諸契機である」（Harvey 1996, 74）とされるが、「生産」と「人間的労働過程」との区別には曖昧さが残る。ハーヴェイは、一部マルクス主義の粗雑な生産力主義や技術決定論を回避すべく、「生産」至上的な「ライプニッツの自惚れ」を戒めたのだが（Harvey 1996, 64, 73-74: Harvey 2009, 239-244）、広義の「不均等発展」としての「人間

的労働過程」・「社会的過程」と、絶対視を戒められた「生産」との違いは、さほど明瞭ではない。(7)

これにたいしては、マルクスの「生産」概念が検討されねばならない。オルマンによれば、マルクスが研究上の諸範疇を析出した思考作業――「抽象化」――は、きわめて柔軟なものであり、析出された範疇の方は、その外延や普遍性の水準、観点などが、論じられる文脈に応じて可動するという特色を帯びている（Ollman 2003, 74-106）。私見では、この種の範疇的特質を有した典型が、「生産」概念である。マルクスの論述には、抽象度の異なる三つの意味の「生産」が見出される。(8)第一に、人間活動の弁証法的関係性としての「生産」、第二に、歴史・社会的発展一般としての「生産」、第三に、近代ブルジョア社会という有機的システムの中核にある資本主義的「生産」である。結論を先どりすれば、ハーヴェイの広狭二義の「不均等発展」は、用語上はその名を冠していないが、実質的には、マルクスのこの三重の「生産」と関連している。

第一に、マルクスの「生産」は、もっとも抽象的には、人間の社会的発展の弁証法的過程一般を表す。「生産」は、歴史的形態で把握されなければ具体性のない空虚な抽象だが、歴史的に「共通なものを現実にきわだたせる……合理的な抽象」（MEGA² II-1.1, 23, ①、二八）である限りでは、社会的総体を思考において再生産する弁証法的過程の出発点であり、人間の歴史的運動の包括的契機である（MEGA² II-1.1, 35, ①、四八）。それは、「一つの過程」の「現実的な出発点」、「実現の出発点」であり、「実現の包括的な契機」であり、「全過程がふたたびそこにたどりついてゆく行為」である（MEGA² II-1.1, 30-31, ①、四二）。換言すれば「生産」とは、歴史の契機の一つでありながら、他の諸契機を関係づける人間の弁証法的過程そのものである。

弁証法的関係過程としての「生産」は、若きマルクスにおいても強調されている。彼は、いわゆる「経済学・哲学手稿」において、ヘーゲル弁証法の積極的側面に関連して、歴史における諸契機間の産出運動の存在論的・認識論的始元そのものが、「労働」、つまりは人間の手による「生産」活動にあると指摘している[9]（MEGA^2 I-2, 401, 404-405, 414, 一九三、一九九、二一七）。

第二に、「生産」は、人間の多面的な歴史的関係行為を抽象的に表す言葉でもある。マルクスは、「生殖における他人の生命」の「生産」に言及する（Jb. 14, 五六）。あるいは、「諸思想、諸観念、意識の生産は、さしあたり直接に、人間たちの物質的な活動と物質的な交通、すなわち現実的生活の言語のなかへ編みこまれている」（Jb. 115, 三四）ともいわれる。「精神的生産」という表現も見られる（Jb. 115, 三四: MEGA^2 II-3.2, 604, ⑤、四四一）。これらに共通する「生産」は、前述の「歴史」の諸契機とかかわっており、「社会的発展」一般を示唆する。人間の「歴史的発展」は、「あらゆる人間的諸力そのものの発展の総体性」をその自己目的としており、この意味で、人間自身の「総体性」の「生産」過程、あるいは人間が投ぜられる「生成の絶対的運動」である（MEGA^2 II-1.2, 392, ②、一三七―一三八）。それは、歴史的に分化した「もろもろの生産諸部門」を包括し、「属、種、科、亜種、変種と異にする有用的労働の総体――社会的分業」（W23, 56, Ia、七二）、あるいは「商品生産の一般的基礎をなす社会的分業」（W23, 371, Ib、六〇八）を構成する。

だが、これらの特殊的諸部門で営まれる「生産」は、単に各種の労働の自立化を意味しているだけではない。それは、何らかの階級分化とも不可分である。「社会の上部構造」に属す人間は、みずからは労働せずに、労働する者の再生産に必要な分を超えた剰余「生産物」と「自由な時間」とを受けとり、その代わりに「余暇」活動や「直接には生産的でない諸活動（たとえば戦争や国家機関）」、「直接的に実用的な目的を追求するのではないような人間の諸能力や社会的諸力能（芸術等々、学問）の発展」を遂行する（MEGA² II-3.1, 167, ④、二九六）。最後の点に着目すれば、「これまでの文明や社会的発展」は、労働する者と上部構造に位置する者との「敵対」を基礎とすることがわかる（MEGA² II-3.1, 168, ④、二九六）。したがって、前資本主義社会であっても、その特定の時期の階級対立にからまれつつ、さまざまな特殊的部門における諸「生産」が展開する。

このように、ハーヴェイの広義の「不均等発展」は、マルクスの「生産」という言葉の用法と重なりあう。第一の意味での「生産」は、人間活動の弁証法的関係性であり、もっとも形式的・抽象的な定義で捉えられている。第二の意味の「生産」は、総体としての歴史における諸「生産」――その諸部門の自立化は一般的な意味での階級分化と関係するが――を表し、広義の「不均等発展」の理論で考慮すべき諸契機の存在と起源とを示唆している。

だが、マルクスは、第一の「生産」の弁証法性も、第二の社会的発展一般としての「生産」も、それそのものとしては、これ以上自己の研究の直接的課題とはしない。むしろ彼は、その生涯をかけて、みずからに認識論的限定を課し、第三の「生産」、すなわち資本の蓄積と流通の総過程の解明に向かっていく。

3　資本主義的生産への認識論的限定から、再び広義の「不均等発展」へ

『資本論』における研究課題は、「資本主義的生産様式」と「これに照応する生産諸関係と交易諸関係」である（W23, 12, Ia、九）。マルクスの頭脳にあたえられる対象は、「主体」としての「近代ブルジョア社会」であるが、この主体の運動の叙述においては、「いっさいを支配するブルジョア社会の経済力」である「資本」が、その「出発点」とも「終結点」ともなる（MEGA² II-1.1, 41-42, ①、五九—六〇）。近代ブルジョア社会においては、資本が、歴史のあらゆる契機を従属させ、特定の「有機的システム」を形成する（MEGA² II-1.1, 201, ①、三三二）。ここに、第三の「生産」の位相がある。

前資本主義的諸関係は解体され、その構成要素は、新たな関係性に再編され、何らかのかたちで資本に包摂されていく。たとえば、貨幣は資本主義的過程の本質的契機であるが、「資本に転化する以前の貨幣財産そのものの形成についていえば、それはブルジョア経済の前史に入れるべきものである」（MEGA² II-1.2, 411, ②、一六八）。同様に、資本は、自己の機能に適応できる限りにおいて、前資本主義的で非生産的な社会関係をも包摂しようとする。「いわゆる『高級』労働者——たとえば、官吏、軍人、芸術家、医師、僧侶、裁判官、弁護士など」や「国家機構」といった、「この部分的にまったく不生産的である階級全部」は、ブルジョア社会に「後天的」に結合される（MEGA² II-3.2, 460, 616-618, ⑤、二〇四、四六一—四六四）。

かくして、マルクスは、生産の一般的・抽象的解明にとどまるのではなく、近代という特殊な場における「独自な対象についての独自な論理」を追求しようとする。(10)「経済学批判」の叙述は、現実の歴史の展開を記述するものではなく、資本を旋回軸とするブルジョア社会の経済法則を描き出す（MEGA² II-1.2, 369, ②、一〇〇）。ここにおいては、第一、第二の意味での「生産」概念も、「経済的諸形態の分析」での「抽象力」（W23, 12, Ia、八）によって導き出される。第三の「生産」の次元は、第一と第二の「生産」を前提として存在し、認識される。あるいは資本主義的生産は、弁証法的関係過程である社会的発展＝歴史的運動一般を、今日の時点において現実化するものである。

ただし、第一、第二の「生産」の定義に引きずられて、資本の形態規定を看過したり、資本の生産過程を物質的生産過程一般と同一視したりしてはならない（MEGA² II-1.1, 223-224, ①、三六六）。弁証法的関係性としての「生産」、あるいは歴史的運動一般としての「生産」が、一つの合理的「抽象」であるのは、近代ブルジョア社会とその他の社会とを区別する特殊性を解明する限りにおいてである（MEGA² II-1.1, 23, ①、二八）。

ハーヴェイによれば、今日のグローバル化において、日常生活や生世界、環境や自然といった、あらゆる歴史の諸契機は、「何らかのかたちで資本の流通と蓄積のなかに囚われてしまっている」（Harvey 2006, 77-90, 一〇二―一一〇）。まさに「すべての有機的システムについてもいえること」だが、「完成したブルジョア的システムにおいては、どんな経済的関係もブルジョア経済的形態をとった他の関係を前提しており、こうしてまた、措定されたものはどれをとっても同時にまた前提でもある」（MEGA² II-1.1, 201, ①、三三二）。この社会では資本の運動と無関係なものは何もない。資本の歴史的使命としての社会的生産力の発展、それに伴う恐慌の可能性、恐慌を回避するための金融資本の膨張と固定資本立地の永続的再編、それらによって逆に昂進する恐慌の暴力性——これら一連の諸矛盾は「階級」闘争にも影響する（Harvey 1982）。そして、こうした複合的・累積的諸矛盾は、「資本の拡大再生産」と「略奪による蓄積」という二重の資本蓄積過程を根拠とするが、これが狭義の「不均等発展」理論の焦点なのである（Harvey 2003, chap. 3, 4）。グローバルな資本蓄積の展開と諸矛盾は——変革実践に向けた弁証法的関係性の一契機の解明という意味で——研究されねばならない。

だが、第三の「生産」である「資本の流通と蓄積という営み」でさえも、たとえば「言説的な実践や理解、ふるまい（グラムシが定義している『常識』や受動性など）によって屈折する」（Harvey 2006, 84, 一〇五）。マルクスの言葉を借りれば、いかなる「有機的全体者」にあっても「さまざまな諸契機のあいだで相互作用が生じ」、「一面的な形態」での「生産」は「他の諸契機によって規定されている」（MEGA² II-1.1, 35, ①、四八）。資本主義的な「生産」は、歴史の諸契機を有機的システムへと総体化しようとする。しかし、前資本主義的・非資本主義的な物質的生産活動（生殖活動を含む労働力再生産、日常生活の維持や国家による社会保障活動）あるいは精神的生産は、現実的な前提として存在する。資本の総過程は、これらとは区別されるものである限り、一面的であって、他の諸契機の相互作用により「翻訳」され、屈折する。

明治期、「文明開化」の名の下での日本の資本主義化は、「天皇制」を、その政治的上部構造にあたる近代国家の一要素として再編した。このように前資本主義的・非資本主義的諸契機と、資本主義的生産過程はからみあう。新自由主義的グローバル化の進行する現代においても、この事態に変わりはない。今日のインドにおける資本主義的生産の発展は、その自然的・歴史的環境の諸契機と複合し、カーストや民族的・性別的差異にもとづく差別が、もっとも抑圧的な労働の配分と重なりうる。特定の社会・地域・国家の「歴史」の諸契機を現実的前提として、グローバルな資本が浸透していく。だからこそ、その変革の意識的遂行には、諸契機の具体的認識が必須となる。

それゆえ、資本の過程の諸矛盾は、社会変革を可能にする必要条件ではあっても、十分条件ではない。ブルジョア的システムが資本を中心に総体化されるのにたいして、それとは別種の新たな有機的システムは、資本と異なる変革主体によって総体化されねばならない。ハーヴェイによれば、革命的政治を可能にする諸条件が見出されるのは、その政治の場の時間的・空間的多面性と諸契機とを横断する、「弁証法的運動」においてである（Harvey 2009, 282）。グローバル化のなかでの「階級」闘争は、狭義の「不均等発展」に胚胎する諸矛盾ばかりか、その闘争の場の歴史的・地理的多様性、その場で営まれてきた人間活動の文化的・政治的・経済的諸契機の特殊性をも前提とする。

己が研究においてマルクスは認識論的に禁欲し、革命運動を左右する物質的前提として、資本主義的生産の総過程を課題とした。ハーヴェイが絶対視を戒めた「生産」とは、まさにこのマルクスの第三の「生産」であり、つまりは狭義の「不均等発展」である。資本の蓄積・流通の総過程は、認識論的限定によって明らかとなる、現代の「社会的過程」の一面である。しかし、変革実践の次元に立ち戻れば、認識論的限定によって後景に退いた、弁証法的関係性と歴史的運動一般としての「生産」が、単に抽象的にだけでなく、具体的に把握されなければならない。ここにおいて、広義の「不均等発展」が改めて課題となる。それは、マルクスの視界にありながら、残された問題領域である。

おわりに――社会認識と変革実践、そしてグローバルな変革主体の形成・陶冶へ

良知力によれば、マルクスの「構想力の論理」は、世界史的な総体性の構想に支えられつつ革命のテロスを追求する「古典的イデアリスト」と、科学的断念と禁欲をとおして特殊的な場のなかでみずからを律しようとする「実証的レアリスト」との、「二律背反をうちに秘めた総体」を意味している（良知一九七一、二七―二八）。私見では、マルクスの「二律背反」は、まさに彼の「生産」という言葉に託されている。ハーヴェイの不均等発展の理論とは、この「二律背反」を引き受けた上で、特殊的な場の論理を認識し、かつ革命のテロスを追求する、社会科学の構想である。

「社会的過程」などと言い表される広義の「不均等発展」は、「弁証法」的であるという意味で、マルクスの第一の「生産」を方法論的前提とする。その理論化は、「社会的発展」あるいは「歴史」――第二の意味での「生産」――の所産である諸契機を、その一般性においてではなく、各々

の歴史地理環境において具体的に特定し、分析し、グローバルな資本の論理と総合させる。これらを「広義の『土台＝上部構造』論」（渡辺二〇〇一、第三章）や「生活過程論」（富沢編一九八七；中野一九八七）と対照させることは有益であろう。他方で、狭義の「不均等発展」――ハーヴェイの「資本の拡大再生産」と「略奪による蓄積」――は、グローバルな資本の論理にもとづく地理的不均等性を問題にする。それは、マルクスにしてみれば、認識論的限定によって課題とされた第三の「生産」、つまり資本主義的生産の総過程の次元にある。ハーヴェイは、広狭二義の「不均等発展」に同時にアプローチすることで、マルクスの二律背反的な構想を、現代に具体化・理論化しようとする。それは、資本の新自由主義的展開と「反グローバル」運動の出現とを現実的前提とした、革命的政治戦略の構想であり、今日のマルクス主義における二重の課題にとりくむ試みなのである。

資本蓄積の内的諸矛盾に起因した二〇〇八年の金融恐慌は、そのまま資本主義の全面崩壊を意味するものではなかった。むしろ、新自由主義的グローバル化への対抗を志向する者には、資本の総過程の考察だけでなく、広義の「不均等発展」の認識も不可欠である。資本がいかにグローバル化しようとも、闘争の場は、前資本主義的・非資本主義的諸契機の多様性を前提とした、個別的歴史地理環境だからである。広義の「不均等発展」を前提にして、具体的な対抗実践は可能となる。しかも、地理的に分散した諸闘争が、資本の有機的システムを変革するには、多様な諸契機への同時多面的なとりくみが必須である(11)。それによってはじめて国際的な連帯も可能となり、グローバルな変革主体が形成・陶冶される(12)。「社会主義のための政治学」は、「異なる種類と次元の抽象を対話し翻訳させる方法」を基本とする（Harvey 1996, 43）。それは、マルクスが多義的なものとして念頭においていた「生産」を、具体的に分析し総合することにほかならない。革命のテロスへの新たな総体化は、広狭二義の「不均等発展」の意識化と不可分である。

［注］

（1）資本のグローバルな展開は、何も今日に限られた現象ではない。マルクス自身は、『資本論』の適用範囲をまずは西ヨーロッパ諸国に限定させる一方で、「世界市場」の考察の必要性も自覚しながら、その体系的議論を残さなかった。近代ブルジョア社会の拡張の把握は後世に残された課題となる。その試みが、マルクス主義における帝国主義論であり、低開発論、「不等価交換」論、従属論、世界システム論などである。包括的紹介として、Howard and King 1989, chap. 6, 11-13: Howard and King 1992, chap. 9-11 を参照。

（2）林　一九五九、参照。

（3）富塚　一九五九、参照。

（4）かねてからの資本のグローバル性と新自由主義的グローバル化との違いや連続性を論ずるには、この狭義の「不均等発展」の考察が不可欠である。これについては他日を期すことにする。

（5）トロツキーの次の言葉は、広義の「不均等発展」の理論を示唆している。「生産力のより急速ないしより緩慢な発展、一連の歴史的時期――たとえば、中世、ギルド制度、啓蒙的絶対主義、議会制――の拡張的ないし反対に収縮的な性格、種々の経済部門、種々の階級、種々の社会制度、文化の種々の側面などの発展の不均等性。これらすべてが民族的『特殊性』の根底に横たわっている。各国の社会形態の独自性はその形成過程における不均等性を結晶化させたものなのである」（Trotsky 1930, xii-xiii, 二一）。

（6）「弁証法」に存在論と認識方法論の両面があるといって、認識における範疇展開を、そのまま存在の過程や歴史的過程として実体視してはならない。オルマンによれば、『資本論』の説明叙述は、資本主義の歴史的発生過程ではなく、そのシステム機能の解明のためのものである（Ollman 2003, 151）。論理と歴史は同一視されえない。ハーヴェイは、「過程」や「議論の流れ」を意識させるものとしての「弁証法」を強調し、ヘーゲルの論理的諸概念を社会や自然に機械的に適用してはならないと戒める（Harvey 1996, 57）。存在論としての弁証法的関係性と、認識方法としての弁証法は、あくまで区別されている。

（7）他方でニール・スミスは、マルクスの自然と空間の「生産」論にもとづいて、不均等発展の理論を「論理＝歴史」的に論じた（Smith 1984, chap. 2, 3）。これと異なりハーヴェイは、「生産」概念を広義の「不均等発展」と連関させることに慎重である。本稿は、スミスの議論の方向性と基本的には合致するが、「空間」論的見地よりも、「不均等発展」とマルクスの「生産」概念の連続性を強調する。なお、スミスとハーヴェイの議論には、アンリ・ルフェーヴルの「空間の生産」論の影響が見られる（Lefebvre 1974）。

（8）同様に、マルクスにおいて多義性を有した中核的概念の一つが、「生産力」（高島一九八六、第二部：佐藤一九九八）や「階級」（渡辺二〇〇四、第四章）である。これらと「生産」の多義性には関連があると思われるが、この点については別途考察するものとする。

（9）この点については、有井ほか編　一九九五、第一章、参照。

（10）マルクスの見る資本の「独自の論理」の特色については、強調点は異なるが、さしあたり、物象化、生産力の発展、恐慌に象徴される資本の諸矛盾、という三点に論者の見解は集約できるであろう（角田二〇〇五：平子二〇〇〇：宮田二〇〇〇）。

（11）たとえば、「言語・言説」の契機は、グローバルな資本主義秩序を人々に納得させ、あるいはその変革へと人々を駆り立てる一条件である（Harvey 1996, 82-83）。マルクスも、階級闘争に言語的活動が不可欠であると指摘している（W13, 9, 七: MEGA² II-1.1, 209, ①、三四四）。「反グローバル」運動の象徴である世界社会フォーラムは、抑圧としての「沈黙」から脱却した民衆が対話的関係に参与するという理念を機軸として、変革主体を形成・陶冶しようとする運動であるが、これも、歴史の諸契機の一つである「言語・言説」にとりくむものである（大屋二〇〇九）。

(12) 平子友長氏によれば、疎外論の本来の課題は、日常的労働諸主体の「陶冶」論＝変革主体の形成論にあったが、マルクス自身はそれを展開しきれなかった（平子二〇〇〇、三六七―三七一）。この主張は、本稿の議論に通底するものがある。私見では、広狭二義の「不均等発展」の認識は、資本主義体制の「転倒の論理学」（物象化／物化）とともに、諸契機の関係性にはらまれる多様で「広範な人間の転倒現象」（芝田一九七五、二〇八）をも分析し、それらへの多面的なとりくみを模索しようとする。こうした知的営為は、「疎外のうちに、疎外を超える根拠の生成をとらえようとした」（渡辺一九八九、一四三）マルクスの問題意識とつながり、「陶冶」論の具体的展開を志向する。

第2章

新古典派およびケインズ経済学における労働者像

宮田和保

はじめに

価格メカニズムを経済戦略の主要因にする市場原理主義が、一九七〇年代後半から八〇年代以降ケインズ経済学にとって代わって、世界的に跋扈した。しかし、二〇〇八年秋のリーマン・ブラザーズの倒産を契機とした世界的な金融恐慌は、市場原理主義になんらかの反省を迫っている。この反省のなかで一方では資本の規制が、他方ではケインズ主義政策の復活が部分的に叫ばれてもいる。

小稿では、現在の主流経済学である新古典派経済学（以下、新古典派と呼ぶ）および非主流であるケインズ経済学の若干の基礎的な範疇を取りあげながら、労働者をどのように扱っているのかについて批判的に考察する。

1　近代経済学の「選択」理論

「市場原理主義」は、「市場」を「人類の最大の発見」であり、また「社会」の最高の、かつ最終的な形態である、という。だが、私たちからみると、「市場」は一つの社会の形式でしかない。私的労働〔privatarbeit〕が営まれているところでは、その労働の社会的な形式は「市場」という形式を受け取らざるをえない。私的労働は、直接には社会的労働ではないから、その社会的性格を「価値」という形態で受け取り、したがって労働生産物は、使用価値だけでなく、同時に「価値」という形式を得ることによって「商品」になる。この商品は、対立的で排他的な一商品に価値体〔Wertkörper〕という性格、つまり「直接的な交換可能性」という形式を付与し、それを自分に等値することによって、その価値存在〔Wertsein〕を表現する。この「価値体」こそが「貨幣」である。こうして、商品Wと貨幣Gとの交換がなされ、諸商品の姿態変換 W-G-W の絡み合いである流通過程つまり「市場」が形成される。だから、アソシエイトした諸個人の自由な連合によって自覚的に社会的な労働が営まれ、労働が私的性格を受け取らないならば、「市場」は消滅する。だから、「市場」は社会の最終形態ではなく、歴史的な一形態にすぎない。ところが、「市場」を支配している観念が近代経済学の理論に深く浸透し、その基本性格をなしている。

商品流通＝市場で支配している観念とはどんなものであろうか。「ここで支配しているのは、自由、平等、所有、そしてベンサムだけである。自由！というのは、一商品の買い手も売り手も、ただ彼らの自由意思によって規定されているだけだからである。……平等！というのは、彼らは、ただ商品所持者として互いに関連し合い、等価物と等価物とを交換するからである。所有！というのは、だれもみな、自分のものを自由に処分するだけだからである。ベンサム！というのは、両当事者のどちらにとっても、問題なのは自分のことだけだからである」（W23a, 189-190, 三〇〇～三〇一）

この市場の観念は、近代経済学の基礎である「選択の理論」の支柱をなしている。「選択の理論」とは、「ある個人が一定の財貨をもって市場にあらわれ、あれこれの可能な売買のしかたのうちから、効用極大、利潤極大を基準として、どれをえらぶかについての理論である」（置塩一九七六、二五）。

選択の理論は、各階級に属する人々を同等な「私的所有者」に――ただし私的所有の対象の素材だけは異なる――還元する。その異なる素材とは労働用役、企業者資源、資本用役、土地用役であり、それぞれの素材に対応して、賃金、利潤（利子）、地代がもたらされる、とする。ここでは、「労働」は「賃金」を、「企業者用役」は「利潤」（「資本用役」は「利子」）を、「土地」は「地代」を生む、という「三位一体」が前提され、これらの素材が私的所有の対象になる。

賃金、利潤、地代という「報酬」をもたらすものを「生産」と規定するならば（ヒックス）、労働者だけでなく、資本家、地主も同じく「生産者」に括られることになる。だから、例えば企業者資源を所有するものは、この資源を「生産」に「自由」に処分・利用し、プラスの余剰＝利潤を生むかどうかを決定する。このように、「私的所有」に「三位一体」をかぶせて「生産」概念を規定したうえで、インプットされた生産要素の価格とアウトプットされた生産物価格との差額である「プラスの余剰」を求める。ただし、選択の理論は「プラスの余剰」で終わるわけではない。「ベンサム」主義つまり「最大幸福」という「極大満足」の観念が入りこむ。例えば資本家は利潤の極大化を、労働者もまた効用の極大化を求める。「選択」理論における「極大原理」が、それである。

ところで、財の消費における「効用」は対象によっても、人によっても異なる。だから、極大原理を導くためには質的同一性としての「効用」一般が不可欠になる。ところが、流通の部面では、諸個人は、「等価物」の担い手として相互に「抽象的個人」として妥当するがゆえに、この主体の抽象性に照応して、一方ではさまざまな対象＝財の質的な差異も、したがって効用の差異も捨象されて、通約可能な「効用」一般になる。他方では、差異に無関心なもの〔Gleichgültiges〕として、諸個人の差異も、したがって人々による効用の差異も捨象されることになる。だから、ここでの効用一般とは、現実の対象の属性というより、消費者としての個人の観念のなかにある単なる抽象的は効用でしかない。こうして主観化されながら効用一般において「ベンサム流の都合のよい計算法」（ケインズ）が発案される。諸個人は同質の個人として現われがゆえに、個々人の極大満足（＝最大幸福）の「総和」が、直接に社会的な総和つまり「最大多数の幸福」となる。(1)

2　財の供給曲線および労働の需給曲線の導出

私たちが日常みかける財の供給曲線および労働の需給曲線の背後にある労働者像を明らかにするために、新古典派がこれらの曲線をいかに根拠づけ、正当化するかを考察しよう。

まず、財の供給曲線から考察から始めよう。新古典派は、販売総価格（アウトプット）から費用価格（インプット）を差し引いたものとして利潤を把握したうえで、「限界原理」による利潤の極大化条件を求め、財の供給曲線を描く。資本設備を一定として、かつ自由競争のもとで、また「収穫逓減の法則」を前提して、さらには単純化のために資本・原料を度外視すれば、利潤の方程式は次のようになる。

$\pi = pq - w\ell$ ……①（π：利潤　p：価格　q：販売量　w：貨幣賃金率　ℓ：労働時間ないし雇用労働者数）

そこで利潤πを極大にする生産量qは、①式を生産量qで微分したものがゼロのときだから、利潤極大の条件は、

$p = w \frac{\Delta \ell}{\Delta q}$ ……②となる。

②式は、一単位当たりの商品の販売による収入p＝「限界収入」が、貨幣賃金率$w \times \frac{\Delta \ell}{\Delta q}$（追加された一単位の生産物$\Delta q$を生産するために必要な、増大した労働時間）に、言い換えれば、一単位の財の生産に必要な追加費用に、等しいことを意味する。縦軸を$\frac{\Delta \ell}{\Delta q}$、横軸を生産量qとすれば、

図１　生産関数と労働需要曲線

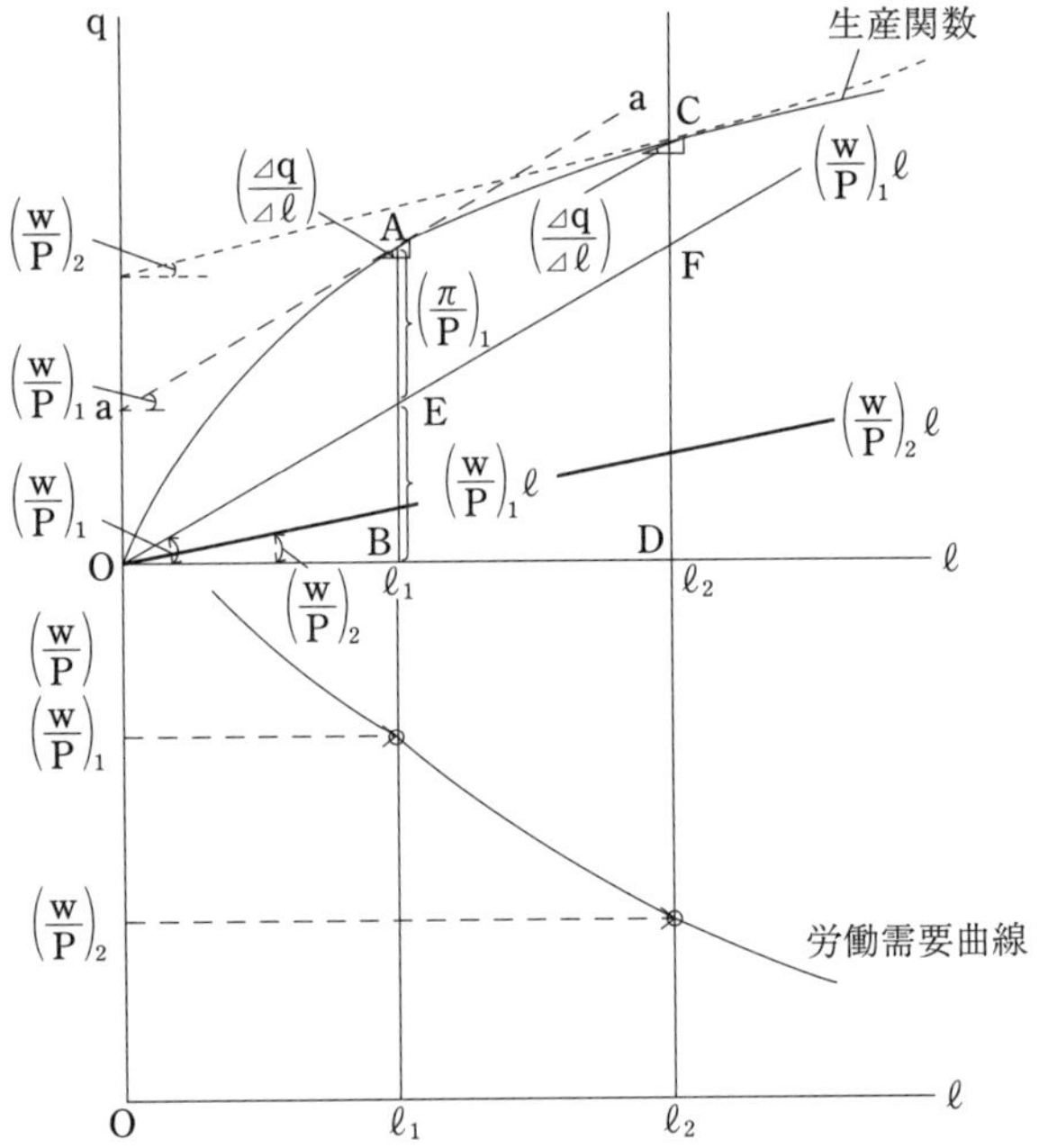

収穫逓減の法則を前提しているから、$\frac{\Delta \ell}{\Delta q}$ それゆえまた $w\frac{\Delta \ell}{\Delta q}$ も右上がりの曲線となる。$w\frac{\Delta \ell}{\Delta q}$ が価格pに等しいことが利潤の極大の条件だから、縦軸p、横軸qとすれば、価格pの上昇（下落）に応じて生産量qが減少（増加）する、という右上がりの財の供給曲線が描かれる。財の供給曲線上では極大利潤が保証されることになる。

次に、生産要素（ここでは労働のみとする）と生産量とを示す「生産関数」から労働の需要曲線を導出しておこう。ただしここでは商品価格pと物価Pとの区別を無視する。利潤πは正でなければならないから、①式から $\frac{\pi}{p}=q-\left(\frac{w}{p}\right)\ell>0$ となり、生産量qは支払い実質賃金額 $\frac{w}{p}\ell$ より大きくなければならない。そこで利潤極大の条件は次のようになる。縦軸に生産量q、横軸に雇用労働量ℓとするならば、実質賃金率が $\left(\frac{w}{p}\right)_1$ のときの利潤極大は、$\left(\frac{w}{p}\right)_1\ell$ に平行線（a—a）を引いたときの生産関数との接点AとEとの長さ$=\left(\frac{\pi}{p}\right)_1$であるから、生産量AB、労働量O$\ell_1$のとき利潤極大である（図1上）。実質賃金が低下して$\left(\frac{w}{p}\right)_2$に変化したときも、同様にすればよいから、利潤極大は生産量CD、労働量Oℓ_2のときである。かくして図1下のように、右下がりの労働の需要曲線が描かれ、また、利潤極大条件である②式を変形した$\frac{w}{p}=\frac{\Delta \ell}{\Delta q}$が成立している。

ところで、新古典派は、労働の供給曲線を導出するさいにも、選択理論にもとづいて、労働者も「効用極大」を追求する「主体」である、と想定する。「労働」の報酬としての「賃金の正の効用」から、労苦〔toil and trouble〕としての「労働の負の効用」を差し引いた「余剰効用」が存在するはずだとしてうえで、余剰効用の極大を求め、労働の供給曲線を描く。そのさいに、労働時間の増加に以上に労働の苦痛は増加する、という「労働の負効用逓増の法則」を前提する。だから、余剰効用は次のようになる。

$U=\mu\left(\frac{w}{P}\right)\ell-T$……③（U：余剰効用　P：物価水準　μ：実質賃金一単位が与える満足の度合（一定）　ℓ：労働時間　$\mu\left(\frac{w}{P}\right)\ell$：実質賃金総額が与える満足度　T：労働負効用）

労働者は余剰効用Uを最大にするように労働ℓを提供する、と想定するから、③式を労働ℓで微分したものがゼロのときに、Uは極大になるから、

$\frac{w}{P}=\frac{\Delta T}{\Delta \ell\,\mu}$……………④となる。

これが新古典派の「第二公準」（＝「実質賃金の効用はその労働の限界負効用に等しい」）である。これを図式（縦軸：実質賃金$\frac{w}{P}$　横軸：労働量ℓ）すると、実質賃金$\left(\frac{w}{P}\right)_1$のとき、$\ell_2$の労働時間

図２　新古典派の労働供給曲線

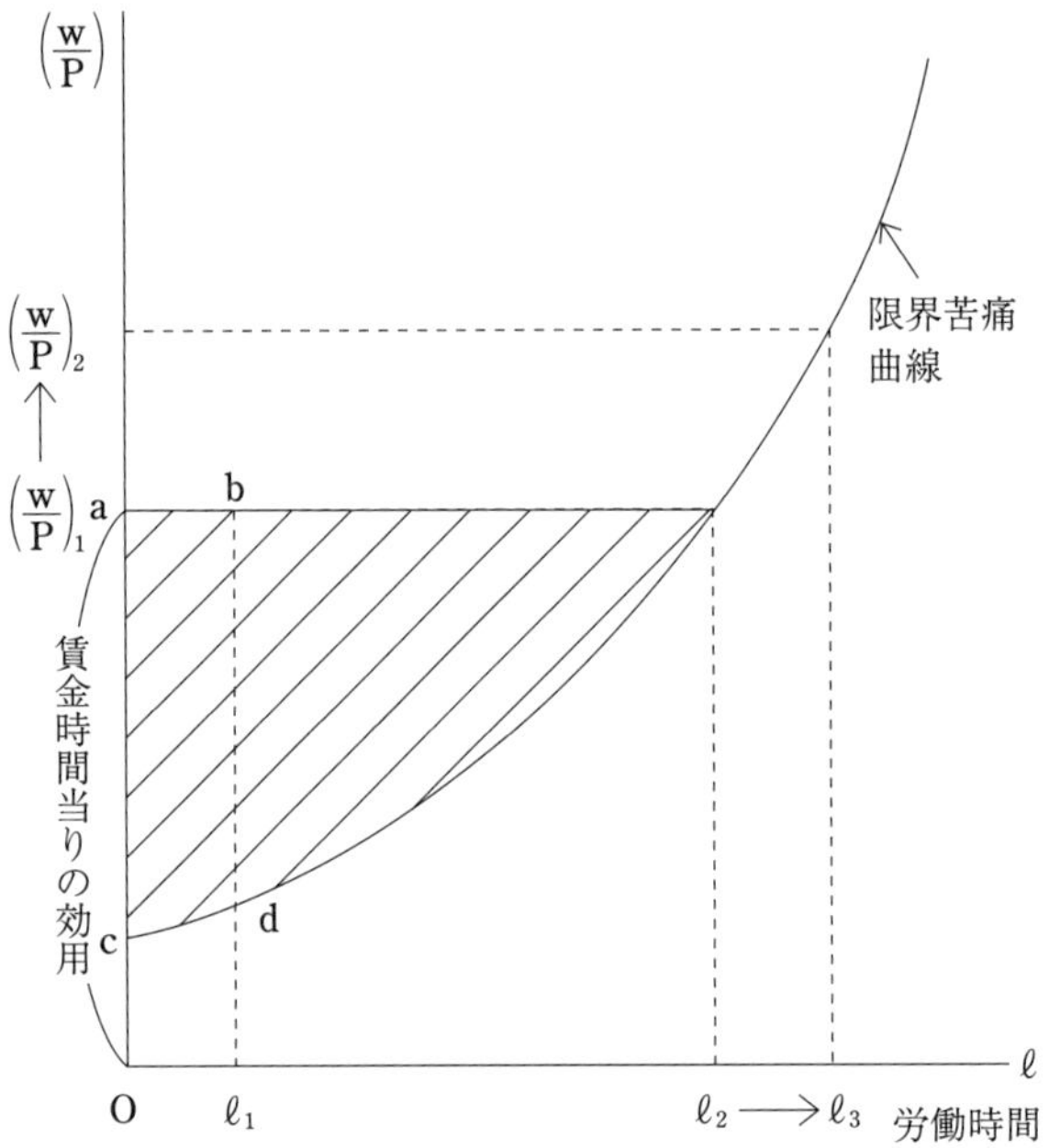

において余剰効用が最大になる（図2の斜線部分）。実質賃金が$\left(\frac{w}{P}\right)_2$に上昇すると、その賃金の効用が労働の苦痛の逓増による負の効用の逓増$\frac{\Delta T}{\Delta \ell}$を補填し、労働時間は$\ell_2$から$\ell_3$に増大する。こうして、実質賃金率の変動（上昇、下落）に応じて労働供給量（増大、減少）が変化する労働曲線が描かれる。この曲線上では労働者の余剰効用の極大が保証され、これにもとづいて労働者は労働を、より正確には労働時間を調整する、というのである。

3　新古典派の労働者観

(1) 新古典派の労働需給論

私たちは新古典派の財および労働の需要・供給曲線の根拠づけを簡単にみた。そこでは、企業家、労働者も私的所有者としては平等であり、ただ、それぞれが所有する生産要素が生産に供給されながら、それぞれの所有者の極大の満足（利潤極大、余剰効用極大）が満たされる。また、生産要素の素材的な区別による果実の相違（＝賃金、利潤、地代）があったとしても、労働者は、資本家、土地所有者と「平等」であり、ただ労働供給による「所得」を「選好」しているにすぎない、という人の「選択の問題」に還元された。だから、ここでは社会的な階級対立は存在せず、同質的で、ベンザム的な人間＝極大満足の個々人から社会が、それも予定調和的な社会が構成される。

それでは、調和的な世界を内包するはずの労働の需要および供給曲線が生み出す実態をみてみよう。労働の需給曲線からすれば、実質賃金がより高いときは、労働需要が労働供給を上回わり、労働力の供給の超過＝失業者が発生する。ここでは、「市場メニズム」の調整によって、実質賃金が低下さえすれば、失業が解消されることになる。だから、価格メカニズムが機能しているもとでの失業は、ミスマッチまたは「摩擦失業」だして、その解決策には、雇用形態の流動化、賃金の弾力化、職業訓練などが要求される。さらには低水準のセーフティネットの確立が叫ばれる。こうした見解は、労働市場において現れるままの現象をとらえただけであって、それが発生する資本の生産・蓄積過程に踏みこんだものでは決してない。

新古典派は、ワークング・プアが出現し、不安定労働者の大量の出現に代表される労働環境の悪化も、労働者にとっては「余剰効用の極大化」とみなさざるをえない。ただし、労働需要の側では利潤極大がまちがいなく保証されるのであるが。さらには、高賃金を求める労働組合は、価格メカ

ニズムを機能不全にすることによって失業を発生させるのだから、失業の発生の犯人だ、として断罪される。(2)

(2) 新古典派の労働供給論への批判

ケインズは、一方では労働の需要曲線――それゆえこれと表裏関係にある財の供給曲線――の基礎にある「第一公準」を承認し、他方では、労働（力）の供給を実質賃金率の関数とする「第二公準」を批判した。ケインズは、第一に、労働者が関心をもつのは、新古典派が考えるように実質賃金ではなく、貨幣賃金率であり、労働者は貨幣賃金の切り下げにたいしては抵抗し、そこから社会的な紛争が生じる。しかし、実質賃金の切り下げにたいしては労働時間を削減しないし、また社会的な抵抗をしない、と考えた。第二に、「非自発的失業」が存在しているかぎり、労働者は「余剰効用の極大」など実現できない、新古典派の労働供給曲線は完全雇用状態にのみ妥当する部分的な理論だ、として新古典派の労働の供給曲線を批判した。

また、ケインズの弟子であるジョン・ロビンソンは、新古典派の労働の供給曲線は「失業」を論じる以上、それは資本主義社会を前提しているにもかかわらず、それは独立商品生産社会を想定したものだ、と的確に喝破した。

「伝統理論のえがいた社会は、ロビンソン夫人がいうように、ちょうど夕日が沈もうとするのをみながら、もう一時間働こうか、それとも家に帰ろうかと考える農夫のようなものである。土地も

図３　ケインズの労働需給曲線

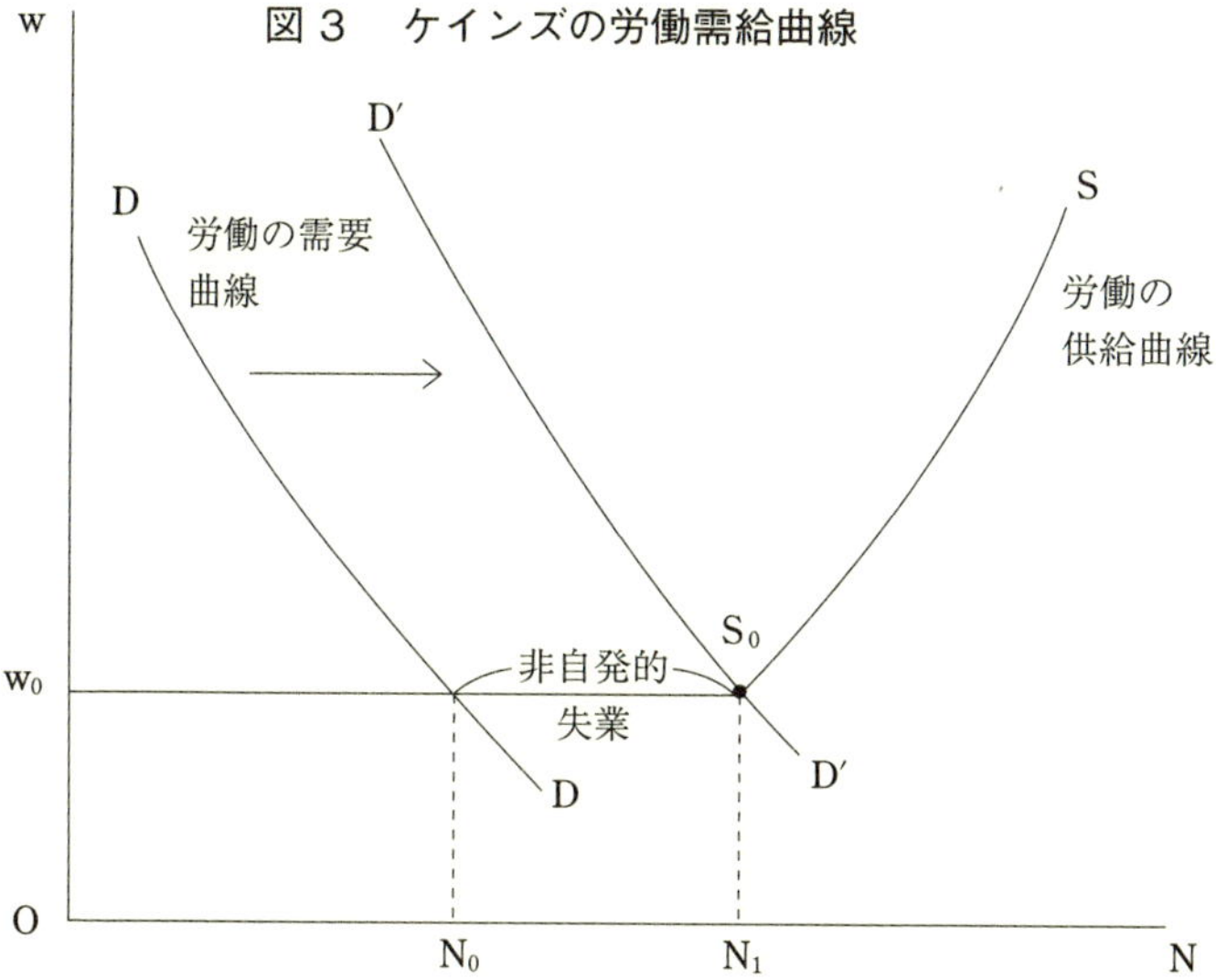

鍬もかれのものであり、かれは自分自身の畠を自分で耕し、今日何時間働くかを自分で決める独立小生産者である」（伊藤一九六二、一〇〇～一〇二）。

新古典派の労働供給曲線は次の想定で考えられている。総労働時間は労働時間に雇用労働者数を乗じたものである。そこで新古典派は、一定の雇用労働者数を想定したうえで、彼らが実質賃金率の変動に応じて労働時間の長さを自由に調整することによって余剰効用の極大を実現できる主体だ、とみなした。だから、ここでの労働の供給曲線は、労働者が資本にすでに雇用されていると想定していながら、一方では彼らの「失業」を論じるという矛盾をもち、他方では、あたかも独立生産者のように自分の労働時間の長さを自由に調整する労働者を想定するという矛盾をもつ。

ケインズは、新古典派の供給論にたいして、個々の労働者の労働時間を一定としたうえで、一定の貨幣賃金率で働きたい労働者数の増加を問題にする労働供給論——したがって労働の負の効用は逓増せず、労働供給曲線は右上がりの曲線にはならない——を提示した〔図3参照〕。

私たちは、新古典派の労働の供給曲線に関して、つぎのような新たな問題に気づく。

第一に、数値化された実質賃金の正の「効用」から労働の「負の効用」を差し引いて、その余剰効用の極大を求めているが、両者の効用は質的に異なるのだから、本来的には両者を差し引くことはできない。

第二に、両者の間で通約可能な同一の質の効用を仮定したとしても、「余剰効用の極大化」には、まずもってプラスの余剰効用が存在しなければならない。そうでなければ極大化自体がないからである。例えば、実質賃金一時間当たりの正の効用が一時間当たりの労働の負効用より大でなければならない（図2における$Oab\ell_1 > Ocd\ell_1$）。だが、このことは前提されていても論証を見い出すことができない。というより利潤が存在するかぎり、一定の労働時間による価値生産（v＋m）は、一定時間にたいして支払われる労働力の価値vより大であるから、全労働時間は支払われず——ただし「労働力の価値」が「労働の価格」＝賃金形態として現われるが——、逆に、労働の負の効用が実質賃金率の正の効用より大きくなり、プラスの余剰効用は存在しない、というべきであろう。だから、余剰効用の極大化も存在しない。この点でも、労働者を「効用極大を求めて行動する主体」とすることはできない。賃金労働者は、資本に労働能力を売り、資本に包摂され、資本の指揮下において労働するのであって、実質賃金の大きさに応じて、効用極大化を求めて労働時間を自由に調整できる主体ではない。ただ、私たちの批判を回避するには、労働者には全労働時間が支払われ、したがって利潤は労働と関係なく生産されることを論証するしかないが、この点については後にみることにしよう。

(3) 貨幣賃金切り下げに反対するケインズ

新古典派は、すでにみたように、貨幣賃金を引き下げ（→実質賃金の引き下げ）→労働需要の増大という経路を通じて、労働者の雇用の増大をはかるのだから、貨幣賃金率の引き下げを決定的な経済戦略とした。これにたいして、貨幣賃金率の引き下げに反対するケインズは、貨幣賃金率と実質賃金率とは反対方向に動き、貨幣賃金率の引き下げは実質賃金率を引き上げる、として新古典派を批判する。ケインズは、新古典派が事実上承認している第一公準 $p = w\frac{\Delta \ell}{\Delta q}$ をもって批判をおこなう。

収穫逓減の法則の前提から、第一公準における貨幣賃金率の係数 $\frac{\Delta \ell}{\Delta q}$ の変化率は逓増する。すなわち $\frac{\Delta \ell}{\Delta q}$ を微分したものは正になる。そこで、生産量qが増加し、この係数 $\frac{\Delta \ell}{\Delta q}$ が逓増するとき、貨幣賃金率を上げたならば、商品価格pは貨幣賃金率の上昇率以上に騰貴する、と主張するのは当然であろう。物価Pは諸価格pの平均だから、貨幣賃金率の全般的な上昇は物価Pをよりいっそう上昇させることによって実質賃金率 $\frac{w}{P}$ の下落を引きおこす。こうして貨幣賃金率を引き下げたならば、反対に実質賃金率は上昇する。ケインズは、貨幣賃金率の引き下げは、実質賃金の上昇↓労働需要の減少だとして、第一公準を承認する新古典派の自己矛盾を指摘した。新古典派が貨幣賃金率引き下げ↓実質賃金率の低下としたのは、物価は個々の商品価格からではなく、貨幣数量によって決まるとする「貨幣数量」説(3)を信じたからである。

（4）「第一公準」への批判

私たちは、新古典派とケインズが共有していた第一公準 $\frac{w}{p}=\frac{\Delta q}{\Delta \ell}$ を検討しよう。

第一に、第一公準を前提しても、労働の需要曲線が右下がりになり、また商品価格が貨幣賃金率の上昇率以上に騰貴するのは、収穫逓減の法則が妥当する限りである。だからこの法則が妥当しないならば、労働の需要曲線は右下がりを必ずしも描かない。リカードゥの差額地代論の展開のさいと同様に、ここでも収穫逓減の法則の妥当性が疑われる。

第二に、第一公準そのものの妥当性である。ここで問題となるのは、労働と利潤との内的紐帯の把握についてである。「労働の限界生産力」$\Delta q/\Delta \ell$ は労働一単位を追加したときの生産量の変化＝「労働の貢献」を表わすから、$\frac{w}{p}=\frac{\Delta q}{\Delta \ell}$ は、実質賃金が労働者の「貢献」にたいして支払われていることを意味する。だから、一方では賃金は成果賃金となり、他方では利潤はここでは決して存在しえない。限界原理で表現されていても、全労働にたいして支払われるという「労働の価値」＝「労賃」形態の前提のもとでは、そもそもにおいて利潤の発生を説明することができないのだ。

そこで、個々の労働者における労働の限界生産力の差異を想定することによって解決しようとする。実質賃金が低下するに照応して雇用労働者が増加することは、$\frac{w}{p}=\frac{\Delta q}{\Delta \ell}$ より、労働の限界生産力（＝労働の貢献度）がより高い労働者からより低い労働者へと雇用されることを意味する。そうであるならば、全ての労働者に同一の賃金が支払われるとき、労働の限界生産力がより高い労働者にとっては、$\frac{w}{p}<\frac{\Delta q}{\Delta \ell}$ であり、その差額分だけが、その貢献にふさわしい実質賃金が支払われておらず（収奪!!）、ここから「利潤」は発生することになる。だが、この論理は、利潤を含めてすべての生産物が労働者の所有に帰属すべきだ、とする「全労働収益権」に正当性を与えてしまう。

ケインズは、これにたいして、同じ賃金をならば労働も同質であるとして、個々の労働者における労働の限界生産力の差異を否定し、労働者が増加しても限界生産物が減少してくるのは、労働者の責任ではなく、資本の収穫逓減によるものだ、とする。利潤は資本の限界生産の差異によって発生することになる。この見解は、「全労働収益権」を排除して、利潤は、労働ではなく、資本に本来的に帰属すべきだ、という主張を正当化する。利潤を労働から切り離し、資本の果実とする論理が、それである。

だが、労働と利潤との切断は、第一公準の出発をなす①式 $\pi = pq - w\ell$ において、すでに内包されている。売上額から費用を差し引いたものが利潤だとする①式は、私たちが日常的に経験するものであり、損益計算表の基礎である。しかし、この利潤論は、利潤の発生の場面である生産過程にまで突き進むことなく、アウトプットとインプットの差額だけが現われる流通の現象の表面に拘泥したものである。だから、現象形態である $pq=w\ell+\pi$（または $\pi=pq-w\ell$）では、支払賃金総額 $w\ell$、商品価格 p および利潤 π との内的紐帯が切り離され、相互に外面的な関係しか現われていない。すなわち、賃金と利潤との関係は、両者が相互に反比例するといった直接的ではなく、費用価格という範疇形式を通じて、その費用価格の変化として媒介的にしか現われない。私たちは、①式の存立構造およびこれに含まれている転倒したあり方を考察しなければならない。

事柄を正しく理解するために、ここでは機械・原料などの不変資本を考慮にいれよう。商品価値Wは、第一に移転した価値である不変資本 c、第二に新たに生み出された価値（v＋m）、つまり労働力の価値に投下された可変資本 v とこれによって生み出され、これを超えて生産された価値＝剰余価値 m、したがって $v+\Delta v=v+m$ から構成される。商品価値 $W=c+(v+m)$ である。ところが、「労働力の価値」が「労働の価値」＝「労賃」形態に転化すると、全労働時間が支払い労働として現われ、剰余価値の発生根拠が隠蔽され、他方では、資本を投下する資本家の立場からすれば、移転した不変資本だけでなく可変資本部分も投下資本部分（c＋v）として括られ、それらが「費用価格K」を形成する。そこで、$W=c+(v+m)=(c+v)+m=K+m$ となり、可変資本と剰余価値との内的な紐帯が隠蔽され、可変資本は流動資本として費用価格の構成部分に一括される。だから、剰余価値は商品の価値（さらにはその販売価格）から費用価格を差し引いたものとして現われる。

ところで労働者は、相互に自由に結合して生産を営むのではなく、資本に媒介・包摂されてはじめて相互に労働を結合し、労働するのだから、ここでの「労働の社会的な生産力」は「資本の生産力」に転化せざるをえない。剰余価値は、したがって前貸総資本の果実として現われる。すなわち、可変資本の果実である剰余価値——したがって剰余価値率 m/v ——は前貸総資本の果実——したがって $\frac{m}{c+v}$ ＝利潤率——に転化し、このことを通じて、剰余価値 m は利潤 π に転化する。それゆえ商品価値 $W=K+m=K+\pi$ となる。このようにして、剰余価値が外面的に自立した形態である商品価値＝利潤＋費用価格、またはこれの単なる変形である①式が与えられる。

ケインズは、新古典派と同じく、資本関係が自立化した①式を無批判的に受容したから、利潤と労働とを切り離して、利潤を資本それ自体の果実であるとした。また $p=w\frac{\Delta \ell}{\Delta q}$ において貨幣賃金の上昇は商品の価格の——まして収穫逓減の法則を前提するならば、より一層の商品の価格の——騰貴をもたらすとした。しかし、貨幣賃金率（＝費用価格）の上昇は利潤を低下させるのであって、商品の価格は、この利潤の低下を商品価格の上昇でカバーしないかぎり、騰貴しないのである(4)。とはいえ、①式自体が無用であると言っているのではない。可変資本と利潤および商品価格との内的な関係を理解したうえで①式を使用するならば、一定の限界内では、事態は別様に現われる。

4　二つの途の選択——ケインズへの道か、マルクスへの道か

(1) ケインズ経済学の復活はあるのか

ケインズは、前章でみたように、貨幣賃金率の低下は労働者の反発を招くとして、その引き下げ

に反対した。彼は、貨幣賃金率wを一定にして実質賃金$\frac{w}{P}$の切り下げを試みる。$\frac{w}{P}=\frac{\Delta Q}{\Delta N}$からすれば、貨幣賃金率を一定にしたとき、物価が増大すれば、したがって実質賃金率$\frac{w}{P}$が低下すれば、右辺の労働の限界生産力$\frac{\Delta Q}{\Delta N}$もまた低下せざるをえない（ただしNは社会的総雇用労働者数、Qは社会的総生産量、Pは物価である）。ところで、社会的な総雇用労働者数Nの増大は、収穫逓減の法則の前提では、労働の限界生産力の低下でもある。だから、貨幣賃金率を一定にしたなかでの実質賃金の低下は、労働需要曲線を右にシフトさせ、その結果として、「非自発的な失業者」を解消することになる（図3参照）。このプロセスは、間もなく分かるように、有効需要の拡大＝物価上昇（インフレ政策）による実質賃金引き下げ→利潤の増大→生産の拡大→雇用労働者の増大である。これこそは、ケインズが意図した、雇用労働者の実質賃金の低下という犠牲による非自発的な失業者の救済策である。

ケインズ政策の本質を理解するために、新古典派とケインズも共有する「総供給函数」概念を取りあげ、①式をミクロからマクロレベルに転換して、総供給函数の曲線の形状およびそれの社会的な性格を考察しよう。ただし、単純化のために、ふたたび費用は貨幣賃金だけとし、貨幣賃金率は一定だとする。

$\Pi = PQ - wN$（Π：社会的利潤　P：諸商品の価格　Q：社会的生産量　w：貨幣賃金率　N：総雇用労働者数）

利潤Πが存在するには$PQ - wN > 0$でなければならない。だから、

$$Zw=\frac{Z}{w}\left(=\frac{PQ}{w}\right)>N$$ ……⑤となる（$Z=PQ$）。

ただし、予想売上額Zを貨幣賃金率wで割ったのは、ケインズにみならって「単位」を統一するためである。縦軸にZw、横軸にNを取り、原点Oから45度線を引くならば、⑤式よりZwは45度線を超えたところになければならない。

またZ（$=PQ$）$=\Pi+wN$ であるから、

$$Zw=\Pi w+N$$ ……⑥となる（ただし$\Pi w=\frac{\Pi}{w}$）。

⑥式より、Zwのうち45度線を上回る部分とはΠwであることが分かる。

さらに、利潤極大の条件である$P=w\frac{\Delta N}{\Delta Q}$より、

$$\frac{Zw}{N}\left(=\frac{PQ}{wN}\right)=\left\{\left(\frac{\Delta N}{N}\right)\Big/\left(\frac{\Delta Q}{Q}\right)\right\}$$ ……⑦となる

⑦式より、生産量Qが増加するときに、収穫逓減の法則を前提しているから、雇用の増大率$\frac{\Delta N}{N}$が生産の増加率$\frac{\Delta Q}{Q}$より大きく、したがって左辺の$\frac{Zw}{N}$における予想売上額Zwの増加率が雇用労働者数Nの増加率よりより大きくならなければならない。

ところで、利潤が存在するためには⑦式の左辺$\frac{Z}{wN}>1$でなければならない。$\frac{Z}{wN}=1$ならば利潤は当然に存在しない。したがって⑦式の右辺$\left\{\left(\frac{\Delta N}{N}\right)\Big/\left(\frac{\Delta Q}{Q}\right)\right\}>1$――すなわち雇用増大率が生産量の増大率より大きい――でなければならないが、これは収穫逓減の法則から導かれる。したがって、このことは、利潤の存在条件が$\left\{\left(\frac{\Delta N}{N}\right)\Big/\left(\frac{\Delta Q}{Q}\right)\right\}>1$という技術的な関係（=収穫逓減の法則）によって支配されていることを意味する。そしてこの技術的な関係は資本の属性として現われるがゆえに、

利潤の存在は、労働者の労働の搾取によってではなく、資本の技術的関係にもとづくものとして、利潤は資本に帰属すべきだ、という先のケインズの見解につながる。このことはのちにみるケインズの階級概念に影響を及ぼした。

さて、以上の⑤⑥および⑦式から、図4の総供給函数Zwを描くことができ、また以下のような企業の態度を知ることができる。

第一に、予想売上額Zwによって雇用量Nは決まるのであって、逆ではないから、右上がりの予想売上額が増加しないかぎり雇用量Nを増加させない。したがって第二に、予想利潤Πwは右に行くほど大きく上昇し、このことはΠwが増加しないかぎり雇用労働者数Nは増加しないこと、さらに第三に、労働分配率 $\frac{N}{Zw}=\frac{wN}{Z}$ は右にいくほど小さくなり、このことは、労働分配率が低下しないかぎり、または資本配分率Π/Zが上昇しないかぎり、雇用労働者数Nは増加しないこと、を意味する（浅野 一九七八）。

総供給函数を前提すれば、雇用労働者の増大には二つの道があることに気づく。ひとつには、ケインズの道である。総供給函数をそのまま維持して、投資需要を増加させることによって需要曲線を上にシフトさせ、この需要拡大による生産の拡大を通じて、雇用労働者数を増大する道である。ただし、雇用労働者数の増大が現実化するには、資本の有機的構成の高度化が資本の増加率より抑えられなければならない。はじめは需要曲線DDとZwの交点からN_0の労働者が雇用されていたが、投資需要の増大D′D′によりN_1に雇用労働者数が増大する（図4）。この雇用労働者の増大は、図4から

図4　総供給曲線と投資需要

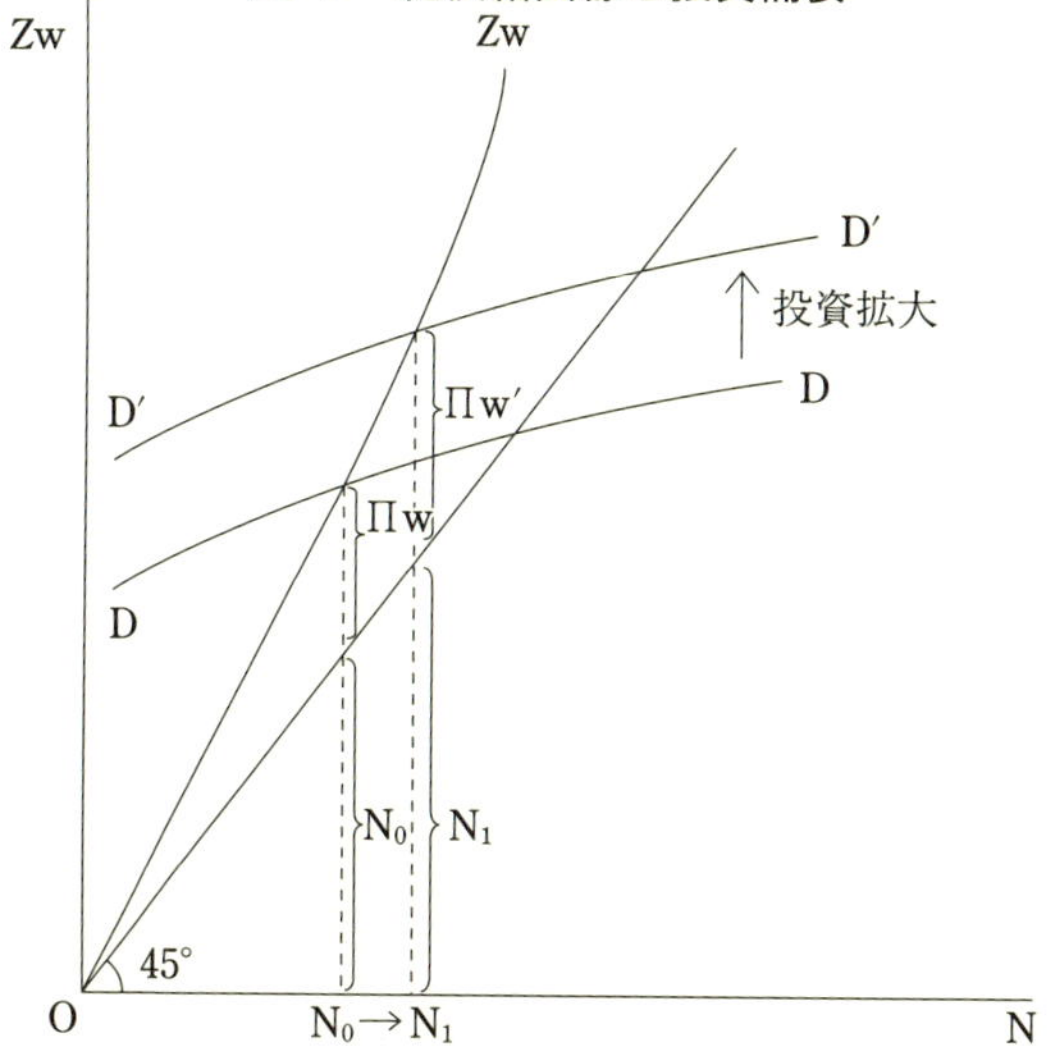

図5　総供給曲線と賃金上昇

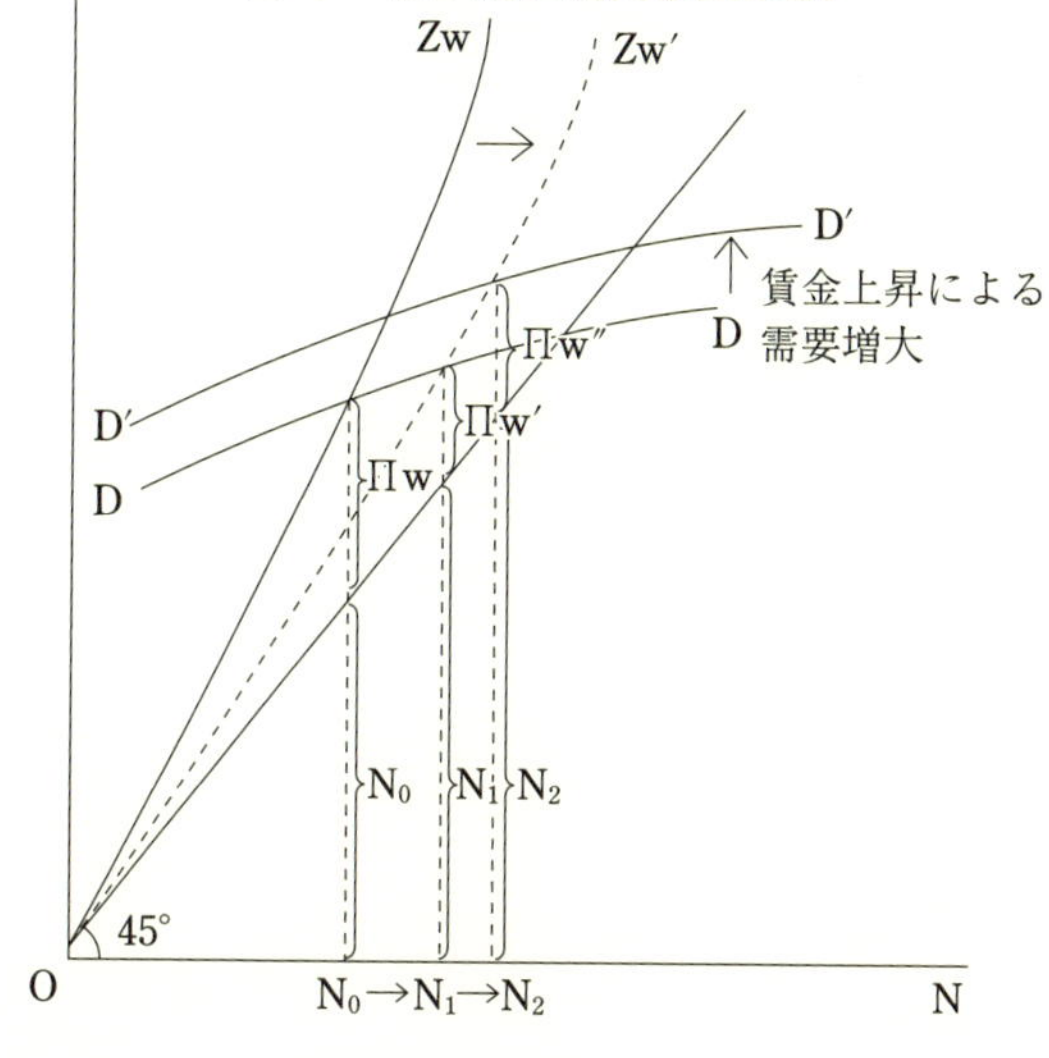

も分かるように、同時に利潤が増大し（$\Pi w \to \Pi w'$）、したがって資本分配率$\frac{\Pi}{Z}$が上昇し、反対に労働分配率$\frac{wN}{Z}$が低下した。これこそは、有効需要の拡大による物価上昇＝実質賃金率の低下→利潤の増大→生産の拡大→雇用労働者数の増大、という労働者の犠牲のうえでの労働者の救済策である。

もう一つの道は、総供給函数を導き出す諸条件をかりに認め、総供給函数曲線を前提したとしても、総供給函数曲線Zwを Zw′へと勾配をゆるやかにする方法である。この勾配の変化は、図5からも明らかなように、利潤の削減（Πw→Πw′）である。この削減分を総賃金wNにまわす——したがって労働分配率が上昇し、他方では資本の分配率が減少するのであって、価格は上昇しない——ならば、貨幣賃金率が一定の場合に、雇用労働者数がN_0からN_1に増加するだけでなく、有効需要を増大させることによって、生産拡大を刺激して、さらに雇用労働者数をN_2にまで増加させるであろう。このことをマルクスの経済学のタームに変換すれば、商品価値W＝c＋（v＋m）における（v＋m）の分配が変化し、可変資本vが増加し、剰余価値m（＝利潤）が減少することによる雇用労働者数の増加である。

第一の道は資本＝利潤原理に労働者の運命を委ねるものであり、ケインズの見解である。第二の道は資本＝利潤原理を社会的に規制するマルクスの道である[5]。

(2) ケインズの階級概念について

それでは、新古典派を批判するケインズは階級をどのように把握したのであろうか。彼は、投資階級〔Investing Class〕、企業家階級〔Business Class〕および労働者階級〔Working Class〕の3つの階級に分け、投資階級を非活動階級〔In-Active Class〕、企業家階級と労働者階級とを活動階級〔Active Class〕と呼んだ。投資階級とは、コンソル債や国外（イギリス植民地・アメリカ）の公共債に投資する、いわゆる投機階級であり、これに活動階級を対立させた。

ところで、利子率は投機的動機などによる貨幣需要および与件としての貨幣供給量によって決まり、この決定された利子率が雇用水準を決定する。すなわち、将来の不安定性にたいして貨幣は「安定性」と「確実性」であること――流動性選好説――によって「貨幣愛」が生じ、そこで、利子および利子率の最低限が設定される。他方では、利潤とは資本の希少性にたいする対価であるがゆえに、資本蓄積による資本の希少性の低下（＝資本の限界生産力の低下）は付加資本一単位当たりの利潤量（＝資本の限界効率）の減少をまねく。そして、資本の限界効率と利子率とが等しい点で新投資の大きさが決まる。だから、低金利こそが円滑な投資をすすめ、雇用労働者数を増大させる。そこから、低利子政策＝投資階級の安楽往生こそが、企業活動階級だけでなく、労働者階級にとっても望ましい、とケインズは結論づける。彼の階級把握は非活動階級と活動階級との対立であった（伊藤一九六二、一二一〜四六）。さらに、すでに指摘したように、利潤の存在は、労働者からの搾取ではなく、資本みづからにその根拠をもつと理解したから、企業者階級と労働者階級との対立は背後に退き、両階級は活動者階級に一括されることになった。

さらに、ケインズは、完全雇用が実現された段階では企業家階級と労働者階級との差は「能力の差」にすぎないとして、能力の差による所得格差を是認する。両階級の差をあたかも能力の差に還元するものはなんであろうか。ケインズは株式会社の発展による所謂「経営と所有の分離」に着目しているので、私たちもこれに着目しなければならない。

資本関係の外面的形態である利子生み資本とともに、資本と労働との対立は利子生み資本に移され、機能資本家の機能である指揮・監督労働は「労働過程一般の機能」として現われる。だから、利潤から利子を差し引いた「企業利得」は指揮労働の果実＝「監督賃金」として現われる。だが、この監督労働は機能資本家の専有事項ではない。とくに、利子生み資本を基礎として株式会社が発展すると、大規模な協業の進展とともに、資本の指揮機能が特殊な賃金労働者である「マネジャー」に譲渡される。これがマルクスの所有と機能の分離である。それとともに、機能資本家は生産過程から「余計なもの」として消え去り、同時に「企業所得」を「監督賃金」とする見解も消滅せざるをえない（W25a, 383-403）。

そこで、「特殊な賃金労働者」は――剰余価値の一部分をいわゆる「報酬」として取得する経営者は――、指揮する能力を持っているがゆえに、指揮労働に従事し、この点でのみ他の労働者と異なる、とする解釈が当然にも生まれる。だから、ケインズの階級区分論は、機能資本家と労働者との対立が利子生み資本に移され、さらには株式会社の発達によって機能資本家の指揮機能が特殊な賃金労働者＝経営者に譲渡されたなかでの認識といえる。

ケインズの活動者階級の――すでにみたように、より正確には企業家階級の――立場からの、投機階級への批判であった。それゆえ、ケインズが直面した一九二九年の恐慌の対策は、非活動階級の利益を制限・規制する為替管理および管理通貨制度などによる企業者階級の利潤の確保・保証であり、またその制限内での労働者階級の救済策にならざるをえなかった。現在進行している世界的な経済危機の分析への、ケインズの二区分階級の機械的な適用は、労働者の現実資本（および利潤）との関係を背後に押しやり、投機階級への批判に一面化させる。ケインズ的な階級の二区分の復活はこの点でも許されないであろう。

［注］

（1）効用一般が確立すれば無差別曲線が描かれ、さらには「ベンサムの世界」の言い換えである「パレート最適」理論が導き出される。
（2）「新自由主義」の立場からイギリスの労働組合の弱体化を試みたのがとくに、英国サッチャー政権および日本の中曽根内閣であった。
（3）貨幣供給量Mが物価Pを決めるという貨幣数量説では、商品は価格をもたないで市場で入り、一定の貨幣量と遭遇することによってはじめて価格が付くということになる。この説は、貨幣の価値尺度機能を見落としている。また、貨幣供給量Mを増大しても、これが不必要であるならば蓄蔵貨幣になるのだから、この理論は蓄蔵貨幣を見落とし、さらには蓄蔵貨幣による流通の中断を見落とし、セーの法則を受容することになる。
（4）近代経済学は、賃金の上昇が利潤を減らすがゆえに、商品価格の上昇でその減少をカバーすることと、賃金上昇そのものが商品価格の上昇を招くこととを区別していない。後者はまったくの価値構成説の立場である。
（5）資本の社会的な規制については、『資本論』第Ⅰ部第8章「労働日」および第13章「機械装置と大工業」さらに「資本のグローバル化と大工業」（宮田二〇〇三）を参照されたい。

第3章　倫理と市場——社会的交通の疎外の諸相——

三崎和志

はじめに

疎外という概念は、資本主義的生産様式下で人間が被る否定的経験の諸相と、その経験がうまれる根本構造を指示するものとして、ひろく用いられてきた。この概念の批判的含意が初期マルクスの草稿群から取り出されたものであることは、あらためて強調する必要はない。だが概念の普及の裏面、あるいは代償として、その意味内容が拡散し、漠然たる気分のレベルで捉えられるのみでその内実が明確に摑まえられない、という事態も生じてきたように思う。

そもそも概念の出所であるマルクスのテキスト自体に問題があるとの指摘もある。ユルゲン・ハーバーマスは、『コミュニケーション的行為の理論』において疎外の概念の曖昧さについて大きく二つの指摘をしている。第一に疎外の概念は、「具体的労働力の抽象的労働力への転化という概念」によって「自己目的と表象される生の道具化」と把握されることになるが、この生の概念が「歴史的指標」を欠くため曖昧なものとなっている（Habermas 1981, 501-2, 三三九）(1)。ドイ

ツ語の »das Leben« という語は、訳語としても文脈によって「生」「生活」「生命」となるとおり、多様な喚起力を持っている分、無限定で、歴史的に具体化された形姿が与えられていない。第二に、「近代のシステム分化のレベルと階級関係に特殊な制度化の形態とを峻別できない」(501, 三三八)、つまり社会の合理化がニュートラルにすすんでいくことと、その過程に階級の力関係が入り込み特殊な支配・抑圧のメカニズムを生みだすようになること、この両者を区別できていないという。マルクスは「資本主義による近代化の過程の中で、職人や農民の田舎の下層民がプロレタリアート化するとともに成立した生活関係を批判するため」に疎外概念を用いたが(502, 三四〇)、そのとき、先の区別が十分でないため、あたかも近代社会の合理化過程を全否定しているかのように受け取られうる余地が生じている。これでは疎外概念の内実が、前近代的な単純で牧歌的生活のノスタルジックな肯定に帰着してしまう。

以上の二点は、ハーバーマスにかぎらず一般的に初期マルクスの理論構成の問題として指摘されるところだ。彼らしいといえる指摘は、社会的行為に関して目的活動的行為、つまり意志を持たない自然対象に意志を持った人間が働きかけるという行為がモデルとされているため、「相互行為的な関係それ自体の歪みの問題、すなわちコミュニケーション媒体に取って代わられたコミュニケーション的行為の脱生活世界化も、それとともに生じる生活世界の技術化もすべて派生的現象として取り扱わざるを得なかった」(504, 三四二)

本稿は、この批判のように読まれうる側面を初期マルクスのテキストが持っていることを受け入れたうえで、そうではない「疎外」概念の理解を試みる。つまり、相互行為レベルにおける疎外の問題を、相互行為を労働モデルに解消することなく、輪郭のはっきりしたものとして浮かび上がらせることである。

これはさして困難なことではない。ハーバーマスの念頭にあったかどうかはともかく、有名な労働の疎外の箇所ではなく、第三草稿、およびジェームズ・ミルに関するノートの中に、相互行為の関わりで疎外が語られている箇所が存在するからである。次節をその箇所の検討にあてる。

1 社会的交通の疎外

社会的交通という語はミルに関するノートから採ったが、さしあたり、広く人間のコミュニケーション活動を包括するものと理解しておく(2)。初期マルクスのテキストには労働との関係付けなしに、コミュニケーション活動に関して疎外が語られている箇所もある。以下、そういう箇所を二つ考察する。

(1) 貨幣と「人間的関係」

「もし君が愛しても、相手の愛が生まれなければ、君の愛が愛として相手の愛を作りださなければ、もし君が愛する人間として君の生命を発現し、自分を愛される人間とすることができなければ、そのとき君の愛は無力であり、ひとつの不幸である」（MEGA^2 I-2, 438, 一八七）。『経済学・哲学草稿』第三草稿、貨幣に関する考察の末尾である。ここで不幸といわれている愛が、一方通行のそれであることは容易に読み取れよう。だがこの議論の要点は、片思いはツライ、ということではない。むしろこのコンテキストでは、不幸という言葉をそのまま受け取ってはならない。

この断章で問題にされているのは、貨幣という媒体の性格である。貨幣は「すべてのものを買える」という全能ともいえる属性をもち、その属性によって「人間の欲求と対象、生活と生活手段のあいだの取りもち役」を果たす（MEGA^2 I-2, 435, 一七九）。貨幣に媒介されるのは、現象的にはヒト-モノ関係に見えても、究極的にはヒト-ヒト関係であり、貨幣による交換は人間のあいだで行われる行為であり、この媒介関係こそが本質的であるといえよう。この基本的規定の後、ゲーテ、シェークスピアの貨幣に関する章句がひかれ、その解釈というかたちで貨幣のこの働きがいかなる意味を持つことになるかが説かれる。

「私は醜い。しかし私は自分にもっとも美しい女性を買うことができる。だから私は醜くない。というのは、醜さの作用、人をぞっとさせるその力は、貨幣によって無に帰されているからである」（MEGA^2 I-2, 436, 一八二）。貨幣が介在しない関係においては、美は美と交換される。ところが貨幣によることで、美を持たなくとも美を手に入れられる、そういう主旨だろう。醜さが貨幣によって克服される——そういう肯定的見方ができなくもなさそうだが、ここでは、ある人間に固有な属性としての美醜が交換の極から外れる、ということが問題なのだ。人間同士の交流においてそれぞれの固有性が問題ではなくなる、それが貨幣を介した関係なのだ。貨幣の「あらゆる紐帯の中の紐帯」、どんなものとも交換可能であるという性格が、「普遍的な縁切りの手段」つまり一切の紐帯を破壊しているとされる所以である（MEGA² I-2, 436, 一八三）。

絶縁にとどまらず、そもそも交換しようのない反対物の交換を可能とするという意味で、貨幣は転倒させる力とも言われる。「貨幣は諸々の個性の全般的な転倒であって、個性をその反対のものに逆転させ、そしてこれらの属性に矛盾する属性を付与する」。この力は、「誠実を不誠実に、愛を憎に、徳を悪徳に、奴隷を主人に、主人を奴隷に、愚鈍を理知に、理知を愚鈍に変ずる」ことができる（MEGA² I-2, 438, 一八六―七）。

このような転倒の生じた世界に対して、《人間的な関係》が対置される。「人間を人間として、また世界に対する人間の関係を人間的な関係として前提」すれば、「愛をただ愛とだけ、信頼を信頼とだけ、その他同様に交換できる」と言う。「君の人間に対する関係、自然に対する関係が、そのどれもが君の現実的、個人的生の特定の発現、君の意志の対象に相応しい発現」でなければならない（ibid.）。

ここで本節冒頭に引いた言葉が来る。人間的な関係では、愛は愛のみと交換されうるのだが、この交換は一方が望めば必ず成立するわけではない。愛が拒まれることもある。それは人間的な関係であるがゆえである。報われない、無力な愛は、人間的な関係がベースにあってこそ生じうる。勿論、当事者にとって報われない愛は不幸であるに違いない。だが、そのような人間的関係を持てること自体、そういったものが成立しようのない非人間的関係に置かれることと比較すれば、むしろ幸運というべきではないだろうか。その意味で報われない愛を《幸運な不幸》と呼ぶなら、金で購われる愛は《不幸な幸運》とでもいえるかもしれない。

ここでは個別的な人間関係という場面設定で議論されているが、より一般的な局面、「社会的等々の紐帯」に関しても、この貨幣の転倒させる威力は働く。結果、ある人の生きるための活動が貨幣に媒介され、他の人に破壊的に作用する、といったことが起こる。貨幣の媒介によって善意の活動が他者を破滅させる力となりえる。

『共産党宣言』にも「ブルジョアジーは、家族関係から、その感動的で感傷的なヴェールを剥ぎとり、純然たる金銭関係に還元した」（W4, 465, 四七八）との記述がある。少なくともこの時期まで、貨幣関係が本来の人間的な関係を代替してしまうこと一般を、マルクスが否定的に見ていることを確認できるだろう。

以上での議論の骨格は、愛であれ、美であれ、何らかの《質》的な価値を同じくすることが交換の前提である本来の《人間的な関係》が、抽象的、《量》的等価性を交換の基準とする貨幣を媒介とする関係によって取って代わられる、という事態である。人間のあいだの人間的交流それ自体に意味がある場合、人間とは社会関係のアンサンブルであるという有名な規定を念頭に置けば、人間的であるために欠くことのできない関係に貨幣が媒体として割って入ること、それはまさに非人間化だといえる。

無論、貨幣による交換が全面的に否定されているとはまでは言えまい。物質的な必要を満たすたんなるモノを交換するのと異なり、愛がもっとも説得的であるような、人間の取り結んでいる関係性の質それ自体に意味がある場合、つまり他の媒体に置き換えることがその関わりの意味そのものを失わせてしまうような場合、そこに貨幣による交換が入り込むことが問題となっているのだといっていい。

もう一点、付け加えておくべきは、貨幣による交換ではない関係性は、必ずしも善いものとは限らないということだ。貨幣による交換以外で、自己の利益を図るために他者との関係を調整する方法には、直接的暴力、社会的因襲によってつくられる非対称的な支配／服従関係といった間接的暴力といったものが含まれる。もちろん、先にマルクスが肯定的な意味を込めて使用していた《人間的な関係》にこれらは含まれまい。しかし直接的暴力の問題性は論じるまでもないにしても、間接的暴力には、人種差別のような明白な暴力と言い得るものからある種のジェンダーの非対称性のように、微妙なものまでが含まれる。

市場が自由、解放の場であるという表象が生じるのは、因襲でがんじがらめの状態から、一商品所有者として市場の交換関係に参入することで、因襲の絆を切り離すことができるからだろう。たとえ、自身の労働力しか売るべき商品を持たない労働者として市場に入る場合ですら、それまで苦しんできた抑圧・従属関係に比べればマシだと感じられる場合が確かにありえるだろう。その意味で「普遍的な縁切りの手段」にも効用がないわけではない。もちろんここでのマルクスの議論はその種の人間関係の問題は考察の外に置いている。

(2) 信用と道徳

『経済学・哲学草稿』とほぼ同時期のミルに関するノートに、類似しながらも微妙に位相を異とする考察がのこされている。

まず、貨幣が交換の媒介者であるというミルの把握を正しいものと評価しつつ、その本質が、「人間が生産物を互いに補完しあう媒介活動ないし運動という人間的、社会的活動は、疎外され、人間外の質料的なものの属性、すなわち貨幣の属性となっている」と論じる(MEGA^2 IV-2, 447, 八二)。前節でみた第三草稿の記述は、人間的関係の貨幣による《置き換え》という構図だった。この引用にみられる「人間的、社会的活動」(そこに先にみたような《人間的な関係》があると読んで問題なかろう)が「貨幣の属性」と化すという記述は、ニュアンスとしてより強い印象、人間的な関係の貨幣による《支配》といった印象を抱かせる。

この印象は、話が信用、銀行制度に及ぶにいたってさらに確かなものとなる。そこでは、サン・シモン主義者が信用制度―手形、為替、債権などの貨幣の代替物の発展を「人間と事物との、資本と労働との、私的所有と貨幣との、貨幣と人間との分裂、つまり人間と人間との分裂が順次に止揚されてゆく諸段階とみなした」ことが批判される。サン・シモン主義者とは正反対に、マルクスは信用制度、すなわち「この疎外の廃棄、人間の自己への帰還、したがって他の人間への帰還は仮象であり」、「いっそう恥ずべきで、いっそう極端な自己疎外、非人間化」だという。その理由はこうだ。「信用制度の内部では、貨幣が人間において止揚されるのではなく、人間そのものが貨幣に転化しているのであり、別の言い方をすれば、貨幣が人間と一体になっている。人間的個性、人間的適性が売買の対象にまでなり、かつ貨幣が実存するための素材になっている。貨幣や紙に代わって、いまや私自身の人格的定在が、つまり私の血と肉とが、私の社会的美徳と威信とが貨幣魂Geldgeistの質量であり、肉体である」(MEGA² IV-2, 450-1, 九二)。

引用が長くなったが、問題となっているのは、《信用制度における人間関係の疎外の亢進》とでもいうべき事態である。《キャッシュレス》な生活をよく知る現代人には、サン・シモン主義者らの考えが無邪気な夢想であることは、説明なしに実感として理解できるだろう。モノとしての貨幣を使わないからといって、それだけで貨幣に媒介された関係性がふたたび人間的な関係に戻れるわけがない。そして事態はもっと悪くなっているというのがマルクスの主張である。貨幣による人間的価値関係の《置き換え》から《立場の逆転》が問題にされる。つまり、信用制度においては人間そのものが貨幣価値を表示するものになっているというのだ。

信用とは、ある人間が他の人間にその人物の確かさを認め、その信用にもとづいて貨幣を前貸しするわけだ。その場合、「善い gut 人間」とは、「支払能力のある人間」ということになる(ibid.)。この《善さ》とは、先の引用における「私の社会的美徳と威信」に対応するものと理解できる。人間がもつ倫理的徳性が、貨幣価値を表示するものとなっている。こういう文脈のなかでは、道徳的な意味で《善良である》とはすなわち《貸した金を確実に返す見込みがある》という意味となる。それは貸出金額や利息を決定する要因となるわけだ。

以上のマルクスの議論で問題になっていることを定式化しようと思う。

第三草稿で問題とされた愛、ここでの人物の善良さといった徳性をも包括し含む広い概念として、本稿では《倫理》という語を使用することにすると、以上で語られているのは、貨幣による交換が倫理に置き換わる、倫理を交換が支配し手段化する、といった事態だとまとめられる。

我々は特定の社会の中で生きていくうえで、各人の福祉を尊重し、できるなら促進しあおうとするような規範の体系（それは時代と地域によって様々であり、その中に矛盾・軋轢をはらむにせよ）の中で生き、その体系に沿う方向で各自の性向を形成し、体系に自発的に従いつつ行動しようとする。倫理とはそうした各人が交渉しあう関係性の総体といえよう。

他方、市場とは、貨幣を媒介とすることで倫理に訴えかけずに交換がすすむ場である。多種多様な需要と供給をひとつの単位で数量化することで、交換が飛躍的に促進される。交換の相手を想定して、その人間とどういう関係を築くかといった思案は不要だ。

しかし、市場において倫理がまったく作動していないというわけではない。アクセル・ホネットがハーバーマスによるシステムと生活世界の区分に関して指摘していることだが[3]、経済システムが生活世界から自立しているというイメージは、あたかもコミュニケーション次元の規範的要素が市場においては作用しておらず、逆に生活世界では支配から自由なコミュニケーションが存在するかのような仮象を生み出す。システムは規範的意識と無関係に独自の論理のみで動いているわけではなく、そこにはつねに規範の網がかかっている。たとえ経済合理性から好適であっても、倫理的に問題があるために行なわれない交換はいくらでもある。

その際、市場の交換における貨幣の威力が倫理のそれを凌ぎ、倫理を無効化したり従属的に利用するといった状態が生じうる、というのがここで問題となっていることだ。市場外の人間的生活の諸要素が専ら市場内部での取引を促進、加速するのに用いられ、人間的生活そのものを危うくするか（ハーバーマスのいう《生活世界の植民地化》）、それとも、市場が人間的な暮らしの一構成要素として位置づけられる（ポランニィのいう市場の社会への《埋め戻し》）ことになるのか。社会的交通の疎外の議論からは、そういう対立軸が浮かび上がってくる。

無論、単純な二者択一ではない。市場との折り合いの付け方は、時代、状況によりさまざまである。貨幣を媒体とすることで交換を促進するという市場本来の効用は、文化的な生活にとってやはり必要不可欠のものでもある。

いわゆる《労働の疎外》の議論では、労働者が自己の労働力を売り渡すことで資本家の指揮下、完全に従属的地位に置かれ自己喪失してしまうというのが一般的な構図だろう。それに対し、社会的交通の疎外では、所与としての人間のあいだの社会的交通（それには多様ものがあり、抑圧的なものも含まれるだろう）があり、そこに貨幣を媒体とする関係が入り込んでくるという構図でイメージできるからであろう、市場とその外部との関係が意識されやすい構造になっていると思われる。

次節以下、マルクスのいう社会的交通の疎外、倫理と市場の論理の衝突とみなせるような具体的事例を紹介、検討する。

2　代理出産

代理出産は、自身で出産が不可能な女性にかわり、受精卵を他の女性の胎内で育て出産する生殖技術である。子供を産めない女性の親族、友人などが無償で代理母となるケースもあるが、斡旋業者をつうじた有償の代理出産が、アメリカ（カリフォルニアを筆頭に法的規制のない一部の州）で実施されていることが知られている。最近では費用の点から代理出産の地としてインドが注目されているようだ。(4)

数年前、日本人の女優がアメリカで代理出産により子供を得たことをおおやけにし、戸籍上の問題が議論となったが、代理出産のはらむ問題はもちろんそれにとどまらない。

無償の代理出産に関しても論ずべき問題はあるが、本稿で考えたいことと関連するのは有償の代理出産である。（以下、いちいち断らないが、対象を有償の代理出産に限定して議論をすすめる）。以下、エリザベス・アンダーソンの議論を参考にしながら代理出産の問題点について考える。(5)

代理出産に関しては、本稿の主旨とは異なる角度からもいくつか倫理的問題が指摘されている。脱線にはなるが、ある程度触れておく必要があるだろう。

まず、報酬をともなう代理出産は出産の賃労働化とみることができる。とすれば、そこには《労働の疎外》が生じることになる。果たして出産は賃労働に馴染むことか。この問いは、代理出産の当否に関する考察であると同時に、人間の活動の賃労働化はどこまで可能なのかという問いでもある。

個人の自由と自律を拠りどころとするリベラリズムからの、ごく一般論として予想される回答は以下のようなものだろう——純粋な理由から子を望む両親、自発的に志願した代理母がおり、透明な契約にもとづいて合意が結ばれ、そこで特に代理母の身体への十分なケアが確保されているなら、許容される。しかしこれはあくまでも妊娠出産の特殊性をみない段階の議論に過ぎず、このレベルの議論で代理出産を許容できるなら、およそ応用倫理の議論は意味がなくなる。妊娠出産の特殊性を考察しなければ代理出産の是非を論じたことにはなるまい。

代理母にとっては、妊娠から出産までの期間は二四時間《労働》時間ということになる。代理母に対して《運動しろ／安静にしていろ》、《赤ん坊のためにこのクスリを飲め／飲むな》等々、いろいろな注文が付くだろう。クライアントからのこうした行動規制が、食生活から睡眠、はては息抜きや娯楽にまで（となると、それはもう息抜きや娯楽ではないわけだが）及びうる。類似のケースとして、高額な報酬を得るスポーツ選手など、身体のケアに特別の注意を払うことを義務付けられているような《労働》もあり得るだろうが、それにしても、何ヶ月も二十四時間、その種のコントロールを受け続けるという代理母ほどの状況にはないはずだ。このように、時間的にも質的にもクライアントの要望によって強力に管理される可能性のある代理出産は、賃労働化することが適切なのかというのが、問題のひとつである。

この契約をアンダーソンは代理母の身体に対する支配権が代理母から子どもの両親に譲渡された状態と捉える（英語の »alienation« は《譲渡》とも《疎外》とも訳せる。ドイツ語の »Entfremdung« も同様）。

支配権の譲渡といっても、契約である以上、健康な子どもを得るのに必要なかぎりでの、という限定付きだとはいえる。しかしこの限定は限定にならない。どこまで何をすれば出産された子どもが健康であるか、まるでわからないからだ。子どもに対する心配から、代理母に発せられる両親の要求のうち、正当なものと取り越し苦労のあいだに線を引くことはできない。結局は、子どもに両親が望ましくないと考える《問題》が見つかれば、それが明白に遺伝性のものであるといった場合を除けば、結果論で遡及的に代理母の行動に対して非難がなされうる（子どもが障がいを持って生まれたために引取りを拒否した例は実際にある）。こう考えると代理出産は、契約としての明白な内容を欠き、母体に対する依頼主の支配要求を際限なく強めるものとなりうる。これは代理母の自律を根本から掘り崩すことになる。

以上は、本稿では主題としていない労働の疎外として把握することのできる問題である。アンダーソンの論述で興味深いのは、代理母の感情の問題に関する指摘である。「契約妊娠のなかに含まれる搾取の重大な形態は財政的なそれではなく、感情的なものである」(180)と彼女は主張する。

仲介業者に代理母を志願した女性の中で、純粋に金銭だけが動機だと回答したのほんの一%だけで、他は志願した理由として経済的理由とともに感情的な理由を挙げる。ある推定では、志願者の三五%は過去の中絶などの経験から来る罪の意識の解消か、子どもを失うプロセスをふたたび繰り返すことで解消されない喪失感に対処しようとしているとされる。多くの代理母は、妊娠を「ちゃんとしている」、「感謝されている」「特別である」と感じる方法だと考えている。裏を返せば、妊娠していない時にはそう感じられないということだ。彼らは自身の力で価値ある地位を獲得する力を持たないため、自身の適切な価値付けにあたり他者の定義に従属せざるをえない。しかしこのようにして得られる自尊心は不安定で敗北的である。

このように代理母志願者の多くが、それぞれ内面的葛藤を抱えていると考えられるのだが、彼女らはまた、代理母を果たすことをたんなるビジネスではなく、利他主義に発する一種の贈与として捉えている。自分で子どもを産めない人の役に立ちたい、という気持ちである。仲介業者とそのクライアントは「贈与関係における互恵性の規範」—互いが互いのことを思いやり、見返りを求めず、自発的に相手のために尽くすということだろう—に従って代理母との契約を結んでいるかのようにふるまうが、それは欺瞞である。「代理母産業とそのクライアントは、実際は、彼らの自己利益に適う場合を除き、代理母と彼女の利他主義的動機を尊重も配慮もしない」(181)。

さらに、アンダーソンは、まさに代理母特有というべき問題を挙げている。「契約出産は根本的に欺瞞的である。なぜなら、その契約の形式は商取引の規範に依拠しており、法制化されたものであるか、たんなる社会慣習であるかにかかわりなく、この規範は、母親が自身の子を愛することは罪、利己的であると感じるべきだという含意をもつからである。」(187)。母性は、自然に発するものとして女性が無条件に備えているものとするより、妊娠—出産—育児のプロセスの中で獲得されつづけるものを考えるべきであろう。妊娠期間はその最初の段階であり、女性は体内で子供を育む過程の中で、幸福な条件が揃っていれば、同時に子どもへの愛情を育てていくはずである。

代理母の置かれた状況は、一般的に期待される母親の子どもへの愛着を断念するよう強いる。その強制は代理母が仲介業者とそのクライアントと結んだ契約である。産んだ子どもへの愛着を断ち切って引き渡すことが契約の履行である。(あくまでも先に述べたような意味において)《自然》な感情としての子どもへの愛と、交換における正義の対立を代理母は生きることになる。このとき代理母の内面で生じる葛藤、価値の衝突、これはまさにマルクスの指摘した社会的交通の疎外の構図で捉えられるものだ。

3　アメリカにおける生命保険の普及

代理出産においては、倫理—母の子への愛—と市場の論理—契約の遵守—との対立が調停不可能なかたちであらわれていた。もっとも対立の先鋭な事例といっていいかもしれない。

しかし実際のところ、倫理と市場がぶつかり合う過程で市場が勝利を収め、現代を生きる我々がそのことに気付きもしないようなものも多く存在するに違いない。次に紹介するのは、ゼライザーのアメリカでの生命保険の普及の歴史を追った『モラルとマーケット』である。(6) この経済社会学的研究はアメリカで生命保険が普及するにあたり、従来の道徳、価値観とどのような軋轢があったかを描いている。

アメリカ人は、家屋、店舗、船舶にはすぐに保険をかけたのに対し、生命保険はなかなか普及しなかった。それは生命保険が「強力な文化的、および宗教的価値への挑戦として頑固な抵抗にあった」からである(39, 五三)。

一八世紀には、未亡人と孤児は、近隣の住民関係と血縁親族関係、それに加えて遺族の経済的苦難に力を貸す相互扶助団体によって支援された。一九世紀には、それが保険にとって替わられる。これは信頼と社会的連帯によって営まれる相互扶助から市場への移行であり、「地域社会によって未亡人と孤児に与えられた形式ばらない型の相互扶助」から「商業機関とのフォーマルな契約上の合意と年々の保険料支払い」への移行である(91, 一一七)。効率性、合理性等の長所が生命保険にはあったがそれでも当初は従来の援助の方が優れていると思われていた。「『自然発生的な愛と義務』を根絶やしにした有償の保証よりも、自発的な相互補助システムの方が、道徳的にも社会的にもすぐれていると見なされた」のである(91-2, 一一八)。

生命保険が当初普及しなかったのには社会構成上の問題もあった。農業を生業とする家族では、家長の死後、土地が遺されるかぎり、残った家族が生きていくのに劇的な困難が生じることはなかったろう。生命保険が対象とするのは、家長が死ねば直ちに生活が立ちゆかなくなるリスクを持ち、同時に保険料を支払うだけの資力を持つ階層、つまり都市の中産階級（実質的に白人）ということになる。つまり生命保険の普及には、都市中産階級の増加という社会構成上の変化が前提にあったろうが、ゼライザーが問題にするのは、「人間の生命を厳密に金銭的に評価することを咎める価値体系」（xi, 二）が生命保険に対する反発を引き起こし、普及がすすまなかったという、市場の論理と倫理の衝突の構図なのである。

このような価値観の壁を保険会社はどのように乗り越えたか。一九世紀初頭から一八七〇年まで、生命保険会社は「顧客の財布ではなく、顧客の倫理」に訴えた。保険を売り込むのに「道徳話法 moral persuasion」を用いた。生命保険とは「制度化された慈善と組織的な利他主義」つまり、古い非営利の相互扶助団体の性格をそのまま拡大発展したもの、現代の社会において利他主義が生き残ることを保証するものと性格付けられた（94, 一二一）。

この生命保険の道徳性の主張は、同時に古い相互扶助を否定する。いくつか論法がある。自発的な援助はもちろん望ましいものだとしても実際的ではない、友人や近隣の援助はあてにはならない、慈善は自尊心や自立心を損なうといったものだ。反対に生命保険こそが現実的、確実で、自尊心や自立心を生み出すものと主張された。このような論法によって「一八四〇年から一八六〇年までのあいだに生命保険は、道徳的慈善機関として成功裡に確立されるにいたった」（101, 一三〇）。

南北戦争後、生命保険会社は急成長し強力な法人機関となる。規模の拡張を追求する中で、従来の道徳話法に変わって、現世的なアピール、つまり剰余金の蓄積、料率の引き下げ、多額の配当といった、この世での自己利益を促進する手段という方向へと売り文句が変わっていく。生命保険は慈善からビジネスへとイメージの転換がはかられ、商業主義へと傾いた。

ゼライザーが描いているのは、利他主義による相互扶助が、合理的なビジネスである生命保険に置き換わっていく過程である。生命保険はその地歩を固めるのに当初、自身を道徳的言葉で飾り、対抗者を排除してしまってからはそれを捨てていった。こうして利他主義的相互扶助の形態は失われてしまったわけである。これは、倫理に対する市場の勝利といえるケースだと思う。たしかに生命保険の方が財の配分という点については効率的で確実なのかもしれない。しかし失われた利他的精神による人間の結びつきは、現代社会で強く求められているものでもある。

小括

ゼライザーも言及し、考察のヒントにしている文献にリチャード・M・ティトマスの『贈与関係 The Geft Relationship』がある。彼は各国の献血の制度を調査し、献血と売血制度のある国の比較から、献血の方が経済的にも効率的であることを示すが、主張の眼目はそのような「経済効果」よりも、利他的精神とそれにもとづく贈与関係そのものの意義である。「ある社会に利他主義の精神が存在すること、しないことに対してどんな金銭的価値をあてることもできない。見知らぬ者への贈与にみられる利他主義は献血に始まり終わるわけではない。それは生のどの側面とも接していて、諸価値の織物全体に影響を与えているだろう。他の助けなしには満たせない生物学的必要を満足させる際に利他主義が果たす役割は、ことに現代社会において、もうひとつの測り知れない要素である」（Titmus 1997, 263）。

マルクスは人間の利他性について特に積極的に語ってはいない。しかし、人間をたんなる自己保存の衝動の乗り物とする、この世には市場しか存在しないといわんばかりの立場をマルクスは採っていない。人間のもつ人間的要素のひとつとして当然、前提していたと考えていいだろう。利他的精神をも含む幅の広い《人間的な関係》が貨幣の交換へと置き換えられ人間性がやせ細っていくこと、交換の手段へと人間的なものが貶められること、それが《社会的交通の疎外》として把握されていた。市場の力に抗して人間的なものの幅をどう確保するかは現代の重要な課題であり、疎外という概念はその文脈において今でも意義を持ち続けている。

[注]

（1）以下、本節の引用はすべてここからのものであり、引用箇所を（原著頁、邦訳頁）とのみ記す。

（2）（MEGA^2 IV-2, 453, 九八）には »die entfremdete Form des geselligen Verkehrs« とある。訳注によると英訳ではこの »gesellig« は »social« となっており、»gesellig« は »gesellschaftlich« を意味するものと解釈されているようである。次ページに »der gesellschaftliche Verkehr« という表現も見られることから、先の »die entfremdete Form des geselligen Verkehrs« を「社会的交通の疎外された形態」と訳してよいと考える。

（3）この問題については、（三崎、二〇〇六）を参照。
（4）代理出産の事情については（大野二〇〇九）、（スパー二〇〇六）を参照。
（5）参考とするのは（Anderson 1993）の第8章である。ただし彼女の論理構成にはかならずしも従っていない。本節の引用はすべて同書からのものであり、特に引用した場合のみページ数を示す。
（6）以下、本節の引用はすべて（Zellizer 1979）により、引用箇所を（原著頁、邦訳頁）とのみ記す。

第4章　マルクス宗教論の射程
――「ユダヤ人問題によせて」を中心に――

船津　真

はじめに

宗教はかつて最高の学問であり同時に権力でもあった。しかし、認識の進歩とともに宗教の学問としての地位は低下し、それに伴って権力としての地位もまた低下した。近代民主国家における政教分離は、こうした傾向の一端を表現している。聖俗の区別が難しいと言われているイスラム教徒の多い地域においても、政教分離を志向するいわゆる「世俗主義」による近代的な国家建設のために多くの努力が払われてきた。こうした傾向は押しとどめがたい長期的な趨勢であって、実際に、一部のアラブ諸国などを除けば、世界中の国々で宗教は公式には権力の座から降りている。

私のような信仰を持たない人間の宗教認識というのはこんなところだ。そしてまた、その行く末については、漠然とこんな風に思っている。こうした傾向は、人類の幸福にとっては良いことだ。そもそも、宗教と結びついた慣習の中には、反ユダヤ主義、カースト制度、名誉殺人など、我々の人権感覚と明らかに矛盾するろくでもないものが混ざっている。近代化は、民主主義と人権思想を世界中に普及させ、宗教と結びついたこうした不合理な慣習や法制度に取って代わってきたし、これからもそうなるだろう。そして、宗教は穏健化が進んだ後、最終的には消えてしまうだろうが、それは望ましいことでもある、と。

ところが、不信心者のこうした予想に反して、パレスチナ、イラク、ユーゴ、ダルフール、チェチェン、アフガン、カシミール、チベット、アチェなど近年の紛争地域では、どこにおいても宗教の存在感が著しく増しているように見える。昨今のこうした宗教の過激化を目の当たりにすると、政教分離や世俗主義というものは、宗教にとって消滅への一里塚であったというよりは、再生への揺りかごだったのではないかとすら思えてくる。近代化する世界の中で、宗教は消滅へと続く一本道を行くのではないとしたら、いったいそれはなぜなのか。

本章では、主にマルクス初期の論文「ユダヤ人問題によせて」（Marx 1844）を手がかりにして、この問題を考えてみたい。こうした試みは、宗教と近代世界の関係を考えるための、一つの視点を与えてくれることになるだろう。

1　宗教批判とマルクスの宗教論

マルクスの宗教論は、それ以前にドイツの思想界で展開されてきた「宗教批判」の内に位置づけられる。まずはこの点を確認していこう。

発端となったのはダーフィト・シュトラウスの『イエスの生涯』（Strauss 1835-6）である。そこでシュトラウスは、聖書に描かれたイエスの言行というのは、民衆の神話的な想像力の産物であると論じた。この議論は、イエスを地上に遣わされた「神の子」だとするキリスト教世界の根幹を揺るがすものであり、大きなセンセーションを巻き起こした。これを受けて、『キリスト教の本質』（Feuerbach 1841）において、疎外論的な視点からキリスト教を解釈したのがルートヴィッヒ・フォイエルバッハである。彼は次のように論じた。宗教的な意識というのは、人間を神に創造された被造物だと考えている。しかし、むしろ人間の方が、自分自身の本質を自分の外なる存在者として意識することによって、神をいわば創造したのである。つまり、人間が、人間とは別の、人間を超えた存在として崇拝しているのは、実は自分自身の本質なのである、と。そうはいっても、あらゆる面で有限な存在者である人間とは違い、神というのはあらゆる面で無限な存在者だと考えられてきたのではなかったか。人間の有限な本質を、自分の外へと疎外しても、それはやはり有限な存在者に過ぎないのではないだろうか。これに対してフォイエルバッハは、神とは、ある一人の人間の疎外態であるというわけではなく、人類としての人間、つまり「類的存在（Gattungswesen: Wesen には「存在」のほかに「本質」という意味がある。以下では文脈に応じて適切な訳語を付ける）」としての人間の疎外態である、と論じた。キリスト教の神が「愛の神」であるのは、愛が足りないために互いにバラバラになってしまった人類の理想を表象しているからである。だとすれば、宗教意識というのは、自分の外に自分自身を見出すという意味で、遠回りをした自己意識であるということになる。神学とはつまり人間学なのである。

こうして、フォイエルバッハによって、イエス論から宗教論へと批判の射程は伸ばされていった。そこからさらに青年ヘーゲル派内部で活発な論争が展開された。ブルーノ・バウアー、マックス・シュティルナーといった論客によって引き受けられたこうした議論の焦点の一つは、神学がそこへと還元される「人間」とは何か、ということであった。マルクスの宗教論は、フォイエルバッハの疎外論的宗教理解に立脚しつつ、人間をめぐる青年ヘーゲル派の論争を引き継ぐ形で展開されることになる。

マルクスによれば、フォイエルバッハからシュティルナーに至る宗教批判の欠点は、人間を抽象的にしか把握できていないことであった。マルクスは人間を第一次的には、つまり現実的には、実践的・共同的な存在者だと考えていた。そこで、フォイエルバッハのように人間を自然的・感性的な存在者だと考えたり、あるいはバウアーやシュティルナーのように自己意識や自我を真の存在者だと考えたりするのは、現実的な人間から抽象された姿を、人間そのものと取り違えているにすぎない、と批判した。マルクスは「ユダヤ人問題によせて」と同時に発表した「ヘーゲル法哲学批判序説」(Marx 1844)の中で次のように書いている。「人間というものは、この世界の外部にうずくまっている抽象的な存在ではない。人間とはすなわち人間の世界であり、国家であり、社会的結合である」(W1, 378, 七二)。「抽象的」というのはつまり、ちょうどコギトとしての人間のように、世界の外にたった一人でいるとしても、何ら欠けるところのない存在者ということである。人間は、世界の中で、他者との様々な共同性の中で、「類的紐帯」の中ではじめて人間たりうるのであり、そうした共同性こそ人間の具体的で現実的な実相なのだから、コギト的主体として人間を捉えるのは抽象的である、というのだ。

ところがそのような「人間の世界」において、個々人が自分の人間としての本質を、自分自身のものとして感じることができないとすると、そうした世界に生きている人間は「人間的本質を空想的に実現しよう」（W1, 378, 七二）と試みる。その空想が宗教である。これが多くの人々をひきつけるのは、そこには現実に対する抗議が含まれているからである。宗教とは、自分の本質を頭の中で、この世界の外の存在者へと疎外することで成立する。「〔宗教とは〕抑圧された人々の溜息であり〔…〕民衆の麻薬なのである」（W1, 378, 七二）とはそういう意味だ。

こうして、マルクスにおいて宗教批判は、宗教そのものへの批判ではなく、宗教がそこに存立の基盤を有している「人間の世界」に対する批判となる。そうした批判はまた、人間が「この世界の外部にうずくまっている抽象的な存在」だと見立てられてしまうのはなぜか、ということの解明を伴なうものである。以上の点を踏まえて、次節ではこの「ユダヤ人問題によせて」の議論を近代国家と宗教の関係を中心に見ていこう。

2 バウアーとマルクス——宗教からの解放をめぐって

このテキストは、一八四〇年代のユダヤ人解放論争の最中に発表された。[1] この論争の最初の対立構造は、自由主義者や宗教的にリベラルなユダヤ教徒による解放賛成論に、保守主義者やキリスト教国家論者による解放反対論が対立するという比較的分かりやすいものであった。ところが、ここに前述したブルーノ・バウアーが加わったことで議論が複雑になる。バウアーは当初、自由主義的な青年ヘーゲル派の論客として解放賛成論を展開すると思われていた。ところが、実際に彼が行なったのは、ユダヤ人がユダヤ教徒のままで人権を要求するのは間違いであるという解放反対論であった。以下、マルクスの論述に従ってこの議論の要旨を見てみよう。

ドイツ諸邦はキリスト教国家であり、その国民も大部分がキリスト教徒やユダヤ教徒といった宗教的人間である。ということは、ドイツでは、誰一人政治的に解放されていない。なぜなら、人権の担い手というのは、宗教的人間ではなく宗教から解放された人間でなくてはならないからだ。したがって、ユダヤ人が解放を望むのであれば、ユダヤ人はまずはユダヤ教に対する宗教批判を遂行しなくてはならない。そうでないならば、真の解放は実現しない（W1, 371f, 五四以下）。

宗教からの人間の解放ということについて、バウアーはまた次のようにも論じた。「特権を与えられた宗教がもはや存在しないならば、宗教はもはや存在しない。宗教から排他的な力を奪え。そうすれば宗教はもはや存在しない」（W1, 350, 一四）。ここでの「排他的な力」とは、法や制度として存在する宗教という意味である。たとえば日曜日を法律で公休日と定めることは、キリスト教の安息日の制度化である。こうした制度化によって、安息日は、たとえその宗教的な意義を失っても、法律という支えを得て生き残ることになる。すでに歴史的役割を終えて死んでいるはずの宗教を外側から支えている政治的力を、つまりキリスト教国家体制という「排他的な力」を克服しさえすれば、宗教は学問的対象へと変わってしまうであろうし、そうでない場合でも、せいぜい各人の「私事」の範囲で信仰されるようなものとなり、「もはや存在しない」も同然のものとなるだろう、というわけだ（W1, 353, 二〇以下）。このようにバウアーは、政治を宗教から解放することと人間を宗教から解放することを一体のものとして考え、それをユダヤ人だけではなく、宗教一般からの人間一般の解放の問題として提起したわけである。

マルクスにとってバウアーの議論の最大の誤りはこの点にあった。マルクスによれば、「人間の世界」が、政治的領域すなわち国家と、経済的領域すなわち市民社会とに分裂している場合には、政治を宗教から解放することと人間を宗教から解放することは同じではない（W1, 353, 二〇）。この議論を理解するために、まずはマルクスが挙げている選挙権の例を通じて、《国家／市民社会》分裂とそこに生きる人間について見てみよう。

選挙権をある一定額以上の納税者に限定すること、つまり制限選挙制度は、市民社会における私有財産の格差を国家の内に持ち込むような制度である。そこでは、経済的に富裕な階層が、自らの都合を法律という普遍的な力としてあらゆる階層に通用させることができる。それに対し、納税に関する条件を撤廃した普通選挙制度は、市民社会的な格差を国家から排除するものである。したがって、この制度においては、私有財産は政治的には意味を失うことになる。しかしながら、それによって私有財産そのものが無意味になったかといえばそうではない。相変わらず私有財産は存在し、人々は自分の財産にまつわるあれこれに振り回されながら生活しているからだ。つまり、一人の人間が国家の成員である「公民 Staatsbürger」としては私有財産から解放されながらも、同時に、市民社会の成員である「私人 Privatmensch」としては私有財産から解放されてはいない(W1, 354, 二二以下)。このように、国家と市民社会の分裂は、そこに生きる人間の公民と私人への分裂を意味している。

この分裂の重要な特徴は、それが《精神(観念)—物質》という、より普遍的な対立の一種だということである。フランス革命を思い浮かべればわかるように、一般的に市民革命というのは、ギルドや身分的特権など、経済活動の中に紛れ込んでいる政治的要素を排除するものであった(W1, 368, 五〇)。それは、政治から市民社会を解放したということであり、それによって市民社会は一層それ自身の本質を、つまり、物質的利益を追求するための「欲求の体系」(ヘーゲル)であるという本質を、ますます自由に発揮することになる(W1,369, 五〇)。一方で国家の方は、逆に市民社会から解放されたことにより、物質的利害から解放されたことになる。ここで重要なのは、西欧思想に深く根付いている二元論、物質性に憑かれた現世に、浄化された非物質的な彼岸が対置されるという神学的二元論が再演されているという点だ。したがって、国家は市民社会に対して、ちょうど彼岸が現世に対してそうするように、精神（観念）的に振る舞うことになる（W1, 354f, 二四以下）。だからこそ、政治的になにものかから解放されるということは、人間がそのなにものかから解放されることにならないのだ。精神（観念）的に、頭の中でなにかから解放されることは、物質的・現実的になにかから解放されることと同じではないのだから。

3　「人間」の二元論

ではなぜそもそもこのような分裂が生じるのだろうか。それは物質的・現実的な人間、すなわち市民社会における人間のありかたにその原因がある。

物質的利害の中を動き回っている私人にとって、他人は出し抜くべき競争者であるか利用手段である（W1, 355, 二四以下）。それどころか、疎外された存在者として自分自身をすら手段へと貶めている。ここでは、人間の様々な類的紐帯は断ち切られて、たった一つの、欲求という紐帯に置き換えられてしまう（W1, 366, 四六）。そこで一人一人の私人は、自分の欲求の中に閉じ込められたモナドのような存在になってしまっている。ここにおいて人間はその第一次的なありかた、つまり共同的な存在者であるということから疎外されているのだ。したがって私人は、こうした疎外を精神（観念）的に回復しようとする。それ故、私人は自分の本質を観念的存在者として認識することになる。ここに、物質の領域（市民社会、現世）と観念の領域（国家、彼岸）の二元論が成り立つのである。
したがって、物質的領域における疎外により、人間は二つの二元論を生きることになる。そして、私人の頭の中にいる自分自身、つまり思想としての人間は、こうした二つの二元論に規定されている。順番に見ていこう。

（1）《国家／市民社会》の二元論における人間

「人権」というのは、通常は、不可分な統一体としての個人を想定した概念である。しかしマルクスはこうした意味での人間の内に、公民と私人の分裂という可分性を見出す。マルクスは言う。「人権 Menschenrecht」というのは、公民としての権利である「公民権 Staatsbürgerrecht」とは区別される（W1, 362, 四〇）。つまり、われわれが普通人権と言う時の人とは、私人のこと、つまり市民社会の成員としての疎外された人間のことなのである。

たとえば、人権のうち最重要の権利として自由権がある。それは「他人を害しないことはすべてなしうる」（一七九一年の仏人権宣言）権利だが、マルクスによれば、それは次のことを意味している。こうした「自由」は、「二つの畑の境界が垣根の杭で決められている」のと同じように、「各人が他人を害しないで行動できる限界が〔…〕法律によって決められている」という状態を前提としたものである（W1, 364, 四三）。ということは、こうした意味での自由権の担い手は、自分の所有物の中では自由だが、他人と出会ったとたん自由を失う人間、つまり「孤立して自分の中に閉じこもっているモナド」（W1, 364, 四三）であると想定されているのだ。そこでは、他人とは自由の制限であり、したがって、自由権とは他人からの「分離の権利」（W1, 364, 四三）である。「自由、平等、安全」といったその他の人権も、すべて私人の所有に関わるものであり（W1, 364, 四四）、したがって狭義の人権の目録全体、社会権とは区別された自由権は、共同的な存在としての人間からの「分離の権利」を表しているのである。

一方で、公民権とは、能動的に共同体に参加する権利である。そしてこれは、公民権の代表的な権利である選挙権を思い浮かべれば分かるように、「他者とともにしか行使されえない権利」（W1, 362, 三九）であり、いわば共同の権利である。この権利は、現実的には他人から分離され、類的本質から疎外されている私人が、共同性という類的本質を観念的に回復しようとしていることに基づいている。ただしその場合、類的本質が頭の中で完全に再現されているかといえばそんなことはない。市民社会に頭のてっぺんまでどっぷり浸かった私人の想像力は、人間を、バラバラのモナドとして表象してしまう。したがって、モナドのままであるが同時に、手段ではなくそれ自体を目的として、バラバラに孤立しているのではなく他者との共同において、「疎遠な諸力の遊び道具」（W1, 355, 二四）としてではなく至高の存在者として回復する。だからこそ、近代民主国家において、各人は政治的には主権者として、全員がバラバラでありつつも、それぞれ至高の存在者として観念されている。しかし、だからといって市民社会において、現実に、それぞれが至高の存在者であるわけではもちろんないのだ。

(2)《彼岸/現世》の二元論における人間

よく知られているように、キリスト教は、ユダヤ教が持っていた民族宗教的な性格を乗り越え、ユダヤ人に限らないあらゆる人々に救済の可能性を広げた。キリスト教にあっては、民族も財産も身分も副次的なものであり、ただの人間であるというだけで神の愛に値するとされている。キリストが自らを、虐げられた者、弱い者、貧しい者のために来たと表現するのは、そうした持たざる人々こそ、副次的な属性をはぎ取られた、ただの人間をよく表現しているからだ。

キリスト教を世界宗教たらしめたこうしたヒューマニズムの意義について、マルクスは、次のような解釈を施す。市民社会はこうしたキリスト教の精神の下でこそ完成する。なぜなら、キリスト教的なただの人間というのは、「民族的、自然的、人倫的、理論的関係」といったあらゆる類的紐帯を断ち切られた私人、つまり、市民社会において疎外され、諸々のモナドへと解体された人間のことだからだ(W1, 376, 六五)。そして、こうした人間の疎外された類的本質を、頭の中で回復したものがキリスト教における神である、ということになる。

われわれは本章の「1」で、宗教批判を巡る議論の焦点の一つは、神学がそこへと還元される人間とは何か、という問題であったと述べた。人間を抽象的存在者として規定する仕方は、人間がバラバラになってしまっているということを前提としている。そしてバラバラであることの真の原因は、フォイエルバッハのように、人間相互の愛が足りないということではなく、市民社会における人間の疎外である。したがって、市民社会の批判にまで踏み込んでいない場合には、人間をモナド的個人のままでしか、つまり「世界の外にうずくまっている抽象的な存在」としてしか観念することができないのであり、宗教批判は結局は「神学の内を動き回っているに過ぎない」（W1, 376, 一七）。「人間」が抽象的存在として見立てられてしまうのは、こうした理由からなのだ。

さて、本章の「2」で触れたように、バウアーは人権の担い手というのは非宗教的な人間だと考えていたわけだが、ここで見たように、マルクスによれば、人権の担い手である人間と宗教的人間とは実は同じ市民社会における疎外された人間である。だからこそ、市民社会における疎外が克服できなければ、宗教から人間が解放されることにはならないし、逆に宗教的人間には人権は相応しくない、ということにもならない。

では、政治から解放された宗教はどうなっていくのだろうか。マルクスによれば、宗教は、一層純粋な彼岸的意識となり、それ故に「以前にも増して宗教的」（W1, 361, 三六）な意識となる。というのも、市民革命によって国家の領域から市民社会へと追放された宗教は、「もともとそれがそうであった」ものに、つまり市民社会における「人間の分離」の精神として、自分の本質をいかんなく発揮することになるからである（W1, 356, 二七）。法や制度といった支えを失うことによって、宗教は「もはや存在しない」ものになるどころか、むしろ「若々しく生気にあふれる」（W1, 352, 一九）ことになるのである。

こうして再生した宗教はどこへ向かうのだろうか。次節ではこの点について、ドイツにおけるユダヤ人解放の、その後の経過をたどることによって考えていこう。

4　近代化の中のユダヤ教

「ユダヤ人問題によせて」からおよそ三〇年後の一八七一年、ドイツ帝国が成立する。これによって、その二年前にプロイセンで成立した「信仰の相違による市民権および公民権の諸制限の撤廃に関する法律」が、ドイツ帝国全土に適用されることとなった。こうして、ドイツユダヤ人の解放は政治的解放として達成された[2]。これにより、ユダヤ人を非ユダヤ人から区別する「排他的な力」は消滅した。しかし、それ以後ユダヤ教は、「もはや存在しない」ものになったかといえばそんなことはなかった。この点について「改革派ユダヤ教」と「シオニズム」という、ドイツユダヤ人のとった二つの宗教的・政治的傾向に即して見ていこう。

(1) 改革派ユダヤ教

解放から二〇年後の一八九一年、後にドイツユダヤ人のおよそ三分の一が何らかの形で参加することになる組織が結成される。反ユダヤ主義に対する自衛を主たる目的とした「ドイツ国家公民ユダヤ教徒中央協会 Centralverein deutscher Staatsbürger jüdischen Glaubens」である。この名称には、政治的解放を享受し、ドイツ社会の中で非ユダヤ人とともに生きていこうとするユダヤ人の自己規定が端的に表れている。彼らは自分たちを「ドイツ国家公民」であり且つ「ユダヤ教徒」であると考えていたのである。政治的解放が宗教にもたらす効果については、人間が「ユダヤ人と公民とに、プロテスタントと公民とに、つまり宗教的人間と公民とに解体される」（W1, 357, 二八）としたマルクスの方がバウアーよりも的確であったと言えよう。

こうしたドイツユダヤ人の多くはブルジョワジーとして、つまり比較的裕福な市民社会の一員として非ユダヤ人社会に順応していったわけだが、このプロセスには、ユダヤ教の変容が伴っていた。ユダヤ教といえば、一般的には、契約の観念に基づいた厳しい戒律と選民思想がその特徴として知られている。これらによって、ユダヤ教徒はディアスポラにあってもその土地の民族とは区別された生活圏を形成しがちであった。それ故に、どこの土地においても「よそ者」として扱われることがしばしばであり、迫害や差別に苦しめられることも多かった。こうした迫害は、多くの改宗者を生む一方で、いつかメシアが到来し、ユダヤ人のための王国が再建されるはずだという選民主義的希望を強めもし、ユダヤ人としての同一性を強固にする触媒ともなっていった。

ところが、既にドイツ啓蒙主義の時代から始まっていた部分的な解放と同化の進行は、戒律や教義に対して柔軟な態度で臨む宗派を生むことになる。「改革派ユダヤ教 Reformjudentum」と呼ばれるこのリベラルな宗派は、戒律を緩和し、教義の解釈に時代的変化を加味することで、ユダヤ教の、民族宗教から普遍宗教への転換を進めていった。この傾向の代表者の一人であったユダヤ人哲学者ヘルマン・コーヘンは言う。ユダヤ教におけるメシアニズムの本質というのは、やがてメシア

（救世主）がユダヤ人のための王国を建設するだろうことへの希望の内にあるのではない。そうではなく、唯一絶対神の下において、すべての人間が、民族の相違や貧富の差を乗り越えた人類、つまり特殊性を乗り越えた人類として、平和裏に共存するような秩序を願うことに存する（Cohen 1919, 225f）。そして、ユダヤ人が神の選民となったのも、ほかの諸民族を神の救済から除くためではない。そうではなく、ユダヤ人が選ばれたのは、自らの国家も持たず、諸民族の内に離散しているが故である。離散の地にあって虐げられているユダヤ人は、民族の相違のために争いが絶えないこの地上にあって、民族の相違を超えた普遍性の象徴、つまり「人類」の象徴に相応しい集団だからである（Cohen 1919, 172f）。

こうしたユダヤ教の解釈について、マルクスの議論の枠組みを用いて考えてみよう。ユダヤ教が人類や人間性を強調するようになったのは、ユダヤ教がゲットー（ユダヤ人隔離居住区）や特別法といった「排他的な力」を失い、ブルジョワ化したユダヤ人によって、「市民社会の精神」（W1, 356, 二七）となっていったことの結果であると理解することができる。つまりリベラルなユダヤ教は、「3」の（2）におけるキリスト教と同じ機能を担っている様に見える。ここで、特殊性を乗り越えた人類とは、すなわち、市民社会の中で類的紐帯を断ち切られたモナド的な私人であるドイツユダヤ人ブルジョワジーが、疎外された自分自身の類的本質を、頭の中で回復した観念だと解釈することができる。そしてその総体としての人類を結合する愛の本体が神であるということになるだろう。実際、コーヘンのユダヤ教解釈において神は、「裁きの神」というより「愛の神」の性格を強めている（Cohen 1919, 167ff）。

このように、コーヘンの体系においては、ブルジョワ的コスモポリタニズムが正当化される一方で、国家もまた、「普遍的な倫理の理想」としてその存在を正当化されている（Cohen 1919, 422）。それは、経験的な人間を、人間性の理念の担い手としての人間へと媒介するというのだ（Cohen 1919, 16）。この点もマルクスの議論から理解可能であろう。「3」の（1）で見たように、市民社会における疎外は、彼岸と現世の二元論と同時に、国家と市民社会の二元論としても現象するからだ。そしてここでも、ちょうど宗教が、人間の神的性質を自己認識するための媒介であるように、国家は、人間が自らの本質としての自由を自己認識するための媒介者であるとされており（W1, 353, 二二）、その存在が正当化されている。ただしここには、宗教意識の側にとっては解決すべき問題が生じることになるだろう。このような意味での国家は、普遍性をめぐって、宗教の競合相手になりうるからだ。

マルクスによれば、国家の民主化とは、たとえば階級や性別によって差別されない普通選挙権について考えれば分かるように、市民社会に含まれる諸々の差異には関知しなくなることを意味していた。つまり、市民社会的な特殊性には関知しないという振舞いによって、国家は自らを普遍的存在へと高めるのである（W1, 355f, 二三）。そこにおいては、宗教は、市民社会的な私事として、他の宗教と並立する特殊な存在となる。近代民主国家が信教の自由を許容するのは、そうすることで自らが、宗教より一段高い存在になるからだ。しかし、宗教意識の側からすれば、自分自身が説く普遍的真理にとって、国家が自称する普遍性は邪魔になるはずだ。

コーヘンは、こうした問題を、倫理の《抽象―具体》機制への包摂によって解決した。抽象的な宗教的倫理の普遍性を、具体的な人間へと媒介する役割を国家にあてがうことで、宗教の普遍性と国家の普遍性の内容を両立可能なものにしたのだ。こうして改革派は、一方で自らの普遍性を損なうことなく、他方で国家から指定された特殊性の枠からはみ出ることもなく、愛国的ブルジョワジーの穏健な信仰たりえたのである。(3)

(2) シオニズム

政治的解放を享受したドイツユダヤ人であったが、生まれた時からすでに解放されていた世代になると、解放と同化に疑問を抱き、シオニズム運動へと惹きつけられていく人々の活動が目立ってもくる。「ドイツ国家公民ユダヤ教徒中央協会」が創設された六年後の一八九七年には「ドイツシオニスト連合 Zionistische Vereinigung für Deutschland」が発足する。この組織は、ドイツ語圏における運動だけではなく、とくに第一次大戦までは、ヨーロッパのシオニズム運動をリードする存在であった。ドイツ啓蒙主義から数えれば優に一世紀を超すユダヤ人同化史を持ち、その中でユダヤ人らしさを失っていったドイツユダヤ人たちの中から、こうした反動的な運動が、しかもよりによって政治的解放が完成された後に起きたのはなぜだったのか。

一般的にそう説明されているこの運動の興隆の原因は、この時期における反ユダヤ主義の流行である。ロシアでは一八八〇年代からポグロム（ユダヤ人虐殺）が激化、同化と解放が進んでいたフランスではドレフュス事件によって反ユダヤ主義が突如再燃した。(4) シオニズムが大きな政治運動となったのは、反ユダヤ主義が、ロシア・東欧のユダヤ人から故郷を奪い、西欧ユダヤ人からは、解放と同化が反ユダヤ主義を終わらせるであろうという希望を奪ったからであるというわけだ。

しかしこうした説明は疑問の余地のないものではない。まずポグロムについてだが、難民となったロシア・東欧ユダヤ人の多くはパレスチナではなくアメリカを選んでいる（野村一九九二、一一二）。つまりポグロムは、民族的故地への帰還運動としてのシオニズム運動に必然的に結びついたわけではない。また、ドレフュス事件についても、反ユダヤ主義の根強さをユダヤ人に思い知らせた、ということだけがこの事件の全てではなかったはずだ。一人のユダヤ人将校に降りかかった不正を、フランスの半分が「弾劾」し、最終的には国家が彼を無罪と認めるに至ったからには、むしろ近代民主国家の下での解放と同化の正しさを表現していたとも思える。(5)

反ユダヤ主義がそのままパレスチナへの帰還運動につながったわけではないし、その反ユダヤ主義すら、解放と同化が進んだ西欧においては、ヨーロッパにおけるユダヤ人の未来を完全に奪うようなものではなかったとしたら、この時期の西欧におけるシオニズム運動とは、そして特にここで扱っているドイツのシオニズム運動とは一体何だったのか。

マルクスの議論は、この点について一つの重要な視点を与えてくれる。よりによってなぜこの時期になって、ドイツでシオニズム運動が形成されるに至ったのか。それは、この時期だったからこそである。完全な解放によって、ユダヤ教が「排他的な力」による支えをなくしたからこそ、逆に「若々しく生気にあふれ」、再生する条件を得たのである。

こうして再生した宗教は、政治から解放されて、より一層自由に、「気まぐれと空想」(W1, 361, 三六) の翼を羽ばたかせることになる。そうなると、改革派のように国家に対して穏健的になるとばかりは限らない。宗教が、自らの普遍性を、国家の普遍性と両立するよう調整しなくてはならない理由は特にないからだ。そこで宗教は国家に対して過激なものになる可能性を常にはらむことになる。シオニズムのケースはまさにそれだったのではないか(6)。ドイツのシオニズム運動には、ユダヤ人の国民国家を作ろうという単なる分離独立志向に止まらず、来るべきユダヤ人社会を、既存の国家とは別の共同性によって基礎づけようとする傾向が存在していた。別の国家的普遍性を目的とするばかりではなく、国家的普遍性とは別の普遍性を目指してもいたのだ(7)。この運動が、ドイツ帝国およびヴァイマール共和国との深刻なコンフリクトに陥ることがなかったのは、当時はまだパレスチナという、近代国民国家的な意味での普遍性が十分に確立されていない空白地帯が存在していたという幸運に恵まれたからではなかったか。それゆえに、宗教をその重要な要素の一つにしていたこの時期のユダヤ人意識の再生は、民族的故地への帰還運動という形態をとることで、既存の国家との、普遍性をめぐるコンフリクトを回避することができたのだと思われる。

以上、本章の議論をまとめると次のようになる。市民社会における人間の疎外は、自由権および宗教として表現されている。その宗教は、近代国家における民主化の進行、普遍性の高まりによってむしろ再生し、国家に対して穏健なものにも過激なものにもなりうる。このことは、ドイツにおける改革派とシオニズムのケースから推察されうる。

おわりに

シオニズム運動の時代とは違って、今や、すべてが民主的であるわけではないが、近代国家体制がほとんど全世界を覆っている。再生した宗教が、自らの普遍性を実現しようとすれば、近代国家秩序とのコンフリクトは避け難い。

一方で、近代民主国家体制の更なる強化、自由と民主主義の普及こそ世界の平和と安定に寄与するという政治信念をもって、アフガン・イラク戦争を遂行したのがアメリカの新保守主義《ネオコン》的勢力であった。したがって、九・一一以来の「テロとの戦争」は、過激な宗教勢力に対して自由と民主主義を守るための戦いであると言われていたし、アメリカのやり方に横暴さを感じる人たちですら、前者よりも後者の方が好ましいと漠然と思っていたはずだ。しかし、本章の議論からいえば、宗教と自由権は、市民社会における同じ疎外の二つの表現である。したがって、両者の争いは、一見そう見えるような「文明の衝突」というより、グローバリゼーションによって世界大に広がった単一の市民社会内部の市民戦争＝内戦だと言えるのではないか。

私たちの想像力がこの「第一次世界内戦」（ポール・ヴィリリオ）を乗り越えた世界のイメージを捉えることができるとすれば、それは宗教批判を通じてではなく、我々の時代の市民社会の批判を通じて、我々の時代の人間の具体性を捉えた時である。これがマルクスの宗教論が示唆するところではないだろうか。(8)

【注】

（1）ユダヤ人解放論争については以下を参照。植村邦彦（一九九三）。

（2）ドイツ帝国は君主主権的要素の強い政体であり、一応は男子普通選挙に基づく議会制が布かれていたが、「近代民主国家」としては不完全であった。したがって正確には、一八七一年のドイツ帝国成立は、マルクスの議論が想定しているような、近代民主国家におけるユダヤ人の政治的解放の実現ではない。しかしここでは、ヴァイマール共和国まで視野に入れることによって、ドイツ帝国の成立を近代民主国家化への出発点と考え、一八七一年以降のドイツユダヤ人の状態を、マルクスの言う政治的解放の状態と見なすことにする。

（3）コーヘンの国家主義については以下を参照。大竹弘二（二〇〇六）。

（4）ユダヤ系のフランス人将校ドレフュス大尉がスパイ容疑で告発された事件。一八九四年の事件発生から数年間、フランスの世論は、共和主義的なドレフュス派と反共和主義的な反ドレフュス派との抗争の場になった。後者の議論はしばしば反ユダヤ主義を扇動するようなものであった。

（5）ここでは「反ユダヤ主義」と「ユダヤ人迫害」、「人種主義的反ユダヤ主義」と「宗教的ユダヤ人憎悪」、「政治的反ユダヤ主義」と「社会的反ユダヤ主義」といった相違を考慮に入れていない。

（6）ドイツシオニズムはもっぱら宗教運動だったわけではなく、社会主義や世俗的なナショナリズム運動としてのの側面が強かった。したがって、いわゆるユダヤ教が復興してシオニズムになった、というわけではない。そうではなく、あえて順番をつけるなら、まずはポグロムや西欧における反ユダヤ主義をきっかけにしてネイション意識が芽生えはじめ、それが形成される過程においてユダヤ教の再解釈や再評価が進み、他の諸思想を取り込みながらドイツシオニズムの重要な要素になっていった、と考える方が実態に近いだろう。ブーバーの区別を援用すると、ここで再生したのはユダヤ教という特定の「宗教 Religion」というよりは、特定の宗教がそこから生まれるような能動的な精神的原理とでも言うべき「宗教性 Religiosität」である。この区別については以下を参照。Buber（1963, 202）。

（7）たとえば以下を参照。Buber（1950）.

（8）「ユダヤ人問題によせて」において「宗教」とは第一にはキリスト教である。したがって、このテキストに即してドイツのユダヤ教を論じるためには、ユダヤ教論が含まれている『ユダヤ人問題によせて』の第二部に関する議論を踏まえたものであるべきであった。また、現代の問題を論じるためには、イスラム教についての議論が不可欠である。よって、本章で行った議論が、解放後のドイツのユダヤ教および現代の宗教問題を論じるための適切な枠組みたりうるかどうかは更なる検討を要する。

第5章　マルクスからの希望をつなぐ
——エーリッヒ・フロムの〈在る〉ことへのまなざし——

米田祐介

はじめに

あの角をまがればきっと、その次の角をまがればきっと、必ず……といった信頼が〈まだ‐ない〉という在り方で存在し続けていた時代をモダニティと呼ぶならば、現代はこのような信頼が〈もう‐ない〉と漠然とながらも感じられ始めたという意味で、「ポスト」・モダニティ、あるいは後期近代の時代である。もはや伝統的紐帯は失効し、個人と社会、個人と国家をつなぐ公共圏すらも色あせたかにみえる今日、あらゆる選択肢は否応なく個人の問題として立ち現れる。ジーグムント・バウマンの表現をかりれば、「ポストモダニティは、ひとことで言えば、絶えざる、日常的な選択のときである」(Bauman 2000, 81)。こうした、一切の事象が個人の問題として還元＝反省を要請される「個人化社会」と呼ばれる状況にあって、人間と人間との関係はどこまでも互いの顔が見えにくいものになった。高度情報化＝消費化の進展は物事を数量的な基準によって割り切り、時代は、一人ひとりが肌で感じる経験的な実感、換言すれば、私たちが今・ここに〈在る〉という実感とでもいうべきものを置き去りにすることを求めているかの感がある。こうした問題意識から本稿は、若きマルクスの疎外論ないしヒューマニズムに大きな影響をうけ、かつて英語圏ではあまり知られることのなかった『経済学・哲学手稿』の理解につとめたドイツ系・ユダヤ人エーリッヒ・フロム（Erich Fromm, 1900-1980）のまなざしに定位し希望をつなぐ。かりに絶望が、希望を前提とするからこそ絶望できるのだとしたら、疎外もまた、それが疎外されざるXを前提とするから立ち現れる問題圏であり、それゆえ疎外とは、逆説的にも〈まだ - ない〉という在り方で未来への希望を約束し続ける。

さて、疎外に関する研究はこれまで、日本では思想史的・哲学的な研究が主流をしめてきたのに対し、アメリカでは二〇世紀中葉における大衆社会状況下、心理的経験を問題とする疎外の社会心理学的研究が隆盛を極め、フロムはその源流的位置をしめる。疎外とは一般に、人間の活動とその所産が、人間にとってよそよそしくなり、人間に対立し、人間を支配する事態をさし（岩佐：序章）、フロム疎外論の特徴はそれが（後述する）独自の社会的性格論との絡み合いのうちに語られ、また疎外概念を旧約思想の世界にまで遡り「偶像崇拝（idolatry）」と同義として捉えている点にある[1]。彼はマルクスの疎外論的視座を継承し[2]、「豊かな社会」における個人と社会との重層的な相互的交通のうちに潜む偶像を鋭く告発したのであった。

そのようなフロムの思想に貫かれている信念とは人間の可能性にかける信頼であり、「露の一滴でさえ、太陽に輝くときには千変万化の色彩をもってきらめく」（W1, 6, 七）のならば、まして人間のきらめきは、という若きマルクスと重なりあう想いでもある。[3] 晩年まで『経済学・哲学手稿』を手放さず、ラジオ放送でこのマルクスが若き日に書き綴ったノートを「生きた自己発現を目標とするあの人間の思想」と語ったフロムにとって（Fromm 1983, 129, 一六八）、たえず共感がよせられ続けてきたのはマルクスのあの有名な次の言葉である。

「君がより少なく存在すればするほど、君が自分の生命を発現させることが少なければ少ないほど、それだけより多く君は所有することになり、それだけ君の外化された生命はより大きくなり、それだけ君は君の疎外された本質をより多く貯蔵することになる」（MEGA^2 I-2, 281, 一五四）。

最晩年、フロムの〈私〉のうちでマルクスと共振する想いは、彼をしてスイスのある湖の町で『生きるということ *To have or to be* 1976』の執筆にかりたて次のような選択肢を私たちに投げかけたのであった。

「私が見たところでは、この区別が生命への愛と死せるものへの愛との間の区別とともに、実存（existence）の最も重大な問題を表示するものである。すなわち、持つことと在ることとは二つの根本的な経験様態（modes of experience）であって、その各々の強さが個人の性格間の差異や社会的性格の様々な型を決定する。そしてそのことを、経験的、人類学的、精神分析的資料は証明する傾向にある」（Fromm 1976, 16, 三四）。

持つ様態から在る様態へ。[4] 現代に生きる私たちへのフロムからの最後のメッセージであり、本稿の主題である。先述のように、フロム疎外論の特徴はその概念的基礎を旧約思想の世界にまで遡ることにあった。筆者は、フロムの歴史的〈生〉を規定するユダヤの伝統から、〈思想〉を再構成することによってその輪郭を描き、現代に潜む疎外された経験様態を一気に相対化するとともに、在る様態として経験が発光するとき、いかなる可能性がひらかれるのかをフロムの言説構造内部において解明せんとする。また、こうした〈生〉から〈思想〉を照射する試みは同時に、旧来、道学者、近代主義者のイメージが強いフロム像を更新するとともに、ひいては、今後のユダヤ人マルクスの研究につながることを願っている。

ところで、フロムが持つ様態や在る様態と語るとき、人間の実存と文化的・社会経済的構造（以下、社会構造）とのはざまで拮抗する力をつねに念頭においていることに注意しよう。換言すれば、『自由からの逃走 *Escape from freedom* 1941』以後、後期の諸著作ほぼ全てにおいて語り続けてきた社会的性格論を度外視しては、この二つの様態の真の含意が不鮮明になるということである。だからまず、私たちはフロムの基礎理論であるところの個人的性格と社会的性格との関係を確認することからはじめてみよう。

1　個人的性格と社会的性格

（1）実存的二分性と〈力〉としての性格

フロムは人間の本質あるいは本性を、自らの意志とは無関係に世界に投げ込まれたという被投性に基づく根源的矛盾にあるとし、これを「実存的二分性 existential dichotomy」と呼んだ（Fromm 1947, 40ff., 六二以下）。すなわち、人間は自然の一部でありながら、同時に、理性・自己意識をもつがゆえに自然から切り離された存在であるということを自覚しており、また、生きて在りながら無を予見する存在である。他の動物とは異なり自然との原初的調和を失い、自らを分離し独立した存在として経験するがゆえに耐え難い孤独や無力を実感するが、この人間存在に根ざす「二分性」は同時に、あらゆる情熱や愛情や不安をひきおこす精神力の源泉ともなっている。人間は「二分性」が必然的にもたらす葛藤に応答し、自らを世界と結びつける新しい形態を発見しなければならない。

こうした精神的欲求を人間は共通してもっており、生まれたという事実が提起する問い＝「二分性」は常に同一であるが、諸個人が新しい関係を見出す仕方はいくつか、つまり本稿に即していえば在る様態と持つ様態があり、ここに正気（sanity）そのものがかかっている[5]。このような様態を基礎づける概念としてフロムは、「人間のエネルギーが見出すはけ口の（比較的不変な）形である」性格概念を指定する（ibid., 59, 八二）。それでは性格とは何か。

フロムは性格（character）の基本的基盤を、フロイトがそれを実体的なリビドー論＝閉鎖系と結びつけたのに対し、「世界に対する人間の特殊な関係の仕方」＝開放系にあると考えた（ibid., 58, 八二）。換言すれば、人間の世界に対する全体的態度であり、この場合世界とは、自然（事物）、他者、自己自身をも含み、また彼の自己理論によれば人間の自己自身に対する関係と他者に対する関係は相互につねに対応するという（Fromm 1939, 174, 九六）。そして性格の機能とは、本能による決定の度合いが低下した人間にとって「あたかも人間が本能によって動機づけられているかのごとく行動することを可能に」し、「人間の〈第二の本性〉であって、彼のあまり発達していない本能の代用品である」（Fromm 1973, 282, 四〇〇; 26, 七）。

すなわち、〈力〉としての性格＝世界への関係の仕方がその〈効果〉において行動・行為を産出し、その帰結がさらなる行動・行為の選択可能性幅を構造化するのである。フロムが、かつて悪を選択する自由をもたない人間は完全な自由人であると語ったのはこの所以であり、〈力〉としての性格から演繹される選択可能性に由来する。ここで、性格とは洞察や新しい種類の経験によってかわりうるものであったことに注意しよう（Fromm 1947, 52, 七五）。世界（自然・他者・自己）との関わりあいの経験の反復を通じて、たえず性格＝世界への関係の仕方（力）は更新され、ひいては選択可能性幅（効果）もまた再構築されてゆく。このような動的な過程のうちに固有の自己（self）は無限に形成されてゆくのである。

ところで、人間とはすぐれて文化的・社会的な存在であり、個人に宿る性格＝個人的性格が形成される場は、基本的な経験と生活様式とを共有する特定の社会的状況下にほかならない。そこではこれに対応する社会的性格が、一般的には個人的性格を方向づけ、社会的性格と個人的性格とは相互作用の関係にある。ここで、社会的性格の機能を検討してみよう。

（2）社会的性格の機能

フロムによれば、社会的性格（social character）とは、マルクス＝エンゲルスのいわゆる〈土台―上部構造〉の媒介作用を解明すべく措定した概念であり、諸個人と社会構造との相互作用に注目した社会過程を理解するために鍵となる概念である。それは「個人のもっている特性のうちから、あるものを抜き出したもので、一つの集団の大部分の成員がもっている性格構造の本質的な中核であり、その集団に共同の基本的経験と生活様式の結果発達したもの」と定義され、統計的概念ではないことが強調される（Fromm 1941, 277ff., 三〇六以下）。そしてその機能は、「かれがしなければならないことを、したいと欲するような特性を発達させる」のである（ibid., 283, 三一二）。

だが、社会的性格とは単に、社会構造の反映による個人の〈同調の様式〉として駆動し社会安定化装置の役割を果たすのみならず、社会構造から思想・理念へ、また思想・理念から社会構造へと向かう二つの方向のはざまで働くものであり、他のあらゆる要因に対し独立変数とも従属変数ともなりうる媒介概念であることに注意しよう。「だから、社会と文化の客観的条件が安定しているかぎり、社会的性格は主として安定機能を果たすことになる。だが、外的条件が変化し、それがもはや伝統的な社会的性格にあわなくなると、さらにずれが現れ、性格の機能は社会を安定させるかわりに解体させる要素となり、社会を固めるモルタルであるかわりにダイナマイトとなるのである」（Fromm 1962, 64, 一〇二）。

社会的性格は、社会内部に矛盾や葛藤が拡大するとき社会構造や体制変革のための「ダイナマイト」として駆動する。フロムが初期から一貫して念頭においていたのは、このような〈創造の様式〉としての機能であり、他者とともに共有されることによって他者とともに形成される無限の媒介概念である社会的性格のうちに如何にして主体の実践の契機を見出すかという点にある。そして、社会的性格とは諸個人の社会構造への「受動的適応（passive adaptation）」ではなく、「力動的適応 dynamic adaptation」の結果、産出され続けるものであった（Fromm 1941, 299, 三一七）。この場合、力動的適応とは、個人にむけて否応なく働きかける社会構造・規範の力＝権力（power）に対し、人間はその本質において「二分性」を宿し理性・自己意識をもつがゆえ性格あるいは文化に応じて、諸個人はその力＝力能（potency）によって主体的に働き返す（react）契機を含意する（Fromm 1947, 41ff., 六四以下）。

こうした働き返しのたえざる反復によって社会的性格は力動的に産出＝再構築されてゆくのである。ここで、フロムの言説構造を図式的に説明するならば、次のようになるのではなかろうか。すなわち、①社会的性格（力）が個人的性格＝世界への関係の仕方を一般的には方向づけるが（効果）、②個人は主体的な働き返しの経験の反復を通じて（力）、個人的性格を更新すると同時に新たな社会的性格を産出する（効果）。③そしてその社会的性格（力）が社会構造や体制の変革へと導くのである（効果）。今度は再び新たな社会構造に一般的には方向づけられた①′からはじまり、②′③′……と、この図式は歴史のなかでたえず循環的に展開してゆく。

このようなことを念頭において、持つ様態と在る様態の検討に入っていきたいと思うが、本稿は〈生〉から離陸し〈思想〉を照射する。たえず聖句の引用を忘れなかったフロムにとって、この二つの様態＝〈思想〉の区別は彼のうちに受肉化している魂の生活感情＝〈生〉から描出することによってこそ鮮明化し、そして現代における経験の疎外態は相対化しうると考えるからである。そこで筆者は、フロムの歴史的生の表現でもあり、かつ旧来あまり顧みられることがなかった彼の聖書解釈の集大成である『ユダヤ教の人間観（汝、神の如くあれ）*You shall be as gods* 1966』から右の二つの様態を照射する次の区別に注目してみたい。すなわち、神（God）と偶像（Idol）との徹底した区別である。それは本書の主題でもあったし、この区別は在る様態と持つ様態へと連なる二項モデルの起源になっていると措定しうる。それではフロムの〈生〉の内側で神と偶像とはいかなる意味で区別されていただろうか。

2　〈偶像〉と持つ様態

（1）起源としての神あるいは偶像①

フロムによれば、神とは名前なき「在りて在るもの」（"EHEYEH asher EHEYEH"／"I am that I

am"：出エジプト記三章十四節）としての神であり、偶像の本質とは名前を持っているということ。「偶像は〈物 thing〉であり、したがって生きていない。神は、これに反して〈生ける living〉神である」。「人間は祈祷において、自己を神へと関係づける行為において、神へと語りかけることはできるが、神を偶像にするような仕方で、神について語ることはできない」のである（Fromm 1966, 44, 五八; 32, 四二―四三）。

　フロムが強調する〈について〉とは、物＝空間的な表象ないしは観念化であり、かりに人がある経験を〈について〉と語るとき、それは物について語っていると同時に、〈について〉は物についてのみ語りうる知識である。内部において経験は物に投影され内部は一気に物＝空間に占有され、むしろ物によって逆規定をうける。フロムが疎外概念を旧約思想にまで遡り「人間が自己自身を例外者として経験する経験様態」と定義するのはこの所以である（Fromm 1955, 120, 三一六）。観念になる前の人間の経験は同じであるが、問題は表象ないしは観念化のあり方、換言すれば、性格を規定するところの世界への関係の仕方にあるといえよう。「観念はそれを表す経験から切り離されない限りにおいて自らの生命をもち、また成長するといえるのである。もしも観念が疎外されたら、つまり、観念の基礎にある経験から切り離されたら、それは現実性を失って人間の知的な工作物となってしまう」（Fromm 1966, 18, 二四）。

　そして物とは偶像であった。だから、人間は自らの情熱と性質を偶像に投影すればするほど自らを貧困化することになると同時に偶像はより強大なものとなり、したがって偶像とは疎外された自己経験として帰結する。このような経験様態は、超越＝偶像崇拝のはじまりを予感させるものであり、フロムのいう偶像とは物理的な次元のみならず、国家、制度、指導者、消費といった現代社会に忍び寄る偶像をも包含し、そして偶像とはまぎれもなく人間の造った物である。「偶像を造り、それに依り頼む者は皆、偶像と同じようになる」（詩編一一五編八節）。

このようなフロムの〈生〉のうちにある感覚は、彼をして、現代に生きる私たちの日常の言語経験、すなわち経験そのものと表象＝観念化のはざまで働く次元へと関心をむけさせる。

(2) 持つ様態と言語・経験

フロムは、「私が何かを持つ」という一見自然な言語表現に対して、これまでの言語学史的成果を摂取し、彼のうちにある生活感情から一気に相対化をはかる。とりわけ力点が置かれ語られるのが、多くの言語が〈持つ〉にあたる言葉を持たないということである。

たとえば、ヘブライ語で「私は持つ」は、"jesh li"（「それは私にある」"it is to me"）という間接的な形で表現されねばならない。多くの言語の発達過程において見られることは、「それは私にある」という構文がまずあって、その後に「私は持つ」という構文が生ずるという方向であり、その逆はないという。この事実が示唆するのは、〈持つ〉にあたる言葉は私的所有（private property）の発達に結びついて進化するということであり、換言すれば所有のための非機能的財産の発達である。他方、機能的財産、すなわち使用のための所有と結びついている社会では、この言葉は存在しないということ（Fromm 1976, 22-23, 四四）。これはフロムの仮説ではあるが、彼のあげる次の語法の変化が示す例は、水田信が指摘するようにこの仮説を支持するものと考えられる（水田一九九四、一八二—）。

すなわち、過去二・三世紀のうちに西洋の諸言語において名詞の使用が多くなり、逆に動詞の使用が減少したことは明らかであるということであり、元来、物を表示するのは名詞であり、他方、能動性（activity）や過程（process）を表示するのが動詞である。本来、動詞で語られるべき場において、「持つこと」が可能な名詞＝物で片づけられるようになったとするならば、「在ること」から「持つこと」へと比重が変化したことを示す。だが、動詞＝能動性・過程とは、ただ経験されうるものであるがゆえに「持つこと」は許されない。だから、これを名詞と結びついた〈持つ〉でもって表現することは言語の誤用である、とフロムは語る（Fromm 1976, 20, 四〇）。こうしたこの二・三世紀に生じた事態は、先述のような経験の疎外態を必然的に招き寄せる契機でもあり、近年、一般的に広まった次のような言語表現は自己疎外を、そして人間と人間との精神的交通の疎外を一気に押し進める。

たとえば、こうだ。ある言語表現の出発点において、「私は悩んでいる」（I am troubled）と言うかわりに「私は問題を持っている」（I have a problem）と言うことからはじめるならば、〈私〉の主観的経験は排除されると同時に経験における〈私〉は所有における「それ」と置換されることを意味する。つまり私は自らの感情経験を「持つこと」の対象としての問題に投影してしまったのである。だが、問題とはあらゆる種類の困難に対する抽象的表現であり、本来、それを私は持つことはできない。むしろ問題が私を〈持つ〉という反転した関係性の次元へと突入する。換言すれば、私は〈この私〉の主観的経験を「問題一般」へと投影することによって問題は「私の問題」となるのであるが、しかし、自己自身すらも「一つの問題」へと変わり、今や私の作り出した物に私は持たれている。つまり、本来「持つこと」ができない経験を持とうとすることによって逆に問題一般という抽象物に取り込まれ、悩んでいたはずの〈この私〉は、かくして抽象物へと変貌するのである(ibid., 21-22, 四二―四三)。

この身近な例に限らず、こうした動詞で語るべき場において、主観的経験を名詞に投影し、それを〈持つ〉という形で言語表現が反復・継続されるならば、断片的な「持ち物」の寄せ集めとしての、つまりは抽象物としての私が構築される。

(3) 持つ様態と〈私〉の同一性

このように、フロムが言語表現に執拗にこだわるのは、それが世界への関係の仕方(性格)を決定する重要な働きをなしているからである。そしてフロムが着目する〈持つ〉に伴って語られる名詞の多用化という事態は、社会構造によっても規定され強化されてゆく。私的所有 private とはラテン語の privare〈奪う〉に由来し、非機能的財産を所有する人のみがその主人であり、問題となるのは私の財産の取得と、私が得たものを守る権利である。したがって、持つ様態は他者を排除する。ポスト伝統社会である今日、かつて守られていた紐帯は失効し、あらゆる選択は個人に還元されるとともに、むきだしの資本制システムが駆動する。右のような私的所有の発達は同時に、社会がそれによって機能するところの構成員の性格すなわち社会的性格をも形作る。だから、資本や資本財を持たない大多数の諸個人も、財産を得てそれを守ろうとする情熱を満たそうとするのであるが、ではそれはどうすれば可能か（ibid., 69-70, 一〇四）。換言すれば、このような社会構造・規範が否応なく働きかける力＝権力（power）に対し諸個人は、如何にして自己の同一性、安心感、確実さを担保できるのか、という問題である。〈私〉の同一性と物との関係を一般化してみよう。

私が持ちうるのは物だけであり、物とは、私が感覚的に確かだと思っている対象だからそれと関わることによって、私が確かな在り方をしていると感ずることができる。だが、このようなことの代償として、「私は在る」は「私は持つ」によって成り立ち、かくして私とは「私が持つ物」となる。この場合、具象的な物であるか、観念的な物であるかは問われない。また、フロムの自己理論、すなわち、〝人間の自己自身に対する関係と他者に対する関係は相互につねに対応する〟、という枠組みに当てはめ他者との関係を考察するならば、必然的に次のようになる。私が私に対し持つ様態で関係し、私とは「私の持つ物」ならば同時に、私はあなたに持つ様態で関係し、あなたとは「あなたの持つ物」、つまり、あなたは固定化された物として立ち現れ、私とあなたとの関係は物と物との関係となり、ここに人間の精神的相互交通の疎外態すなわち人間の実現が人間の非実現、非人間化の実現として必然化するのである。

持つ様態においては、自己と他者の間には〈生きた〉関わりあいの経験は失効し、また私は自己の外部にある物を「持つこと」によって同一性や安心感が担保されている以上、必然的に不安定であり心身の全体性は喪失する。一見、「私が何かを持つ」ということは、主体の対象に向かっての能動的な経験のようにみえるが、「持つこと」の主体とは、もはや物＝偶像にとっての客体であり、ゆえに「持つこと」による経験様態とは本質的には受動性が濃厚なのである。それでは、これに対して在る様態とは何か。私たちは、フロムの〈生〉へと再び折り返し、神をめぐる問いからはじめてみよう。

3 〈神〉と在る様態

(1) 起源としての神あるいは偶像②

フロムのいう神とは何か。彼の言葉をかりて比喩的に表現すれば、「……私たちが自らのうちに実現すべく追求しうるものでありながらしかも記述したり定義したりしえない精神的な実在の象徴である観念を表したものである。神とは私たちの視界を限る地平線のようなものである。無邪気な人にはそれは掴まえることができる何らかの実在であるように見えるが、地平線を掴もうとするのは蜃気楼を掴もうとするのと同じである。私たちが動けば地平線も動くのである。ほんの低い丘に登っても地平線はひろがるのであるが、しかしそこにもなお限りがあり、しかもそれは決して物として所有されはしない」(Fromm 1950, 115, 一四四)。

記述したり定義することができず、神は決して物としては所有されない。そして神とは〈生ける〉神であった。これに対して偶像は物であり、物とは時間と空間のうちに完結・完了しているという意味で〈死せる〉物であるがゆえ、「持つこと」が可能な対象なのである。それでは、〈生ける〉とは、いかなる意味か。フロムの関心は出エジプト記三章十四節："EHEYEH asher EHEYEH"／"I am that I am"の読解へとむかう。

フロムによれば、これを原典に忠実に訳すならば次のようになるという。むろん、ここでは旧約学の水準からみてその訳の妥当性を問うのではなく、あくまでもフロムが出エジプト記三章十四節にこめた意味である。かつてフロムは次のように訳しなおした。あるときは、"I am being that I am being"と(ibid., 116, 一四五)、またあるときは"I am becoming that which I am becoming"、と(Fromm 1956, 64, 一〇八)。そして、EHEYEHのもつ決定的な重要さは〈在る〉というヘブライ語の動詞の第一人称単数半過去〔未完了〕形であるということ。だから神とは、物の存在のように完結したものではなく、生きた過程(living process)、生成(becoming)である(Fromm 1966, 30-31, 三九—四一)。

聖書における創造の物語において神が人間を創造したときだけ「良しと言わなかったのは、ほかの被造物とちがって、人間はいわば開放体制、つまり成長発展する余地のあるものであり、なお未完成のものとして作られたから」であり(ibid., 180, 二四二)、それゆえ、フロムのみる人間像とは、「物ではなく、持続して発展過程にある生命体である。その人生のどの点においても、彼はまだなりうべきもの、おそらくなるであろうものになってはいない」(Fromm 1983, 173, 一三二)。

フロムが在る様態というとき、その文脈とは、このような彼の〈生〉の内側にあってあふれだす魂の生活感情によって支えられている。名前を持つ言葉とは経験を満たしそして経験を運ぶ器であるがしかし、経験それ自体ではなく、経験は必ず器からあふれでる。経験は、決して〈について〉記述しえずまた偶像＝物化して「持つこと」も許されない。

経験とはだから、ただ、ともに経験され、分かち合うことによってのみ、あなたに届く。在る様態とは、経験を物として、あるいはすべての存在を物として固定化して関係する持つ様態とは対照的に、①過程(process)、②生成(becoming)、そしてフロムによれば③能動性(activity)のうちに経験しうる様態であり、たえざる〈内なる誕生〉である。それではフロムのいう能動性とはいかなる意味で語られたのであっただろうか。

(2) 能動的で〈在る〉こと

フロムによれば、能動性と〈忙しさ〉には根本的な相違があるにもかかわらず、現代人はそれを区別しないという。「疎外された能動性においては、私は能動性の行動主体としての自分を経験しない。むしろ、私の能動性の結果を経験〔し〕……私は本当に働きかけはしない。私は外的なあるいは内的な力によって働きかけられるのである」(Fromm 1976, 90, 一二九—一三〇)。

疎外された能動性においては、働き返し(react)の契機は失効し、結果が物＝偶像として立ち現れる。これに対して疎外されない能動性とは、在ることの相において、何かを生み出す過程であり、生産されたものとの関係を自己自身が経験する過程そのものである。〈私〉において、能動性とその産出されたものとは一体であり、これをフロムは生産的能動性（productive activity）と呼ぶ。ここでいう生産的とは、能動性の特質（quality）をさし、必ずしも何か有用な物の創造を意味しない。たとえば、詩を読んで、詩人が言葉に表現した「感情の動きを自己の内部に経験する人物のなかで進行している過程——その過程は何も〈生産〉はしないが、大いに生産的でありうる」（ibid., 91-92, 一三〇—一三二）。生産的能動性とは内的能動性であり、生産的な人物は、彼女／彼が触れる全てのものを活気づけ、自己・他者・自然に生命の息吹を与える（ibid.）。在る様態を約束する能動性とは、内側からあふれでる自然の光と呼べよう。比喩的に表現するならば、

「青いガラスが光を通した時に青く見えるのは、それが他の全ての色を吸収して通さないからである。つまり、私たちがガラスを〈青い〉と言うのは、まさにそれが青い波動をとどめないからである。それは所有するものによってではなく、放出するものによって名づけられるのである」（ibid., 89, 一二七）。

（3）時へのまなざし、そして希望

さて、これまで述べてきたフロムの在る様態（神）と持つ様態（偶像）との徹底した区別の基底にあるのは何であろうか。今一度〈生〉へと折り返そう。それはユダヤの伝統に根ざした時間意識

である。聖書の物語において、「聖なるholy」を意味する語qadoshカドシュがはじめて用いられたのは、空間＝場所ではなく、時＝安息日である。「この日に神はすべての創造の仕事を離れ、安息なさったので、第七の日を神は祝福し、聖別された」（創世記二章三節）。

フロムが共感をよせる、エイブラハム・J・ヘッシェルによれば、「ユダヤ教は時間の聖化をめざす時間の宗教である」（Heschel 1951, 8, 一五）。

「今この瞬間は、私のものであると同時に現存している全ての人のものである。私たちは時間を共有しているのに対して、空間は所有している。……時間は創造の過程であり、空間は創造の結果である。空間を見ているとき私たちは創造の所産を見ている。時間を直観しているとき、私たちは創造の過程のかなでる音楽をきいている」（ibid., 99-100, 一三五―一三七）。

時間は創造の過程であるとともに在る様態のうちに他者とともに共有され〈生ける〉他者性を宿す。これに対し、空間は創造の結果＝物であり持つ様態のうちに所有の対象となるとき、他者性は排除され、〈生ける〉他者との関係性は失効する。現代に生きる私たちの時間性とは、即、時間の消費による空間支配を意味し、持つ様態は在る様態の疎外態であり続ける。

だが、ユダヤの伝統において、時間の消費による空間支配を回避する〈時〉として、安息日は約束され続けている。一切の自然への介入を許さない安息日とは、フロムによれば、人間と自然、人間と人間との調和が約束される〈時〉であり、〈持つ〉ことではなく人間（human being）が人間で〈在る〉（being human）ことが約束される日であるという。そして、世界のどの場所に居ようとも、間断なく訪れるこの〈時〉は、メシアの希望を予感させる。フロムにとって、メシアの時代とは終わりなき安息日であり、超越＝垂直ではなく日常＝水平的世界で約束される生命をささえる希望である（Fromm 1976, 51, 八〇）。フロムは希望に独特の意味をこめる。それは、「〈活き活きした希望〉という態度である。この希望はまさに逆説的である。それは、今この瞬間に救いは起こるということを心眼でみる態度であるとともに、救いは自分の生涯のうちには、そして多分幾世代を経過してもやってこないかもしれぬということをも承認する態度である」（Fromm 1966, 153-154, 二〇八）。

換言すれば、「目標はいまだ達成されず、また到達する証拠がないにもかかわらず、それを内面的経験に基づいて確信する」態度である（ibid., 157, 二一二）。こうした希望がなかったならば、マルクスの想いを継承し、革命という希望がナチズムという絶望に転化したにもかかわらず、絶望にとどまることなく希望なき時代に希望を語り続けたフロムの思想はなかったであろう。

最後に、こうしたことを踏まえ社会的性格論と絡めて本稿全体をまとめてみよう。

個人の性格＝世界への関係の仕方とは、否応なく働きかけられる社会構造・規範の力＝権力（power）によって一般的には方向づけられ受動状態におかれているがゆえに、現代社会では自己の同一性を担保するため持つ様態を強いられる。

だが、社会的性格の機能とは、単に〈同調の様式〉として駆動するのみならず、〈創造の様式〉

として社会編成を約束するものであったことに注意しよう。それは「受動的適応（passive adaptation）」ではなく、「力動的適応 dynamic adaptation」の結果、産出され続けるものであり、たえず人間の力＝力能（potency）によって主体的に働き返す（react）契機を含意し、そして性格＝世界への関係の仕方とは新しい経験や洞察によってかわりうるものであった。このようなことを念頭におくならば、フロムの意図したこととは次のようなことではなかっただろうか。

すなわち、日常の生活実践における、今・ここで・この私からはじまる自己の世界に対する態度・経験が、それ自体、社会構造・規範への働き返し（react）を約束する在る様態として他者とともに共有され〈発光〉するとき、他者とともに形成される社会的性格は必然的に〈創造の様式〉として〈発火〉し社会構造の再編成＝変革を約束し続けるということ。これが、フロムの言説構造内部にみる疎外されざる新しい個人と社会へのオルターナティヴの拠点であるとともに、〈まだ-ない〉という在り方で存在し続けるマルクスから継承した信頼の論理である。

むすびにかえて

フロムは一九八〇年三月十八日、あれほど批判のまなざしをむけたソ連の崩壊を待つことなくはかなくも逝った。誕生日の五日前である。

あれから、私たちの生きる時代は高度情報化社会へと向かい電子メディアの進展によって時間はもはや光の速度となった。私たちはリアルタイムを獲得することの代償として、非対称化された関係性のなかで親密な触れ合いという経験を失った。そして、物ないし空間的に表象された抽象物の断片を受動的に〈持つ〉ことによってしか自己同一性を担保せざるをえなくなってはいないだろうか。電子メディアの進展と相補的に社会もまた光の速度で変容しようとしている。

だが、私たち自然的人間は、光の速度に追いつくことはできない。今、求められているのは、かつてフロムが語ったような、今・ここで・この私の内側からあふれでる自然の光ではなかろうか。それは人間で〈在る〉ことを約束し続ける自然の光である。

[注]

（1）フロムは疎外概念を次のように定義している。「疎外とは、人間が自己自身を例外者として経験する経験様態を意味する。……その概念はずっと古く、旧約聖書の預言者たちが偶像崇拝と呼んだものに等しい」（Fromm 1955, 120-121, 三二六）。またここで、疎外論との関連で後期マルクスに触れるならば、フロムは「疎外された労働の産物というマルクスの概念は『資本論』のなかで展開された最も基本的な要点の一つで、彼が『商品の物神崇拝』と呼んでいるもののなかで表現されている」と語り、「『経済学・哲学手稿』を書いた青年時代のマルクスと、それから『資本論』を書いた晩年のマルクスとの思想において疎外という概念が焦点であった」ことを強調している（Fromm 1961, 50-51, 九七—九八）。

（2）ここでいう疎外論的視座とは、「疎外された現実を徹底的に批判するなかで、その否定的現実のうちに即自的に含まれている肯定的契機を積極的に対自化して、あるべき理念として定立し、それによって疎外された現実を批判」することをいう（岩佐二〇〇七、三〇）。また理念とはア・プリオリに措定されたものではなく、たえず現実の批判の過程に内在する理念「化」のモメントとして、換言すれば疎外された形式のうちに〈まだ‐ない〉という在り方で立ち現われ続ける。

（3） ここでフロムのみるマルクスの人間観ないし人間的本質論を、フォイエルバッハ第六テーゼの解釈をめぐるダニエル・ベル批判の文脈から垣間見てみよう。「マルクスは、ベルの引用するように、『各個々の個人に内在する人間の本性は存在しない』といっているのではなく、まったくそれとは違ったこと、すなわち、『人間的本質はなにも個々の個人に内在する抽象体ではない』といっているのである。……人間の本性（本質）は歴史におけるその多くの現れ（および、歪曲）から推論されることができる。それはそのものとして、各個々の人間の『背後』ないしは『上にある』統計的に存在する実在とみなすことはできないで、潜在性として存在し、歴史的過程のうちに現れ変化する人間における実在とみなすことができる」（Fromm 1961, 78, 一四六―一四七）。

（4） フロムのmode概念については様式と様態とを厳密に訳しわける必要があると筆者は感じているが、明らかに様式と訳す必要がある箇所以外、本稿では様態に統一している。これをめぐっては機会を改めて詳述したい。

（5） 実存的二分性の概念は、極めて多義的である。フロム『人間における自由』、『正気の社会』、『破壊』などの論述を参照した。出口剛司が指摘するように、「要点は人間は独立した存在（independence）であると同時に、他者に関係づけられる存在（relatedness）である、という点にある」（出口二〇〇二、一三二）。

あとがき

近年、マルクスの祖国ドイツや日本で、マルクスへの関心が高まっているように思われる。東欧の社会主義体制が崩壊したときには、マルクス主義はもう古い、過去の思想であるかのごとくみなされてきた。しかし、バブルがはじけ、新自由主義が跋扈するなかで、世紀の転換点あたりからマルクスへの新たな注目が世界的に生まれてきているように感じていた。私は、マルクス主義への新たな関心への高まりを、マルクス主義の第三の波としてとらえている。マルクス主義の第一の波は、マルクス主義の創始者であるマルクスとエンゲルスによってもたらされた。第二の波は、レーニンによるロシア革命によってもたらされた。第三の波は、東欧社会主義体制の崩壊によってもたらされた、従来のマルクス主義の呪縛から解放された新たなマルクス主義の胎動である。

このような状況のもとで、今世紀に入って、二次にわたって、ゼミの院生やOBを中心に、マルクス研究会をおこなってきた。最初の研究会は、二〇〇一年九月から月一回のペースで、二〇〇二年二月まで一年半にわたっておこなわれた。二回目の研究会も、二〇〇六年七月から月一回のペースで始め、二〇〇七年一月からは他に月二回のペースで『資本論』読書会をおこなってきた。マルクス研究会はこの年の六月で終了したが、『資本論』読書会は、その後もマルクス研究会に参加したメンバーが核となって続けられており、二〇一〇年三月で八四回を数えている。

本書は、二次にわたるマルクス研究会に参加して議論してきたメンバーが中心になって、企画されたものである。マルクスの思想に内在したマルクス解釈の一つの試みである。そのさい、「疎外」概念を軸にすえた。疎外の視点は、初期から後期まで続くマルクスの思想の核心に座っているからである。

日本では、一九六〇年代から一九七〇年代にかけて文献学的研究を踏まえたマルクス学がさかんになったが、一九八〇年代には下火になり、ベルリンの壁の崩壊とともに、マルクスへの関心は急速に萎んでいった。その反面、東ドイツとソ連で刊行され始めていた、文献学的研究にもとづく批判的・歴史的なマルクス・エンゲルス全集（新メガ）は、体制の崩壊とともに刊行し続けることができなくなって、国際的な新たな編集体制のもとに刊行されるようになり、日本の研究者も刊行に参加・協力するようになった。本書は、マルクス学や新メガ刊行による文献学的研究の成果を踏まえるとともに、マルクスの思想を現代に生きる思想としてとらえるように心がけた。どこまで成功しているかは、読者の判断に委ねたい。

最後になるが、本書をまとめるにあたり、出版状況の厳しいなかで快く引き受けていただいた社会評論社の松田健二さんには大変お世話になった。記して、感謝の意を表したい。

二〇一〇年三月

岩佐　茂

マルクスの構想力——疎外論の射程

2010年4月20日　初版第1刷発行

編著者——————岩佐　茂
発行人——————松田健二
装　幀——————桑谷速人
発行所——————株式会社社会評論社
東京都文京区本郷2-3-10
☎ 03(3814)3861　FAX 03(3818)2808
http://www.shahyo.com
印　刷——————株式会社ミツワ
製　本——————株式会社東和製本

佐々木隆治（ささき・りゅうじ）1974年生まれ、一橋大学大学院社会学研究科博士課程
「マルクスの『哲学』批判と『新しい唯物論』――『経済学哲学草稿』と『ドイツ・イデオロギー』の『哲学』批判の差異をめぐって」『唯物論研究年誌』第14号、2009年、「価値形態論における『商品語』について――『資本論』における物象化論の適切な理解のために」『一橋社会科学』第7号、2009年

船津　真（ふなつ・まこと）1971年生まれ、一橋大学大学院言語社会研究科博士研究員
「イデオロギーの『起源』とその現実的結果」『歴史における「理論」と「現実」』仲正昌樹編、御茶の水書房、2008年、「アーレントとシオニズム――二重ネイション国家論者からイスラエル擁護へ、という『右傾化』の事例に即して」『言語社会』第2号、一橋大学言語社会研究科紀要、2008年

米田祐介（まいた・ゆうすけ）1980年生まれ、立正大学大学院文学研究科研究生（社会哲学）
「ユートピアの拠点――後期フロムにおける〈在る〉ことへのまなざし」『立正大学哲学会紀要』第5号、2010年、「『ファシズム論』再考」『立正大学院年報』第25号、2008年

三崎和志（みさき・かずし）1963年生まれ、岐阜大学地域科学部准教授
「《いたみ》の思想――ポスト《形而上学》の時代の唯物論」『21世紀への透視図』古茂田宏・中西新太郎・鈴木宗徳編、青木書店、2009年、「正義・痛み・連帯―ハーバーマス、アドルノにおける《正義の他者》」『哲学』日本哲学会編、第60号、2009年

宮田和保（みやた・かずやす）1951年生まれ、北海道教育大学教授
『意識と言語』桜井書店、2003年、『資本の力と社会経済学』大月書店、2000年

編　者

岩佐　茂（いわさ・しげる）1946年生まれ、一橋大学名誉教授

『環境保護の思想』旬報社、2008年、『グローバリゼーションの哲学』劉奔（原博昭）との共編著、創風社、2006年、他

執筆者

明石英人（あかし・ひでと）1970年生まれ、日本女子大学付属高校教諭

「ラディカル・デモクラシーとマルクス」『生きる意味と生活を問い直す―非暴力を生きる哲学』豊泉周治・佐藤和夫・高山智樹編、青木書店、2009年、「周辺資本主義国における『普遍性』問題」『グローバリゼーションの哲学』岩佐茂・劉奔編、創風社、2006年

大河内泰樹（おおこうち・たいじゅ）1973年生まれ、一橋大学大学院社会学研究科准教授

Ontologie und Reflexionsbestimmungen: Zur Genealogie der Wesenslogik Hegels., Konigshausen & Neumann, 2008.『ヘーゲル　現代思想の起点』（共著）、社会評論社、2008年

大屋定晴（おおや・さだはる）1973年生まれ、東京農工大学ほか非常勤講師

「グローバル化における沈黙――変革主体陶冶としての世界フォーラム」『共生と共同、連帯の未来』藤谷秀・尾関周二・大屋貞晴編、青木書店、2009年、「イデオロギーとしてのグローバリゼーション――『反グローバリゼーション』の論理と運動の視点から」『グローバリゼーションの哲学』岩佐茂・劉奔（原）編、創風社、2006年

韓　立新（かん・りっしん）1966年生まれ、清華大学人文社会科学院哲学部教授

『エコロジーとマルクス』時潮社、2001年、『新版《徳意志意識形態》研究』（主編）中国人民大学出版社、2008年

小屋敷琢己（こやしき・たくみ）1967年生まれ、琉球大学教育学部准教授

「戦後日本の〈沖縄経験〉」『生きる意味と生活を問い直す』豊泉周治・佐藤和夫・高山智樹編、青木書店、2009年、「懐疑と狂気そして絶望――行為する理性は錯乱に陥る」『ヘーゲル哲学研究』Vol.12、日本ヘーゲル学会編、2006年

参考文献

マルクスのテキストからの引用は、オリジナルについては、Dietz版の Werke（W）か新 MEGA 版（MEGA²）、『ドイツ・イデオロギー』第一篇は、Jahrbuch 版（Jb.）を、訳については「ユダヤ人問題」『経・哲手稿』は岩波文庫版、『ミル評註』は『経済学ノート』、『ドイツ・イデオロギー』は渋谷版、『経済学批判要綱』は「資本論草稿集」、『資本論』は新日本出版社版を用い、W か MEGA² もしくは Jb. の明示と巻数、頁数のみを本文中に略記する。

Marx, Karl, Bemerkungen über die neueste preußische Zensurinstruktion, 1842, Marx/Engels Werke, Bd.1, Dietz Vlg.(W1).「プロイセンの最新の検閲訓令にたいする見解」城塚登訳、『マルクス・エンゲルス全集』第1巻、大月書店、1959年

——, Zur Judenfrage, 1844, Marx/Engels Werke, Bd.1(W1). マルクス『ユダヤ人問題によせて　ヘーゲル法哲学批判序説』城塚登訳、岩波文庫、1974年

——, Zur Kritik der Hegelschen Rechtsphilosophie. Einleitung, 1844, Marx/Engels Werke Bd.1 (W1). マルクス『ユダヤ人問題によせて　ヘーゲル法哲学批判序説』城塚登訳、岩波文庫、1974年

——, Ökonomisch-philosophischen Manuskripten, 1844, Marx/EngelsWerke, Ergänzungsband 1. Teil(W, Erg.1), or Marx/Engels Gesamtausgabe, 1.Abt. Bd. 2(MEGA² I-2). マルクス『経済学・哲学草稿』城塚登・田中吉六訳、岩波文庫、1964年

——, [Exzerpte] James MILL, Eléments d'économie politique, 1844. Werke, Ergänzungsband 1. Teil(W, Erg.1), or Marx/Engels Gesamtausgabe, 4.Abt. Bd. 2(MEGA² IV-2).『経済学ノート』杉原四郎・重田晃一訳、未来社、1975年（第2版）

——, Die deutsche Ideologie, 1845/6, Marx-Engels-Jahrbuch 2003(Jb.), or Marx/Engels Werke, Bd.3(W3).『ドイツ・イデオロギー』渋谷正編・訳、新日本出版社、1998年、『マルクス・エンゲルス全集』

第3巻、真下信一・藤野渉・竹内良知訳、大月書店、1963年
――, Ökonomische Manuskripte 1857/1858(Grundrisse der Kritik der politische Ökonomie). Marx/Engels Gesamtausgabe, 2.Abt.Bd.1 (MEGA²Ⅱ-1). マルクス『資本論草稿集』①②「1857―58年の経済学草稿」(『経済学要綱』) 資本論草稿集翻訳委員会訳、1981、1983年
――, Zur Kritik der politischen Ökonomie, 1859, Marx/Engels Werke Bd.13(W13) マルクス『経済学批判』、大内兵衛、細川嘉六監訳、『マルクス・エンゲルス全集』第13巻、大月書店、1964年
―― Zur Kritik der politischen Ökonomie(Manuskript 1861/1863), Marx/Engels Gesamtausgabe.2 Abt. Bd. 3(MEGA²Ⅱ-3). マルクス『資本論草稿集』④―⑨「経済学批判 (1861-1863年草稿)」、資本論草稿集翻訳委員会訳、大月書店、1978～1994年
――Das Kapital: Kritik der politischen Ökonomie, Buch 1, 2.Aufl., 1873, Marx/Engels Werke, Bd. 23(W23). マルクス『資本論』Ⅰa、Ⅰb、社会科学研究所監修・資本論翻訳委員会訳、新日本出版社、1997年
――Das Kapital: Kritik der politischen Ökonomie, Buch 2, 1885, Marx/Engels Werke, Bd. 24(W24). マルクス『資本論』Ⅱ、社会科学研究所監修・資本論翻訳委員会訳新日本出版社、1997年
――Das Kapital: Kritik der politischen Ökonomie, Buch3, 1894, Marx/Engels Werke, Bd. 25(W25). マルクス『資本論』Ⅲa、Ⅲb、社会科学研究所監修・資本論翻訳委員会訳、新日本出版社、1997年

浅野栄一 (1978)『ケインズ済学――その全体像と現代的課題』有斐閣、1978年
有井行夫 (1987)『マルクスの社会システム理論』有斐閣、1987年
有井行夫、長島隆編 (1995)『現代認識とヘーゲル＝マルクス――認識主義の没落と存在主義の復興』、青木書店、1995年
有賀定彦 (1975)「疎外・物象化・物神性」『資本論と現代』本間要一郎・古川哲編、有斐閣、1975年
伊藤光晴 (1962)『ケインズ――“新しい経済学”の誕生』岩波新書、1962年

岩瀬充自（1983）「マルクス疎外論の再構成」『三重法経』第60号、三重短期大学、1983年
宮崎義一・伊藤光晴（1964）『コメンタール・ケインズ』日本評論社、1964年
岩佐茂（1988）『人間の生と唯物史観』青木書店、1988年
——（2007）「日本における『経済学・哲学手稿』の研究——疎外論を中心に」『札幌唯物論』第52号、2007年
——（2010）「現代を問うマルクスの疎外論」『現代の理論』第23巻、2010年4月
岩佐茂・劉奔編著（2006）『グローバリゼーションの哲学』創風社、2006年
岩淵慶一（1970）「マルクスの疎外概念」『唯物論』第41号、東京唯物論研究会編、1970年1月
——（1971）「疎外と疎外の止揚」『唯物論』第43号、1971年3月
——（1973）「マルクスの疎外概念とマルクス主義」『現代の理論』1974年4、7、8、9月号（『神話と真実』時潮社、1998年、所収）
——（1975a）「疎外論超克説批判——廣松氏の反批判に応える」『現代の理論』1975年5月号
——（1975b）「『ドイツ・イデオロギー』における疎外論の発展」『唯物論』第48号、東京唯物論研究会編、1975年9月（『マルクスの疎外論』時潮社、2007年、所収）
——（1998）『神話と真実——マルクスの疎外論をめぐって——』時潮社、1998年
——（2001）『マルクスの21世紀』学樹書院、2001年
——（2007）『マルクスの疎外論』時潮社、2007年
植村邦彦（1993）『同化と解放—19世紀「ユダヤ人問題」論争』平凡社、1993年
内田弘（1982）『「経済学批判要綱」の研究』新評論、1982年
宇野弘蔵（1950）『経済原論』岩波書店、1977年（初版　1950年）
——（1952）『価値論の研究』東京大学出版、1952年
——（1965）『価値論』青木書店、1965年
宇野弘蔵・向坂逸郎編（1948）『資本論研究　商品及び交換過程』河出書房、1948年

参考文献

宇野弘蔵編（1967）『資本論研究１』筑摩書房、1967年
梅本克己（1962）『人間論——マルクス主義における人間の問題——』三一書房、1962年
——（1963）「疎外とたたかうものの疎外」『唯物論研究』第４号、日本唯物論研究会編、1963年
——（1970～1）「人類史の構造と経済学批判の誕生——初期マルクスにおける疎外の構造——」『現代の理論』1070年10～1971年３月号
大井正（1968）『唯物史観の形成過程』未来社、1968年
大河内泰樹（2008）「善と悪」川本隆・片山善博編『境界線の哲学』DTP 出版、2008年
大竹弘二（2006）「ユダヤ—ドイツ的ナショナリズムと国際連盟理念—ヘルマン・コーエンの政治思想」『社会思想史研究』、2006年
大野和基（2009）『代理出産——生殖ビジネスと命の尊厳』集英社、2009年
大屋定晴（2009）「グローバル化における沈黙——変革主体陶冶としての世界社会フォーラム」『哲学から未来をひらく』第三巻『共生と共同、連帯の未来——二一世紀に託された思想』藤谷秀・尾関周二・大屋定晴編、青木書店、2009年
置塩信雄・新野幸次郎（1957）『ケインズ経済学』三一書房、1957年
置塩信雄（1976）『近代経済学批判』有斐閣、1976年
梯明秀（1947）『資本論の弁証法的根拠』高桐書院、1947年
角田修一（2005）『「資本」の方法とヘーゲル論理学』大月書店、2005年
韓立新（2007）「『穆勒評注』中的交往疎外：馬克思的転折点」『現代哲学』（中国）、2007年５月号
現代の理論編集部編（1972）『マルクス・コメンタールⅠ』現代の理論社、1972年
——（1972）『マルクス・コメンタールⅡ』現代の理論社、1972年
——（1972）『マルクス・コメンタールⅢ』現代の理論社、1972年
久留間鮫造（1957）『価値形態論と交換過程論』岩波書店、1957年
黒田寛一（1951）「疎外された労働」1951年執筆（『プロレタリア的人間の論理』こぶし書房、1960年、所収）
——（1956）『社会観の探求』新書版、現代思想社、1961年

小林一穂（2003）『イデオロギー論の基礎』創風社、2003年
小屋敷琢己（2000）「《物》から《事象そのもの》へ―ヘーゲル『精神現象学』の焦点―」、ヘーゲル研究会編『ヘーゲル哲学研究』第6号、アクセス21出版、2000年
――（2003）「《精神》の条件―ヘーゲル哲学と功利性原理―」、岩佐茂・嶋崎隆編『精神の哲学者　ヘーゲル』創風社、2003年
是永純弘編著（1975）『現代経済学の方法と思想』日本評論社、1975年
佐々木隆治（2008）「マルクスの〈唯物論的方法〉について」東京唯物論研究会編『唯物論』第82号、2008年
――（2009a）「価値形態論における『商品語』について――『資本論』における物象化論に適切な理解のために」『一橋社会科学』第7号、2009年
――（2009b）「マルクスの『哲学』批判と『新しい唯物論』――『経済学哲学草稿』と『ドイツ・イデオロギー』の『哲学』批判の差異をめぐって――」唯物論研究協会編『唯物論研究年誌』第14号、2009年
佐藤春吉（1998）「生産諸力」『マルクス・カテゴリー事典』マルクス・カテゴリー事典編集委員会編、青木書店、1998年
柴田翔（1985）『ゲーテ「ファウスト」を読む』岩波書店、1985年
芝田進午（1961）『人間性と人格の理論』青木書店、1961年
――（1975）「疎外」『マルクス主義研究』第1巻『哲学』芝田進午編、青木書店、1975年
――（1978）『実践的唯物論の根本問題』青木書店、1978年
渋谷正（1979）「『経済学・哲学手稿』研究におけるタウベルト論文の意義」『現代と思想』第38号、1979年
――（1983）「『経済学・哲学草稿』とパリ・ノートをめぐる問題」『経済』、1983年8月号
――（1984）「『経済学・哲学草稿』とパリ・ノートをめぐる研究の新段階」『経済』、1984年6月号
――（1991）「『パリ・ノート』の執筆順序」『経済学論集』第35号、鹿児島大学法文学部、1991年
清水正徳（1971）『人間疎外論』紀伊国屋新書、1971年

――（1966）『自己疎外論から「資本論」へ』新装改訂版、こぶし書房、2005年
城塚登（1970）『若きマルクスの思想』勁草書房、1970年
杉原四郎（1964）『マルクス経済学の形成』未来社、1964年
平子友長（1979）「マルクスの経済学批判の方法と形態規定の弁証法」『科学の方法と社会認識』岩崎允胤編、汐文社、1979年
――（1984）「疎外論と物象化論」『経済理論学会年報』第21集（『社会主義と現代世界』青木書店、1991年、所収）
――（1985）「直接的生産過程における疎外論の発展」『唯物論』第30号、札幌唯物論研究会編、1985年（『社会主義と現代世界』青木書店、1991年、所収）
――（1991）『社会主義と現代世界』青木書店、1991年
――（2000）「資本論の弁証法」、『資本論体系』第一巻『資本論体系の成立』服部文男・佐藤金三郎編有斐閣、2000年
高島善哉（1986）『時代に挑む社会科学』『高島善哉著作集』第９巻、こぶし書房、1998年
高橋信行（1986）「社会的性格再考」『道都大学紀要』９号、1986年
田上孝一（1993）「『ドイツ・イデオロギー』の疎外論」『唯物論』第67号、東京唯物論研究会編、1993年（『初期マルクスの疎外論』時潮社、2000年、所収）
――（1999）「疎外と私的所有の因果関係」『唯物論』第73号、東京唯物論研究会編（1999年『初期マルクスの疎外論』時潮社、2000年、所収）
――（2000）『初期マルクスの疎外論』時潮社、2000年
田島慶吾（1992）「物象化論―『理念の自立』」『ドイツ・イデオロギーの射程』岩佐茂・他編著、創風社、1992年
竹内良知（1969）『マルクス主義の哲学と人間』盛田書店、1969年
田畑稔（1994）『マルクスとアソシエーション』新泉社、1994年
出口剛司（2002）『エーリッヒ・フロム：希望なき時代の希望』新曜社、2002年
東京唯物論研究会編（1992）『マルクス主義思想　どこからどこへ』時潮社、1992年
富沢賢治編（1987）『労働と生活』世界書院、1987年

富塚良三（1959）「再生産表式論の意義と限界――『不均等発展』と『内在的矛盾』」『経済評論』1959年４月号
中川弘（1968）「『経済学・哲学草稿』と『ミル評注』」、福島大学『商学論集』第37巻第２号、1968年10月（『マルクス・エンゲルスの思想形成』創風社、1997年、所収）
――（1980）「疎外された共同態としての市民社会――ミル評註」『マルクス経済学・哲学草稿』有斐閣、1980年
――（1997a）「経済学批判と疎外論」福島大学『商学論集』第65巻第３号、1997年３月（『マルクス・エンゲルスの思想形成』創風社、1997年、所収）
――（1997b）『マルクス・エンゲルスの思想形成』創風社、1997年
永谷清（1975）『科学としての資本論』弘文堂、1975年
中野徹三（1962）「疎外論とマルクス主義――マルクスにおける『疎外』概念の検討――」『唯物論研究』第９号、日本唯物論研究会編、1962年
――（1963）「疎外論の理論的諸問題」『唯物論研究』第16号、日本唯物論研究会編、1963年
――（1987）『生活過程論』窓社、1987年
中村哲編著（2001）『「経済学批判要綱」における歴史と論理』青木書店、2001年
西田照見（1979）『マルクス思想の限境―エコロジー時代の社会思想』新評論、1979年
――（1997）「二十世紀末の日本においてマルクス思想を省察する――疎外論・フェティシズム論・物象化論にふれて――」『季報唯物論研究』第62号、季報『唯物論研究』刊行会編、1997年
野村真理（1992）『西欧とユダヤのはざま』南窓社、1992年
橋本直樹（1981）「経済学の批判と疎外＝物象化論」『講座・資本論の研究』青木書店、1981年
橋本剛（1998）『人間主義の擁護――疎外論・官僚制論・組織論』窓社、1998年
――（2007）『マルクスの人間主義――その根源性と普遍性』窓社、2007年
畑孝一（1971）「『経済学・哲学草稿』第一・第二草稿――市民社会の

経済学的分析の第一次的形成という視角から——」『現代の理論』1971年４月号（『マルクス・コメンタールⅠ』現代の理論社、1972年、所収）
服部文男（1984）『マルクス主義の形成』青木書店、1984年
花崎皋平（1969）『マルクスにおける科学と哲学』盛田書店、1969年
林直道（1959）「資本主義諸国の不均等発展の法則」『経済評論』1959年12月号
——（1971）『史的唯物論と経済学』上・下、大月書店、1971年
林真左事（1992）「ブルーノ・バウアーにおけるヘーゲル左派の総括」『ヘーゲル左派』石塚正英編、法政大学出版局、1992年
平尾透『エゴイストの共存』創文社、1994年
平田清明（1971）『経済学と歴史認識』岩波書店、1971年
廣松渉（1964）「マルクス主義と自己疎外論」『理想』第364号、1964年８月
——（1968）『エンゲルス論』『廣松渉著作集』第９巻、岩波書店、1997年
——（1969）『マルクス主義の地平』『廣松渉著作集』第10巻、1996年
——（1971a）『青年マルクス論』『廣松渉著作集』第８巻、1997年
——（1971b）『唯物史観の原像』『廣松渉著作集』第９巻、1997年
——（1972）『世界の共同主観的存在構造』『廣松渉著作集』第１巻、1996年
——（1974a）「『ドイツ・イデオロギー』と疎外論の超克」『情況』1974年７、８、９、11月、1975年１・２月号（『廣松渉コレクション』第３巻、情況出版、1995年、所収）
——（1974b）『マルクス主義の成立過程』『廣松渉著作集』第８巻、1997年
——（1974c）『資本論の哲学』『廣松渉著作集』第12巻、1996年
——（1980）『弁証法の論理』『廣松渉著作集』第２巻、1996年
——（1982）『存在と意味　第一巻』『廣松渉著作集』第15巻、1996年
——（1983）『物象化論の構図』『廣松渉著作集』第13巻、1996年
廣松渉編（1986）『資本論を—物象化論を視軸にして—読む』『廣松渉著作集』第12巻、1996年
藤野渉（1961）「人間疎外の理論」『唯物論研究』第５号、1961年３月

(『マルクス主義と倫理』青木書店、1976年、所収)
——(1967)「マルクスの疎外概念」上・下『思想』1967年2、3月号(『史的唯物論と倫理学』新日本出版社、1972年、所収)
北条元一(1989)『文学の泉へ』新日本出版社、1989年
細見英(1970)「『経哲草稿』第一草稿の執筆順序——N・I・ラーピン論文の紹介」、『立命館経済学』19巻3号、1970年(『経済学批判と弁証法』未来社、1979年、所収)
細谷昂・畑孝一・中川弘・湯田勝(1980)『マルクス 経済学・哲学草稿』有斐閣新書、1980年
細谷昂(1979)『マルクス社会理論の研究』東京大学出版会、1979年
松本健一編(1980)『現代論争事典』流動出版株式会社、1980年
水田信(1994)『実存と愛』創言社、1994年
水谷謙治(1974)『労働疎外とマルクス経済学』青木書店、1974年
宮田和保(2000)『資本の時代と社会経済学』、大月書店、2000年
——(2006)「資本のグローバル化と大工業」『グローバリゼーションの哲学』岩佐茂・劉奔編著、創風社、2006年
望月清司(1973)『マルクス歴史理論の研究』岩波書店、1973年
望月清司・内田弘・山田鋭夫・森田桐郎・花崎皋平(1982)『マルクス　著作と思想』有斐閣新書、1982年
森宏一編著(1970)『現代と疎外』新日本新書、1970年
森田桐郎(1970)「『ジェームズ・ミル評注』——市民的ゲゼルシャフトの批判的・経済学的認識の形成(上)」『現代の理論』、1971年5月号(『マルクス・コメンタールⅠ』現代の理論社、1972年、所収)
山中隆次(1971)「『経済学・哲学草稿』と『抜粋ノート』の関係——ラーピン論文によせて——」『思想』第569号、1971年11月
山之内靖(2004)『受苦者のまなざし』青土社、2004年
山本広太郎(1989)「マルクスの疎外論」『現代における唯物弁証法』大阪経済大学哲学研究室・北京大学哲学系共編、大阪経済法科大学出版部、1989年
吉崎祥司(1972)「『疎外論から物象化論へ』論批判」『唯物論』第19号、札幌唯物論研究会編、1972年
——(1973)「『物象化』論の若干の問題」『唯物論』第20号、札幌唯物論研究会編、1973年

良知力（1971）『初期マルクス試論』未来社、1971年
——（2001）『ヘーゲル左派と初期マルクス』岩波書店、2001年
ローゼンベルク（1957）『初期マルクス経済学説の形成』福島種典訳、大月書店、1957年
渡辺憲正（1989）『近代批判とマルクス』青木書店、1989年
——（1992）「マルクスのフォイエルバッハ批判の意味」『ドイツ・イデオロギーの射程』岩佐茂・他編、創風社、1992年
——（2001）『イデオロギー論の再構築』青木書店、2001年
渡辺雅男（2004）『階級！——社会認識の概念装置』、彩流社、2004年
Amin, Samir (1973), *Le développement inégal: Essai sur les formations sociales du capitalisme périphérique*, Éditions de Minuit, Paris, 1973. サミール・アミン『不均等発展　——周辺資本主義の社会構成体に関する試論』西川潤訳、東洋経済新報社、1983年
——(1976), *L'impérialisme et le développement inégal*, Éditions de Minuit, Paris, 1976. サミール・アミン『帝国主義と不均等発展』北沢正雄訳、第三書館、1981年
Anderson, Elizabeth (1993), *Value in Ethics and Economics*, Harv.Univ. Press Cambridge/London, 1993.
Bauer, Baur (1845), Charakteristik der Ludwig Feuerbachs, in: *Wigand's Vierteljahrshaft*, 1845. ブルーノ・バウアー「ルートヴィヒ・フォイエルバッハの特性描写」『ヘーゲル左派論叢　第一巻　ドイツ・イデオロギー内部論争』良知力・廣松渉編、御茶の水書房、1986年
Bauman, Z. (2000), Sociological Enlightenment: For Whom, About What? in: *Theory, Culture*, Society, 17 (2), 2000.
Bloch, Ernst (1968), *Über Karl Marx*, 1968. エルンスト・ブロッホ『マルクス論』船戸満之・野村美紀子訳、作品社、1998年
Buber, Martin (1950), *Pfade in Utopia*, L. Schneider, Heidelberg, 1950. マルチン・ブーバー『もう一つの社会主義：ユートピアの途』長谷川進訳、理想社、1959年
——(1963), *Der Jude und sein Judentum: Gesammelte Aufsätze und Reden,* Melzer, Köln, 1963.
Carver, T. (2008), Marx's conception of alienation in the Grundrisse, in: *Karl Marxs Grundrisse* : Foundations of the Critique of Political Econ-

omy, ed. by Marcello Musto, New York, 2008.
Cohen, Hermann (1919), *Religion der Vernunft den Quellen des Judentums*, Darmstadt, J. Melzer, 1966.
Dawydow, Juri Nikolajewitsch (1964), *Freiheit und Entfremdung*, 1964. ダヴィドフ『自由と疎外』藤野渉訳、青木書店、1967年
Derrida, Jacques (1993), *Spectres de Marx*, Galilée, 1993. デリダ『マルクスの亡霊たち』増田一夫訳、藤原書店、2007年
Eagleton, T. (1991), *Ideology*: An Introduction, Verso, 1991. テリー・イーグルトン『イデオロギーとは何か』大橋洋一、平凡社、1999年
Feuerbach, Ludwig (1839), *Philosophische Kritiken und Grundsätze*, 1839. Sämtliche Werke, Bd. 2, Frommann, 1959 フォイエルバッハ『フォイエルバッハ全集』第一巻、船山信一訳、福村出版、1974年
——(1841), *Das Wesen des Christentums*, 1841. Reclam, 1969. フォイエルバッハ『キリスト教の本質』上、下、船山信一訳、岩波文庫、1965年改版
Foucault, Michel (1971), Nietzsche, la généalogie, l'histoire, in: *Dits et écrits I, 1954-75*. Édition. etablie sous la direction de Daniel Defert et François Ewald, Édition Gallimard, 2001.「ニーチェ、系譜学、歴史」伊藤晃訳、『ミシェル・フーコー思想集成　IV　規範／社会』筑摩書店、1999年
——(1994) *Dits et écrits 1954-1988*, Edition etablie sous la direction de Daniel Defert et Francois Ewald, ed. Gallimard, 2001. ミシェル・フーコー『ミシェル・フーコー思考集成Ⅷ』蓮實重彦・渡辺守章監修/小林康夫・石田英敬・松浦寿輝編、2001年
Fromm, E. (1939), Selfishness and Self-Love in: *Love, Sexuality, and Matriarchy*, ed. by Rainer Funk. Fromm International Publishing Corporation, 1939. エーリッヒ・フロム「利己心と自己愛」『愛と性と母権性』滝沢海南子・渡辺憲正訳、新評論、1997年
——(1941), *Escape from Freedom*, Holts Rinehart and Winston, 1941. エーリッヒ・フロム『自由からの逃走〔新版〕』日高六郎訳、東京創元社、1965年
——(1947), *Man for Himself*, Holts Rinehart and Winston, 1947. エーリッヒ・フロム『人間における自由〔改訳版〕』谷口隆之助・早坂

泰次郎訳、東京創元社、1972年
——(1950), *Psychoanalysis and Religion*, Yale university Press, New Haven & London, Yale University Press, 1950. エーリッヒ・フロム『精神分析と宗教』谷口隆之助・早坂泰次郎訳、東京創元社、1953 年
——(1955), *The Sane Society*, Rinehart and Company, 1955. エーリッヒ・フロム『正気の社会』『世界の名著:ユング・フロム』懸田克躬訳、中央公論社、1974年
——(1956), *The Art of Loving*, Harper Perennial Modern Classics, 2000. フロム『愛するということ〔新訳版〕』鈴木晶訳、紀伊國屋書店、1991年
——(1961), *Marx's Concept of Man*, Fredrick Unger, 1961. エーリッヒ・フロム『マルクスの人間観』樺俊雄訳、第三文明社、1977年
——(1962), *Beyond the Chains of Illusion*, Continuum, New York, London, 2006. エーリッヒ・フロム『疑惑と行動』坂本健二・志貴春彦訳、東京創元社、1965年
——(1966), *You Shall Be as Gods*, Holts Rinehart and Winston, 1966. エーリッヒ・フロム『ユダヤ教の人間観〔改訳版〕』飯坂良明訳、河出書房新社、1980年
——(1973), *The Anatomy of Human Destructiveness*, Henry Holt and Company, 1992. エーリッヒ・フロム『破壊』(上)(下)、作田啓一・佐野哲郎訳、紀伊國屋書店、1975年
——(1976), *To Have or To Be*, Harper and Row. エーリッヒ・フロム『生きるということ』佐野哲郎訳、紀伊國屋書店、1977年
——(1983) *Über die Liebe zum Leben*, hrsg. v. Hans Jürgen Schults, dtv. 1983. エーリッヒ・フロム『人生と愛』佐野哲郎・佐野五郎訳、紀伊國屋書店、1986年
Geuss, Raymond (1994), Nietzsche and Genealogy, in: *European Journal of Philosophy* 2:3 (1994)
Goethe, J. W. (1806), *Faust I*, Reclam, ゲーテ『ファウスト』上、柴田翔訳、講談社文芸文庫、2003年
Gramsci, A. (1929-35), *Quaderni del carcere, A cura di Valentino Gerratana*, Einaudi, 1975. グラムシ『グラムシ・リーダー』東京グラムシ研究会監修・訳、御茶の水書房、1995年

Habermas, Jürgen (1981), *Theorie des kommunikativen Handelns*. Bd.2, Suhrkamp, Frankfurt a.M., 1981. ユルゲン・ハーバーマス『コミュニケイション的行為の理論（下）』丸山高司・他訳、未來社、1987年
——(1976), *Zur Rekonstruktion des Historischen Materialismus*, Suhrkamp, 1976. ハーバーマス『史的唯物論の再構成』清水多吉監訳、法政大学出版局、2000年
Harvey, David, (1982), *The Limits to Capital*, New and fully updated ed., Verso, London, 2006. デイヴィド・ハーヴェイ『空間編成の経済理論』松石勝彦・水岡不二雄・他訳、大明堂、1989年
——(1996), *Justice, Nature and the Geography of Difference*, Blackwell Publishers, Cambridge, 1996.
——(2003), *The New Imperialism*, Oxford University Press, 2003. デヴィッド・ハーヴェイ『ニュー・インペリアリズム』本橋哲也訳、青木書店、2005年
——(2006), *Spaces of Global Capitalism: Towards a Theory of Uneven Geographical Development*, Verso, London, 2006. デヴィッド・ハーヴェイ『ネオリベラリズムとは何か』本橋哲也訳、青土社、2007年
——(2009), *Cosmopolitanism and the Geographies of Freedom*, Columbia University Press, New York, 2009.
Hegel, Georg Wilhelm Friedrich (1807), *Phänomenologie des Geistes*, 1807, *G. W. F. Hegel Werke in zwanzig Bänden*, Bd.3, Frankfurt a. M. Suhrkamp, 1969. ヘーゲル『精神現象学』上・下、樫山欽四郎訳、平凡社ライブラリー版、1977年
——(1816), *Wissenschaft der Logik*, 1816, *Zweiter Teil. Die subjektive Logik oder die Lehre vom Begriff*, 1831, *G. W. F. Hegel Werke*, Bd. 6, Suhrkamp, 1969. ヘーゲル『大論理学』下巻、武市健人訳、岩波書店、1961年
Heschel, A. J. (1951), *The Sabbath: Its Meaning for Modern Man*, Farrar, Straus and Giroux, 2005. エイブラハム・J・ヘッシェル『シャバット—安息日の現代的意味』森泉弘次訳、教文館、2002年
Hook, Sidney (1936), *From Hegel to Marx*, 1962. シドニー・フック『ヘーゲルからマルクスへ』小野八十吉訳、御茶の水書房、1983年

Howard, M. C. & King, J. E.(1989), *A History of Marxian Economics,* Vol. 1 1883-1929, Macmillan, Basingstoke, 1989. M・C・ハワード、J・E・キング『マルクス経済学の歴史　1883—1929年』上巻、振津純雄訳、ナカニシヤ出版、1997年
——(1992), *A History of Marxian Economics, Vol. 2 1929-1990*, Macmillan, Basingstoke, 1992. M・C・ハワード、J・E・キング『マルクス経済学の歴史　1929—1990年』下巻、振津純雄訳、ナカニシヤ出版、1998年
Iber, Christian(1990), *Metaphysik absoluter Relationalität. Eine Studien zu den beiden ersten Kapiteln von Hegels Wesenslogik*, Walter de Gruyter, Berlin/New York, 1990
Korsch, Karl(1923), Marxismus und Philosophie, in: *Korsch Gesamtausgabe Bd.3*, Stichting beheer ⅡSG, 1993コルシュ.『マルクス主義と哲学』平井俊彦・岡崎幹郎訳、未来社、1977年
Kurella, Alfred,(1957) *Der Mensch als Schöpfer seiner selbst. Beiträge zum sozialistischen Humanismus*, 1957. アルフレート・クレラ『自由と疎外』藤野渉訳、青木書店、1967年
——(1970), *Das Eigene und das Fremde*, 1970. クレラ『マルクスの人間疎外論』岩波書店、1972年
Labica, Georges(1987), *Karl Marx. Les These sur Feuerbach*, PUF, coll. 《Philosophies》, 1987
Lapin, N. I.(1969), Vergleichende Analyse der drei Qullen des Einkommens in den *"Ökonomisch-philosophischen Manuskripten"* vor Marx, in: *Deutsche Zeitschrift für Philosophie*, Heft 2, 17. Jahrgang 1969. N・I・ラーピン「マルクス『経済学・哲学草稿』における所得の三源泉の対比的分析」、細見英訳、『思想』1971年３月号
Lefebvre, Henri(1947), *Pour Connaitre la Penseé de Karl Marx*, 1947. H・ルフェーブル『カール・マルクス』吉田静一訳、ミネルヴァ書房、1960年
——(1974), *La production de l'espace*, Paris: Éditions Anthropos, 1974. アンリ・ルフェーヴル『空間の生産』斎藤日出治訳、青木書店、2000年
Ленин, Владимир Ильич(1893), По поводу так называемого вопроса о

рынках 1893, ヴェ・イ・レーニン「市場問題について」『レーニン全集』マルクス＝レーニン主義研究所訳、第1巻、大月書店、1953年
――(1902), Что делать? レーニン『なにをなすべきか？』村田陽一訳、国民文庫、1971年
――(1915), “О лозунге Соединенные Штаты Европы” 1915, ヴェ・イ・レーニン「ヨーロッパ合衆国のスローガンについて」『レーニン全集』マルクス＝レーニン主義研究所訳、第21巻、大月書店、1957年
――(1916), *Империализм как высшая стадия капитализма*, 1916, ヴェ・イ・レーニン「資本主義の最高段階としての帝国主義」『レーニン全集』マルクス＝レーニン主義研究所訳、第22巻、大月書店、1957年
Löwith, Karl(1932), Max Weber und Karl Marx, in: *Archiv für Sozialwissenschaft und Sozialpolitik*, Bd.67, 1932. K・レーヴィット『ウェーバーとマルクス』柴田治三郎・脇圭平・安藤英治訳、未来社、1959年
Löwy, Michael(1981), *The Politics of Uneven and Combined Development: The Theory of Permanent Revolution*, Verso, London,1981.
Lukács, Georg(1923), *Geschichte und Klassenbewußtsein*, 1923. ゲオルク・ルカーチ『歴史と階級意識』城塚登・古田光訳、白水社、1975年
――(1924), Lenin—Studie über den Zusammenhang seiner Gedanken, in: *Wissenschaft und Gesellschaft*, Bd.1, ルカーチ『レーニン論』渡邉寛訳、こぶし書房、2007年
――(1954), Zur philosophischen Entwicklung des jungen Marx(1840-1844), in: *Deutsche Zeitschrift für Philosophie*.2.2.Jahrgang, 1954. G・ルカーチ『若きマルクス』平井俊彦訳、ミネルヴァ書房、1958年
Mandel, Ernest(1971), L*a formation de la pensée économique de Karl Marx*, 1971. エルネスト・マンデル『カール・マルクス』山内昶・表三郎訳、河出書房新社、1971年
Markobić, Mihailo(1969), Humanizam i dijalektika, 1969. マルコヴィチ『実践の弁証法』岩田昌征・岩淵慶一訳、合同出版、1970年
Marcuse, Herbert(1932), Neue Quellen zur Glundlegung des histor-

ischen Materialismus, in; *Die Gesellschaft*.2.Bd.1932. H・マルクーゼ『初期マルクス研究——「経済学・哲学手稿」における疎外論——』良知力・池田優三訳、未来社、1961 年
Menke, Christoph(2000), Genealogie und Kritik. Zwei Formen ethischer Moralbefragung, in: *Nietzscheforschung, Jahrbuch der Nietzsche-Gesellschaft*, Bd. 5/6, 2000
Nietzsche, Friedrich(1887), *Zur Genealogie der Moral, in: Friedrich Nietzsche Kritische Studienausgabe*. Bd. 5, Hrsg. v. Giorgio Colli und Mazzino Montinari, Walter de Gruyter, München, 1999. ニーチェ『善悪の彼岸・道徳の系譜』信太正三訳、ちくま学芸文庫、1993年
Ойзерман, Т. И.(1962), *Формчроьанче Фчлосфч марсчзма*, 1962. Т・И・オイゼルマン『マルクス主義哲学の形成』森宏一訳、勁草書房、1964年
——(1965), *Die Entfremdung als historische Kategorie*, 1965. オイゼルマン『マルクス主義と疎外』樺俊雄訳、青木書店、1967年
Okochi, Taiju(2008), *Ontologie und Reflexionsbestimmungen. Zur Genealogie der Wesenslogik Hegels*, Königshausen & Neumann Würzburg, 2008
Ollman, Bertell(2003), *Dance of the Dialectic: Steps in Marx's Method*, University of Illinois Press, Urbana. 2003.
Reinharz, Jehuda(1996), *Ideology and Structure in German Zionism 1882-1933*, New York University Press, New York, 1996.
Rojahn,Jürgen(1983), Der Fall der sog. *"Ökonomisch-philosophischen Manuskripte aus dem Jahre 1844"*, in:*International Review of Social History*, volume XXVIII-1983-part 1. J・ローヤン「いわゆる『1844年経済学・哲学草稿』問題」、山中隆次訳、『思想』、1983年 8 月号
——(2002), The Emergency of a Theory: The Importance of a Marx's Notebooks Exemplified by Those from 1844, in: *Rethinking Marcism*, vol.14（J・ローヤン「理論の出現——1844年ノートに例示されるマルクスのノートの重要性」佐々木隆治・イスンジュン訳（平子友長科研費基盤研究報告書『マルクス抜粋ノートの編集とその活用による「資本論」形成史研究の新段階の開拓』、2010年、所収）
——(2009),「(インタビュー) 1844年のマルクスの『草稿』と『抜粋

ノート』の編集をめぐって」『季報　唯物論研究』第110号、2009年11月
Schmidt, Alfred(1962), *Der Begriff der Natur in der Lehre von Marx*, Neuesgabe, 1971. アルフレート・シュミット『マルクスの自然概念』元浜清海訳、法政大学出版局、1972年
Smith, Adam(1776), *An Inquiry into the Nature and Causes of the Wealth of Nations*, Penguin Classics, 1986
Smith, Neil(1984), *Uneven Development: Nature, Capital, and the Production of Space*, 3rd. ed., University of Georgia Press, Athens, 2008
Spar, Debora L.(2006), *The baby business : how money, sciense, and politics drive the commerce of conception*, 2006. スパー、デボラ・L『ベビー・ビジネス　生命を売買する新市場の実態』椎野淳訳、ランダムハウス講談社、2006年
Stirner, Max.(1845), *Der Einzige und sein Eigentum*, 1945. Reclam, 1972. マックス・シュティルナー『唯一者とその所有』上・下、片岡啓治訳、現代思潮社、1967〜68年
Strauss, David Friedrich(1835-6), Das Leben Jesu : kritisch bearbeitet, 4.Aufl., C. F. Osiander, 1840.『イエスの生涯』1,2. 岩波哲男訳、教文館、1996年
Taubert, Inge(1978), Plobleme und Fragen zur Datierung der *"Ökonomisch-philosophischen Manuskripte"* von Karl Marx, in: *Beiträge zur Marx-Engels-Forschung*, 3, Berlin 1978. I・タウベルト「カール・マルクスの『経済学・哲学手稿』の日付に関する問題および疑問点」、渋谷正訳、『現代の思想』38号、1979年12月
——(1982), Zur interpretation der *"Ökonomisch-philosophischen Manuskript "*, in: *Marxistische Studien. Jahrbuch des IMES*. Sonderband I, 1982.
Titmuss, Richard M.(1930), *The Gift Relationship. From Human Blood to Social Policy*. Expanded and Updated Edition. Edited by Ann Oakley and Jonn Ashton, New York, 1997.
Троцкий, Лев Давидович Бронштéйн(1997), *Перманентная революция*, 1930. *The Permanent Revolution*, New York: Pioneer, 1931. レフ・トロツキー『永続革命論』森田成也訳、光文社、2008年

Wood, Ellen Meiksins (1995), *Democracy Against Capitalism*, Cambridge University Press, 1995. エレン・メイクシンス・ウッド『民主主義対資本主義』石堂清倫監訳、森川辰文訳、論創社、1999年
Žižek, Slavoj (1989), *The sublime object of ideology*. スラヴォイ・ジジェク『イデオロギーの崇高な対象』鈴木晶訳、河出書房新社、2000年
——(2002), *Revolution at the Gates: A Selection of Writings from February to October 1917*. スラヴォイ・ジジェク『迫り来る革命——レーニンを繰り返す』長原豊訳、岩波書店、2005年